인생 2막, 은퇴 전에 끝내라!

주식 끝장 마스터

인생 2막, 은퇴 전에 끝내라!
주식 끝장 마스터

제1판 1쇄 발행 | 2020년 1월 20일

지 은 이 | 모닝퍼슨
펴 낸 이 | 박성우
펴 낸 곳 | 청출판
주   소 | 경기도 파주시 안개초길 18-12
전   화 | 070)7783-5685
팩   스 | 031)945-7163
전자우편 | sixninenine@daum.net
등   록 | 제406-2012-000043호

ISBN | 978-89-92119-79-5 13320

※파본이나 잘못된 책은 바꿔 드립니다.

주식 끝장 마스터

인생 2막, 은퇴 전에 끝내라

모닝퍼슨 지음

우리는,

    퇴직 이후에 짧게는 30년 길게는 50년 이상을 더 살아 내야 하는 장수 리스크에 처해 있습니다. 특히, 지금의 중장년층이 60세가 넘어설 때는 평균 수명이 100세에 이를 것이 거의 확실시 됨에 따라, 운 좋게 60세에 정년퇴직을 하더라도 은퇴 후 무려 40년을 더 살아야 합니다. 이 때문에, 바로 지금부터 100세 시대에 대비한 경제적 자립을 위한 수단을 강구해야 합니다. 그렇지 않을 경우 남은 인생을 하루하루 생계의 고통 속에서 살아가야 될 가능성이 높기 때문입니다.

단순히,

    경제적 이유뿐만 아니라, 100세 시대의 도래로 인해 자신이 가치 있게 평생 영위할 수 있는 나만의 잡(JOB-일)은 더욱 절실해졌습니다. 미리 준비하지 않으면, 아무리 경제적으로 여유가 있다 하더라도, 퇴직 후 수십 년이 넘는 소중한 시간을 무의미하게 보내며 죽는 날을 기다릴 수밖에 없기 때문입니다. 따라서 풍요로운 노후를 위한 경제적 부의 확보와 함께 평생 영위할 수 있는 나만의 잡(JOB-일)은 어느 때보다도 중요해졌습니다.

이에 대한 확실한 해결책은,

    투기나 도박이 관점에서 한탕주의식 주식투자가 아닌, 자본주의하의 가장 고부가가치 사업으로 비즈니스 마인드를 가지고 시작해야 합니다. 주식투자는 죽는 그 순간까지 평생 영위할 수 있으며, 오로지 컴퓨터 1대와 투자자 본인의 주식투자 노하우만 확보하면 단기간에 큰 수익을 얻을 수 있는 자본주의 최고의 고부가가치 사업이기 때문입니다. 세계 경제를 실질적으로 지배하는 유태인들이 주로 종사하는 분야도 투자업, 실질적으로 주식투자인 이유도 바로 이 때문입니다.

필자는,

대학에서 경영학을 전공하고 잘 나간다는 S증권, M증권에서 근무했으며, 투자관련 자격증을 대부분 취득하기도 했습니다(FP, AP, 투자상담사, 자산운용전문역 등). 한때는 성과급으로 남들 수년치 연봉을 받았음에도 불구하고, 주식투자에서의 연이은 실패로 잠을 자고 싶어도 잘 수 없고, 한치 앞도 보이지 않는 절망감에 짓눌려, 깊은 좌절의 시간을 보내기도 하였습니다. 하지만, 그때의 처절했던 고통의 시간에서 성공을 위한 발판이 되었던 깨달음을 얻게 되었습니다. 그 깨달음은 세상의 모든 다른 일들과 마찬가지로 쉽게 돈을 벌려 하고, 주식투자 노하우 확보를 위해 노력하기보다는 남에게 의지하거나 도움을 기대하며 충분한 준비 없이 주식투자에 임한다면 결코 성공할 수 없다는 사실입니다.

따라서,

현재 회사를 다니고 있는 직장인뿐만 아니라, 퇴직을 준비하고 있거나 이미 퇴직한 분들도 본 책의 내용을 숙지할 것을 강력히 권해드립니다. 왜냐하면 본 책에는 갑작스런 퇴직대비와 풍요롭고 성공적인 삶의 성공을 위해 가장 효과적인 주식투자 법과 성공 노하우를 담고 있기 때문입니다. 또한, 주식 초보자도 그 내용을 쉽게 이해할 수 있도록 기초부터 다루고 있으며, 수익을 낼 수 있는 알토란 같은 실전 핵심 투자노하우를 제공하고 있습니다.

끝으로,

서로의 젊은 날의 모습을 간직하며 아름다운 추억을 함께 만들어 갈 사랑하는 평생의 친구이자 최고의 힘을 주는 나의 영원한 동반자인 아내와 하루하루 큰 기쁨과 신에 대한 무한한 감사함과 경외감을 항상 깨닫게 해주는 아들 원이와 한결같은 마음으로 곁에서 응원하며 힘을 주시는 부모님께 깊은 감사와 사랑의 마음을 전합니다. 본 책의 출판을 위해 아끼없는 지원과 노력을 해주신 청출판의 관계자 분들께도 깊은 감사의 말씀 드립니다.

이 책을 읽는 여러분의 성공을 확신하며,

2020년 1월 모닝퍼슨 드림

차례

100세 시대,
인생 2막 주식 끝장 마스터

저성장의 고착화와 평생 직장이 붕괴로 인한 조기퇴직의 일상화, 인공지능을 필두로 한 4차 산업혁명의 도래로 인한 사회 대변혁의 진입속에, 직장인의 노후에 대한 불안감은 점점 커지고 있습니다. 또한, 100세 시대라는 말이 유행어가 될 정도로 평균 수명이 늘어남에 따라 경제적인 이유 외에도 은퇴 이후에 평생을 영위할 수 있는 일의 필요성이 더욱 커지고 있습니다. 이에 대한 가장 좋은 대비책이 바로 주식투자입니다.

왜냐하면, 주식투자는 자본주의하에서 가장 고부가가치 사업이기 때문입니다. 또한, 은퇴 없이 평생 영위할 수 있는 최고의 잡(JOB-일)을 선사하는 업이기도 합니다. 또한, 가게를 얻을 필요도 없고 직원을 둘 필요도 없어 고정비가 거의 들지 않습니다. 오로지 컴퓨터 1대와 투자자 본인의 주식투자 노하우만 확보하면 됩니다. 특히, 본 책에서 집중적으로 설명하는 진정 가치투자는 경제적 자유뿐만 아니라, 시간의 자유까지 얻을 수 있는 '투자법입니다. 물론, 주식투자는 제대로 된 준비 없이 뛰어들면 다른 어떤 업종보다도 혹독한 대가를 치르기도 합니다.

현재 회사를 다니고 있는 직장인뿐만 아니라, 퇴직을 준비하고 있거나 이미 퇴직한 분들도 본 책의 내용을 숙지하여 주식을 제대로 마스터하길 권합니다. 왜냐하면 본 책에는 갑작스런 퇴직 대비와, 풍요롭고 성공적인 삶의 성공을 위해 가장 효과적인 방법인 주식투자를 완벽하게 끝내기 위한 성공 노하우를 담고 있기 때문입니다.

PART 1

인생 2막을 위해 은퇴 전 주식을 끝내야 하는 이유

비자발적 퇴직,
자영업의 몰락, 파산

**은퇴는 나의 선택에 의해서도 오지만, 희망퇴직 등 비자발적
퇴직이나 종사하는 기업의 파산 등으로 예고 없이 닥친다**

평생 직장이 없어지고 자발적 또는 비자발적 퇴직으로 인해 은퇴 연령이 갈수록 짧아지고 인구 감소 및 양극화, 4차 산업혁명의 도래 등의 이유로 미래에 대한 불확실성이 커짐에 따라 직장인의 노후에 대한 불안감은 점점 더 커지고 있습니다.

실제로 공무원이나 일부 공기업을 제외하고는 대부분의 직장인들이 정년을 채우지 못한 채 40~50대에 비자발적으로 직장에서 밀려나 일자리를 잃고, 일자리를 잃은 이들 중장년의 재취업은 사실상 불가능한 상황으로 치닫고 있는 중입니다. 이들은 망할 줄 알면서도 당장의 생계를 위해 얼마 안 되는 전 재산을 가지고 자영업에 뛰어 들어 몇 년도 지나지 않아 돈을 모두

날리고 어쩔 수 없이 폐업하며 극빈층으로 전락하게 되는 경우가 적지 않은 것이 지금의 현실입니다.

100세 시대 퇴직 노후 대비의 중요성을 알려주는 주요 신문기사 제목들

- 고령화 사회 충격.. 중산층에 닥치는 실버파산(노후파산) 빈곤층 전락
- 4차 산업혁명으로 향후 일자리 124만 개 감소 전망
- 저성장 시대 더 빨라진 조기퇴직… 직장인 10명 중 1명만 정년퇴직
- 자발적 퇴직은 20%뿐, 퇴직의 80%는 비자발적 퇴직
- 저성장 시대 자취 감춘 중장년 재취업 일자리… 단순 노무직도 못 구해
- 중산층 노후 준비 부실… 10명 중 7명, 은퇴 후 빈곤층 전락
- 주요 대기업 직원 평균 근속연수 11.1년
- 더 우울한 4050 퇴직자… 창업실패율 74% 달해
- 망할 줄 알면서도 생계형 창업시장에 내몰리는 40대~50대 가장들
- 바닥 모르는 자영업의 몰락… 3년 내 60% 망해, 5년 생존율 불과 20%
- 빨라진 퇴직과 재취업 불가속 생계형 창업 결과는… 빈곤층 전락
- 퇴직금에 대출금 얹어 차린 생계형 창업… 빚만 남고 빈곤층으로

'저성장 가속화, 4차 산업혁명으로의 진입, 평균 기대수명 증가' 속에 우리는 은퇴 이전보다 은퇴 이후에 더 긴 기간의 삶을 산다

불행하게도, 평균 수명의 증가로 100세 시대를 눈앞에 둔 지금까지도 우리나라 사회 시스템의 상당수가 정년 60세로 맞추어져 있습니다. 즉, 20대

중후반에 사회에 진출해 60세 전후에 은퇴를 하고, 10년 정도의 남은 삶을 보내며 죽음을 맞이하는 것을 전제로 한, '평균 수명 70세'로 짜여진 시스템이 여전히 크게 변하지 않고 있습니다. 이 와중에 인공지능을 필두로 한 4차 산업혁명과 세계화는 신규 일자리와 재취업의 기회마저 없애고 있습니다. 조기 은퇴 일반화속에 실제 체감 정년은 40대~50대로 당겨지고 있는 것이 현실입니다. 사실 정년 60세까지 마치는 경우는 축복받은 경우라고 할 만큼, 공무원과 극히 일부 근로자를 제외하고는 대부분은 50대 전후에 자발적이든 비자발적이든 퇴직을 하고 있습니다. 실제적으로 60세 정년까지 일할 수 있는 직장인은 공무원을 포함해도 전체 직장인의 10% 정도밖에 되지 않습니다.

즉, 최근의 정년 연장 논의에도 불구하고 국가와 사회의 대부분의 시스템은 60세에 고정된 채로 평균 기대 수명과 산업의 변화를 따라가지 못하고 있는 상황에서, 대부분은 뚜렷한 준비와 대책 없이 100세 장수의 시대를 맞이하는 장수 리스크에 노출되어 버렸습니다. 따라서 인생 2막을 제대로 준비하지 못한다면 살아온 시간보다 '훨씬 더 긴 삶'을 힘겹게 살아가야 할 현실을 맞이하게 되었습니다.

> "당신이 잠자는 동안에도 돈이 들어오는 방법을 찾아내지 못한다면
> 당신은 죽을 때까지 일을 해야만 할 것이다." – 워렌버핏

본격적인 4차 산업혁명의 도래와 인구의 고령화로 인한 저성장은 이미 수많은 일자리를 위협하기 시작했다

본격적인 도래가 예상되는 4차 산업혁명의 파도는 이미 수많은 일자리를 위협하는 수준을 넘어서 실제 피부로 체감되기 시작했습니다. 일부 스마트 공장은 기존 공장 근로자의 1/100이하 인력만으로도 더 효율적으로 운영되기 시작했고, 퇴사 후의 주요 대안 중 하나로 고려되던 택시기사 등 운송 수단에서 창출되던 일자리도 공유 산업의 도래와 인공지능 기술의 발달에 따른 자율주행의 완성도의 상승에 따라 그 종말이 성큼 다가오고 있습니다.

심지어는 빅데이터와 인공지능의 발달, 비대면 온라인 영역의 확대에 따라 대표적인 화이트컬러 직장 중 하나인 시중 대형 은행/보험사/증권사들도 실적이 부진할 때 뿐 아니라, 대규모 흑자를 내고 있는 동안에도 지속적으로 지점 폐쇄와 인원 감축을 단행하고 있는 현실을 마주하고 있습니다. 이렇듯 인구 고령화와 저성장 시대로의 진입은 여러 가지 정책과 막대한 예산 투입에도 불구하고 치솟는 실업률과 40대~50대 퇴직자들의 거의 제로에 가까운 재취업률과 끝없이 지속되는 자영업의 폐업률 상승에서 확인되고 있습니다.

월급 받을 때
주식 공부를 끝내야 한다

퇴직 후의 삶이 이렇게 힘들 줄 몰랐다

우리는 퇴직 이후에도 짧게는 30년, 길게는 50년 이상을 더 살아 내야 하는 장수 리스크에 처해 있습니다. 100세 시대라는 말이 유행어가 될 정도로 평균 수명이 늘어남에 따라, 은퇴 이후의 생활 영위를 위한 부의 확보는 필수가 되었습니다. 특히, 지금의 중장년층이 60세를 넘어설 때는 평균 수명이 100세에 이를 것이 거의 확실시되므로 운 좋게 60세에 정년퇴직을 하더라도, 은퇴 후 무려 40년을 더 살아야 합니다. 이 때문에 바로 지금부터 100세 시대에 대비한 경제적 자립을 위한 수단을 강구해야 합니다. 그렇지 않으면 당신은 죽을 때까지 일을 해야 하고, 남은 인생을 하루하루 생계의 고통 속에서 살아가야 될지도 모르기 때문입니다.

인생 후반 30년의 내 일(JOB)

불행하게도, 평균 수명의 증가로 자신이 가치 있게 평생 영위할 수 있는 나만의 잡(JOB-일)은 과거 어느 때보다도 절실해졌습니다. 미리 준비하지 않으면 아무리 경제적으로 여유가 있다 하더라도, 퇴직 후 인생의 1/3을 넘는 시간을 무의미하게 보내며 죽는 날을 기다리게 될 수밖에 없기 때문입니다. 따라서 이미 퇴직한 직장인뿐만 아니라, 퇴직이 멀게 느껴지는 현재 직장을 다니는 사람들도 퇴직 이후의 삶을 위해, 필살의 각오로 퇴근 후 또는 주말의 자투리 시간을 이용해 미리 미리 준비해야만 합니다.

따라서 100세 시대를 맞이한 지금, 풍요로운 노후를 위한 부의 확보와 평생 영위할 수 있는 나만의 잡(JOB-일) 확보는, 다른 어느 때보다도 중요해졌습니다. 이러한 모든 것의 가장 확실한 답은 주식투자, 투기나 도박이 관점에서 시작하는 주식투자가 아닌, 자본주의하의 가장 고부가가치 사업으로 시작하는 주식투자입니다.

죽는 그 순간까지도 가능한 일이어야 한다

워렌버핏은 "당신이 잠자는 동안에도 돈이 들어오는 방법을 찾아내지 못한다면 당신은 죽을 때까지 일을 해야만 할 것이다."라고 했습니다. 주식투자야말로 이에 대한 가장 강력한 해결 방법입니다. 왜냐하면, 주식투자는 자본주의 세계에서 한 개인이 밑천 없이 가장 큰 돈을 벌 수 있는 방법이며, 가장 부가가치가 높은 사업 중 하나이기 때문입니다. 세계 제일의 부자 중 한 명인 워렌버핏이 돈을 번 방법도 바로 이 주식투자고, 세계를 실질적으로 소유하고 있는 유태인들이 주로 종사하는 분야도 금융산업입니다. 더 자세히 말하면 바로 주식투자인 것입니다.

즉, 자본주의 사회에서 일반인이 물려받은 돈 없이 큰 부자가 될 수 있는 가장 효과적인 방법이 주식투자입니다. 또한, 90세가 넘은 워렌버핏을 필두로 국내외 주식투자 대가들이 적지 않은 나이에도 현역으로 활동할 정도로, 의자에 앉아 있을 수 있는 힘만 있으면 죽는 그 순간까지도 영위할 수 있는 평생 가능한 최고의 직업이기 때문입니다.

첫 단추부터 잘못 끼우는
개인투자자들

　　주식투자도 자본을 투입해 수익을 얻는 비즈니스입니다. 하지만, 많은 일반 투자자들이 특별한 준비나 노력 없이 바로 주식투자에 뛰어듭니다. 주위에서 성공한 사람들을 보면, 다른 경쟁업체와 차별화된 경쟁력을 얻기 위해 참으로 많은 노력을 기울였음을 알 수 있습니다. 주식투자도 마찬가지입니다. 주식투자도 성공을 위해서는 그만큼의 노력과 시간이 필요하다는 점을 잊어서는 안됩니다. 상당수 투자자들이 주위에서 돈을 벌었다는 이야기를 듣거나 또는 매스컴의 장밋빛 전망에 현혹되어 특별한 준비 없이 한탕 벌어 보려고 들어왔다가 결국에는 큰 손실을 보고, 생각보다 주식투자가 어렵다는 사실을 깨닫고 포기하는 경우가 많습니다. 하지만, 냉정하게 생각해보면 다른 어떤 분야보다도 주식투자라는 비즈니스는 노력에 비해 성과가 큰 직업입니다. 따라서 조급한 마음을 버리고 성실하게 주식투자 공부를 해 나가는 자세가 필요합니다.

일반적으로 자영업을 하게 되면, 능력 있는 사람을 고용하고 관리하는 것이 성공의 중요한 핵심이 됩니다. 즉, 성공을 위해서는 능력 있는 종업원을 선발해야 하며, 이들을 자신의 사업에 유용하게 배치하고 이들의 의료보험, 고용보험, 출결관리, 인사고과, 인센티브 지급, 종업원간의 알력 조정 등 상당히 많은 부분에 신경을 써야 합니다. 하지만, 주식투자는 오직 자기 자신만 관리하면 됩니다. 따라서 자신의 마인드 확립과 투자 노하우 확보가 다른 어떤 것보다도 중요합니다.

끝장마스터 Q 주식투자에서 가장 중요한 것은 사장인 자기 자신의 관리임.

사업 아이템이 훌륭해도 방만한 운영과 사장의 경영 노하우가 부족하면 그 사업체는 망하게 되어 있습니다. 마찬가지로 아무리 좋은 종목 정보가 있더라도 확고한 사업 마인드와 제대로 된 투자 노하우가 없다면 주식투자에서 성공하기 어렵습니다. 따라서 주식투자를 위한 핵심은 시세 예측이나 종목 정보가 아니라, 확고한 사업 마인드와 제대로 된 투자 노하우의 확보입니다.

끝장마스터 Q 주식투자 성공의 핵심은 시세 예측이나 종목 정보가 아니라,
확고한 마인드와 제대로 된 투자 노하우의 확보에 좌우됨.

이 점에서, 여러분은 벌써 성공하기 시작했습니다. 왜냐하면, 지금부터 본 책을 통해 주식투자 성공에 꼭 필요한 주식 끝장 마스터를 배우게 될 것이기 때문입니다.

은퇴 전에 끝내야 하는 이유

① 노하우만 쌓이면 무조건 이긴다

상당수의 자영업이 자신이 투자한 시간에 비례해 수익이 늘어나거나, 막대한 고정장비(공장, 기계장치 등)를 투자하여 수익을 얻는 구조인데 반해, 주식투자는 노하우가 쌓이면 동일한 시간에 혼자서도 몇 억, 몇 백 억을 벌 수 있는 1인당 부가가치가 매우 높습니다. 은퇴 후 가장 적합한 직업이기에 10년 아니 5년만 준비해도 이길 수 있습니다.

② 내가 자는 동안에도, 돈이 일한다

전문자격증을 지닌 선망의 대상이 되는 잘 나가는 의사나 변호사들도 그들이 일하지 않으면 돈을 벌 수 없습니다. 왜냐하면, 일한 시간만큼 돈을 벌기 때문입니다. 하지만, 주식투자는 돈이 돈을 벌게 하는 시스템이라 나이가 들어도 자신의 시간을 충분히 자유롭게 향유할 수 있는 장점이 있습니다.

③ 치킨집보다 돈이 덜 든다

동네에 조그만 치킨집이나 편의점, 프랜차이즈 가맹점을 낸다면 최소 수 천만 원에서 억 단위의 돈이 필요합니다. 이러한 돈의 상당수가 인테리어/집기/가맹비 등이며 나중에 회수하기도 쉽지 않습니다. 또한, 장사가 안 되더라도 계약기간 동안은 월세나 인건비 등 매달 들어가는 고정비용을 내야 하고, 세금 등 신경 써야 할 부분도 많습니다. 하지만, 주식투자는 집에서 컴퓨터 1대면 끝납니다. 투자비용이 거의 들지 않고, 월세나 인건비 등의 고정 비용도 거의 없으며, 세무/노무 문제 등 부가적인 업무 부담도 역시 없다는 장점이 있습니다.

④ 머리가 하는 일은 나이가 들면 더 큰 힘을 발휘한다

주식투자는 몸을 움직여 버는 막노동이 아닙니다. 몸으로 하는 일은 나이가 들수록 하기 어려운 반면, 머리로 하는 일은 나이가 들수록 노하우와 경험이 축적되어 경쟁력을 유지하기가 상대적으로 쉽습니다. 나이가 들어도 왕성하게 활동하는 투자자를 보면 알 수 있듯 책상 앞에 앉아 있을 체력만 있으면 됩니다.

주식 시장을 떠나는
5가지 결정적인 이유

개인투자자들의 주식투자는 대부분 실패로 끝납니다. 그들의 일부는 수년 동안 그야말로 안 먹고 안 써서 모은 돈 또는 평생 일하고 받은 퇴직금을 불과 몇 달에서 정말 짧게는 하루 만에 날리고, 상당수는 저축한 돈 이상을 날려, 그 빚을 갚기 위해 주식투자를 했던 시간보다 훨씬 긴 시간을 힘들게 일하며 빚을 갚아 나가기도 합니다. 심지어 적지 않은 수가 파산하고, 가정이 파탄나서 인생의 밑바닥까지 굴러 떨어지기도 합니다.

머슴정신(주인정신 부족)

실패의 첫 번째 원인은 「머슴정신(주인정신 부족)」에 있습니다. 예를 들어 월급쟁이의 경우, 「시간만 지나면 어쨌든 월급이 나온다.」는 샐러리맨의 타성, 즉 머슴정신에 깊이 젖어 있습니다. 비장한 각오로 주인의식을 가지고 적극적인 노력을 기울여 주식투자를 하는 것이 아니라, 한탕주의에 젖어 주워들은 정보(대부분 거짓 정보)에 혹해서, 남들이 돈 벌었다는 소리에, 주식시장이 활황이라는 기사를 읽고 시작하는 경우가 많습니다. 이는 필연적으로 몇 년간의 월급을 아끼고 아껴서 모았던 돈을 모두 잃게 되는 결과를 맞이하게 됩니다. 즉, 주식투자를 인생의 궁극적인 성공과 생존이 걸린 관점에서 시작하지 않고, 충분한 준비 없이 시작하기 때문에 프로가 득실거리는 주식투자 시장에서 세력들의 가장 만만한 먹잇감으로 전락하게 됩니다.

환상

'주식시장에서는 쉽게 큰 돈을 벌 수 있다.'라는 환상

「주식시장에서는 적은 돈으로 큰 돈을 벌 수 있다.」는 것은 환상이 아닙니다. 이미 수많은 성공 사례가 이를 증명합니다. 다른 어떤 업종보다도 주식시장에서는 가장 적은 자본으로 가장 짧은 기간에 부를 이루는 사례가 많습니다. 하지만, '쉽게'라는 단어가 들어가면 이는 환상이 됩니다. 세상에 어느 것도 준비 없이 하룻밤에 떼돈을 벌 수 없습니다. 단, 분명히 말할 수 있는 것은 다른 업종에 비해 노력 대비 성과는 매우 크다는 점입니다.

저자본의 환상

주식투자에 실패한 대다수의 사람들은 그들의 패인이 자신들의 투자자본이 적었기 때문에 시장에서 퇴출되었다는 환상을 가지게 됩니다. 즉, 주식투자에 실패한 일반 투자자들은 '조금만 더 돈이 있었다면, 폭락시기에 주식을 더 샀을 텐데, 그러면 손해를 완전 만회하고도 그 몇 배의 이익을 낼 수 있었을 텐데'라는 생각을 하게 됩니다. 이는 실패한 투자자들로 하여금 주식투자에 대한 공부보다는 투자자금을 모으는데 신경을 쓰도록(빚이나 대출을 일으키는 등) 합니다. 이는 지속적으로 실패하게끔 하는 악순환에 빠지게 합니다. 따라서 어떠한 경우에도 절대로 빚을 내어서는 안됩니다.

정보와 예측을 통해 돈을 벌 수 있다는 환상

세력들조차도 시세를 예측하는 게 아니라 만드는 것임에도 불구하고, 개인투자자들은 예측을 통해 큰 돈을 벌 수 있다고 생각합니다. 따라서 그나마 투자에 대한 준비를 하는 투자자들조차도 그 시간의 대부분을 예측이라는 신의 영역에 옮겨 놓음으로써 그들의 노력을 헛수고로 만듭니다. 주식투자로 성공한 사람들은 「예측을 잘한 사람」이 아니라, 철두철미한 매매원칙과 투자 노하우에 의해 「대응을 잘한 사람」입니다. 한두 번의 예측은 맞을 수 있지만, 결국 파국을 맞게 됩니다. 내일의 주가를 맞춘다는 것은 내일 일어날 일을 예측하는 것과 동일합니다. 신이 아닌 이상 내일의 주가를 완벽하게 예측하는 것은 처음부터 불가능하기 때문입니다. 주식으로 돈을 번 고수들의 특징은 예측을 잘 했다기 보다는 확고한 매매원칙과 철저한 위험관리, 그리고 세부적인 실전 투자 노하우 확보가 있었기에 가능한 것이었습니다.

작전세력

주식시장에는 개인투자자의 돈을 우려 먹는 다양한 세력들이 있습니다. 이 세력들은 개미들을 아둔하게 하고(쉽게 돈을 벌 수 있다는 환상을 심고), 그들에게 돈을 있는 대로 긁어오게 하고(저자본의 환상), 그들의 패배를 그들 자신의 예측력 부족으로 돌리게 함(미래예측 능력의 환상)으로써 자신들의 개미들에 대한 착취구조를 정당화시키고 고착시키고 있습니다. 심지어 일부 악의적인 세력들은 시세조작과 허위공시 등 사기에 가까운 행위(작전 등)도 서슴지 않기 때문에 멋모르고 준비 없이 시작한 투자자들은 큰 손실을 입을 수밖에 없습니다. 특히, 주식시장의 작전세력들은 피해자들과 얼굴을 마주치지 않는다는 점만 다를 뿐 아주 악질적인 사기꾼들도 많이 있다는 점을 주식투자를 하는 동안 늘 잊지 말아야 합니다.

마인드 부재

많은 개인투자자들이 주식투자를 단기성 투기나 한때의 외도성 이벤트 또는 복권, 취미생활로 생각하고 사업이라는 마인드 없이 시작합니다. 거듭 말하지만 다른 일반적인 사업과 마찬가지로, 주식투자도 자본을 투입해 수익을 얻는 비즈니스입니다. 노력 없이 하루 아침에 성공할 수 있는 사업이 없듯이, 주식투자도 하루 아침에 성공하는 경우는 찾아보기 어렵습니다.

실전 노하우 부족

정말 놀랍게도 투자자 상당수가 뻔한 월급에서 아끼고 아껴 힘들게 모은 돈임에도 불구하고, 준비 없이 투자한다는 것입니다. 투자를 위한 준비는 돈을 모으기 위한 기간의 1/10도 제대로 하지 않고 대충 해버린다는 데 있습니다. TV나 핸드폰을 살 때, 심지어는 간단하게 걸치고 나가기 위한 옷을 살 때도 적지 않은 시간을 투자해 알아보고 비교하면서 망설이며 구입합니다. 하지만, 주식투자의 경우 주위에서 돈을 벌었다는 얘기에 혹해서, 또는 신문과 방송의 장밋빛 전망에, 혹은 한 건 하겠다는 생각에, 주위에서 들은 종목 정보나 얕은 투자지식만으로 시작해 큰 실패를 자초하게 됩니다.

빚내서 투자하면
절대 안 되는 이유

아무리 성공 가능성이 높은 매매 노하우를 가지고 있더라도, 성공하기도 전에 잘못된 계좌관리로 돈을 모두 날린다면 주식투자는 실패할 수밖에 없습니다. 따라서 투자 노하우 못지 않게 자금관리는 매우 중요합니다. 그런데 초보자들의 경우 한두 번 성공에 고무되어, 막연한 낙관론에 젖어 투자자금을 늘리고 심지어 빚까지 동원합니다. 이 경우 예기치 않은 시장 하락 시 제대로 대응하지 못해 투자자금의 대부분을 날리게 됩니다. 이처럼 주식투자로 망하는 가장 대표적인 이유 중 하나가 빚을 내는 경우입니다. 주식투자에서 가장 중요한 것들이 마인드와 심리적 안정, 복리의 마술인데 빚을 내 투자를 할 경우, 이 모든 것들이 무너지기 때문입니다. 원금상환 부담감으로 인해 심리적 안정이 무너지며, 시간이 갈수록 늘어나는 이자 부담으로 인해 무리한 투자를 감행하게 되거나 좋은 종목을 보유하고 있을 때에도 충분한 시세차익을 얻지 못하고 일찍 매도해야 될 가능성이 높아지기 때문입니다. 이처럼 빚을 얻기 쉬운 이유는 증권사에서 자신들의 매출 증대(약정수입)에 도움이 되고, 담보에 대한 안정성 및 현금화가 높아 신용이나 미수 등의 제도를 제공하기 때문입니다. 하지만, 잊지 말아야 할 것은, 본인이 시세를 움직이는 큰손이나 세력이 아니라면 절대로 빚을 내어 투자를 해서는 안 된다는 점입니다.

PART 2
주식 끌장 마스터
준비 단계

마인드 정립

성공하는 마인드를 가지기 위한 조언

다른 사람을 고용하고, 설비(공장, 기계)를 이용하여 사업을 하는 다른 일반적인 업종과는 달리 종업원의 조력이나 설비의 도움을 받기 힘든 주식투자의 특성상 오너인 사장 자신의 확고한 사업 마인드, 자금관리, 제대로 된 투자 노하우 확보가 성공을 위한 핵심포인트가 됩니다.

주식시장은 일개 개인이 통제할 수 있는 곳이 아닙니다. 고수는 자신이 시장을 통제할 수 없다는 것을 알고 있기에 보다 초연한 자세로 주식투자를 할 수 있게 됩니다. 이에 반해, 일반 투자자는 자신이 시장을 통제하려고 애쓰기 때문에 안달하고, 조바심내고, 기도하게 됩니다. 시장을 통제하려 하지 말고, 시장에 순응하는 자세를 가져야 주식투자의 스트레스는 줄어들고, 주식투자로 인한 수익은 더욱 늘어나게 됩니다.

사업을 하다보면 인건비, 임차료 등 비용이 필요합니다. 사업을 영위하기 위해서는 불가피한 것들입니다. 마찬가지로, 주식투자라는 비즈니스를 영위하기 위해서는 필연적으로 비용이 필요한데, 바로 그것이 주식매매로 인한 손실입니다. 물론, 여기서 말하는 손실이란 자신의 매매원칙에 의해 손절매 했을 때 발생하는 손실을 말합니다. 따라서 손실에 익숙해지고, 손실이 더 많은 수익을 내기 위한 과정으로 보는 여유 있는 자세를 가져야 합니다.

(※여기서 주의할 점은 매매원칙에 벗어난 손실은 – 자신이 미리 정한 손절매 기준을 벗어난 매매로 인한 손실 등 – 불가피하게 발생하는 비용의 범위를 벗어난, 말 그대로 주식투자 실패로 인한 손실이라는 점에 주의해야 합니다.)

사업에도 각 업종에 따라 호황기와 불황기가 있듯이, 주식투자에도 호황기와 불황기가 있습니다. 일반적인 사업의 경우 불황기에도 고정투자비로 인해 각종 비용이 들어가지만(인건비, 임차료, 마케팅 비용 등), 주식투자는 현금화하여 가지고 있으면 되기에 비용이 들어가지 않는다는 장점이 있습니다. 참고로, 주식투자에서 불황(하락장)이 깊어질수록 호황(강세장)이 멀지 않았음을 반드시 기억해야 합니다.

끝장마스터 🔍 주식시장에도 호황기과 불황기가 있음을 인식할 것.(호황기에 시작한 사람들보다 불황기에 사업을 시작하여 견딘 사람들이 나중에 큰 성공을 거두는 것이 일반적임)

주위에서 사업에 성공한 사람들을 보면, 다른 경쟁업체와 차별화된 경쟁력을 얻기 위해 참으로 많은 노력을 기울였음을 알 수 있습니다. 주식투자도 마찬가지입니다. 주식투자도 성공을 위해서는 그만큼의 노력과 시간이 필요하다는 점을 잊어서는 안됩니다. 상당수 투자자들이 주위에서 돈을 벌었다는 얘기에 혹해서, 특별한 준비 없이 한탕하러 들어 왔다가 생각보다 실패하는 경우가 매우 많습니다. 하지만, 냉정하게 생각해보면 다른 어떤 분야보다도 주식투자라는 비즈니스는 노력에 비해 성과가 큰 분야입니다. 따라서 조급한 마음을 버리고 성실하게 주식투자 공부를 해 나가는 자세가 필요합니다.

끝장마스터 🔍 하루 아침에 손쉽게 성공하는 사업이 없듯이 주식투자로 성공을 하기 위해서도 역시 많은 노력과 준비가 필요하다는 점을 인식할 것.

매일매일 숙지하는 각오의 글

주식투자 성공을 위해서 반드시 스스로에게 확인해야 할 사항이 바로 「주식투자에 임하는 각오」입니다. 여기서 중요한 점은, 정당하게 돈을 벌어야 한다는 것입니다. 한 개인의 성공은 자신뿐만 아니라 사람들에게 깊은 감동을 줍니다. 따라서 성공은 그 자체로 선한 일입니다. 하지만, 악한 방법으로 이룬 성공은 결국에는 야유와 멸시, 본인 스스로에 대한 자괴감과 궁극적 실패로 끝나는 경우가 대부분입니다. 따라서 주식투자를 함에 있어 앞으로 절대로 투기성 거래나 작전, 시세조작 등 부도덕한 일을 하지 않아야 합니다. 주식시장은 그런 부도덕한 방법을 이용하지 않더라도, 정당한 방법만으로도 충분히 큰 돈을 벌 수 있는 기회를 주는 곳이기 때문입니다. 무엇보다도, 주가조작 등의 부정한 방법을 이용하는 것은 사기입니다. 거듭 강조하지만, 어떠한 경우에도 악의적인 방법으로 돈을 벌거나 악의적인 방법에 당하지도 말아야 합니다. 주식시장에는 악의적 목적을 가지고 이루어지는 작전 등이 진행되고 있음을 항상 잊지 않아야 합니다. 이 때문이라도 더 철저히 최선을 다해 준비를 해야 하는 것입니다.

끌장마스터 🔍 주식투자로 큰 돈을 벌기 위해서는 「주가조작, 주식작전, 시세조작 등」 악의적인 일을 하지 말아야 함. 주식시장은 그러한 부도덕한 방법을 이용하지 않더라도 충분한 준비와 노력을 통한 정당한 방법으로도 큰 돈을 벌 수 있는 기회를 주는 곳이기 때문임.(사업은 장기적인 매우 큰 이익을, 사기는 단 한 번의 단기적인 작은 이익을 추구하는 행위라는 점을 잊지 말 것)

---

1 선하게 돈을 번다.

(악한 방법으로 돈을 버는 것은 사업이 아니라 사기다.)

2 나는 어떠한 경우에도 포기하지 않고 반드시 성공한다.

(성공한 사람들에게는 실패마저도 성공을 위한 자연스런 과정이었음을 잊지 않는다.)

3 나는 매일 내 가족을 사랑하고 축복한다.

(그들이 없으면 얼마나 그리울 것인지 잊지 않는다.)

4 나는 모든 사람에게 겸손하고 진심어린 친절과 미소로 대한다.

(남을 위한 배려는 장기적으로 자신을 위한 가장 큰 배려임을 잊지 않는다.)

5 나는 나의 건강한 신체와 외모를 위해 절제된 식사와 규칙적인 운동을 한다.

(내 몸의 최고의 주인이기를 포기하는 순간, 내 인생의 최고의 주인이 될 수 없음을 잊지 않는다.)

6 나는 나의 성공을 위한 실력 배양을 위해 아낌없이 투자하고 노력한다.

(미래를 위한 투자에 인색함은 향후 돌이킬 수 없는 후회와 손해로 돌아옴을 잊지 않는다.)

7 나는 내가 신이 아님을 잊지 않는다.

(하수는 정확한 내일을 예측하려 애쓰지만 고수는 상황별 대응 능력 향상에 힘쓴다.)

8 나는 매매원칙에 어긋나는 매매와 손절 기준을 넘긴 주식 보유는 절대하지 않는다.

(매매원칙을 어기는 순간 현재의 이익마저도 가까운 미래에 더 큰 손실로 다가옴을 잊지 않는다.)

위 글은 필자가 함께 하는 주식투자카페(www.jusiktuja.com) 회원들이 수첩과 모니터에 붙여 놓고, 반드시 매일 아침 숙지하는 각오의 글입니다. 원칙은 아는 게 중요한 것이 아니라 실천하는 것이 중요하고, 실천하기 위한 가장 효과적인 방법은 매일 반복해 그 내용을 숙지하는 것이기 때문입니다.

주식투자 사업계획서

[그림] 주식투자 사업계획서의 일부

▶본 책을 구입한 독자들에게는 클릭과 단순 입력만으로 아주 쉽게 작성 가능한 주식투자 사업계획서 무료 제공. 필자가 함께 하는 주식투자카페(www.jusiktuja.com)에서 다운 가능함. – 수십 쪽 분량의 「주식투자사업 사업계획서」와 「주식투자 사업계획서 작성 안내서」 제공)

주식투자
필수 지식

주식이란 무엇인가

주인이 한 명인 개인회사와 달리, 「주식회사」는 회사의 주인이 여러 명인 회사입니다. 특히, 주식회사를 만들 때 법으로 '자본금 규모와 1주당 금액'을 신고하게 되어 있습니다. 예를 들어 100명이 각자 1만 원씩 내어 100만 원짜리 '모닝주식회사'를 만들어 자신이 얼마씩 돈을 내었다고 표시한 것을 (주식) 적어 100개로 나누어 가졌다면, 이때 모닝주식회사의 자본금은 100만 원, 주식수는 100주, 1주당 가격은 1만 원, 주식을 가진 사람들은 주주가 됩니다. 이렇듯 주식은 특정 회사에 대하여 주주가 가진 몫(지분)을 의미합니다. 또 다른 예를 들면, A는 40만 원, B는 30만 원, C는 30만 원을 내어 '모닝주식회사'를 만들고 1주당 금액을 1만 원으로 정했다면, 모닝주식회사의 자본금은 100만 원, 1주당 가격은 1만 원, 총 주식수는 100주가 됩니다. 이때 A의 주식수는 40주이고(지분율 40%), B의 주식수는 30주(지분율 30%), C의 주식수는 30주(지분율 30%)가 됩니다.

이때 「최대주주」는(주식을 가장 많이 소유한 주주) A가 됩니다. 주식회사의 중요한 일은 투표로 결정하는데, 이때 사람 수가 아닌 주식수로 결정하게 되며 보통은 주식수가 제일 많은 최대주주의 뜻대로 움직이게 됩니다. (이 때문에 다른 주주보다도 1주라도 더 많은 최대주주가 되는 것이 매우 중요합니다.) 또한, 주식은 다른 사람에게 팔거나 살 수 있는데, 보통 일반 투자자들은 나라에서 인정한 공인된 주식시장에서 매매할 수 있습니다. 만약, 회사가 돈을 잘 벌어 이익을 많이 남긴다면 그 회사 주식의 가격은(주가) 높아지게 되고, 반대로 해당 회사가 돈을 잘 벌지 못한다면 주가는 낮아지는 것이 일반적입니다. 따라서 주식투자는 '단순히 주식을 산다.'고 생각하기 보다는 '그 회사의 주주와 평생 동업한다.'는 생각으로 보다 무겁고 진지한 자세로 충분히 검토하고 사야 합니다. 그래야 「부실주」(지금 곧 망해도 이상하지 않을 정도의 형편없는 기업의 주식)나 「작전주」(주식시장에는 개인투자자를 속여 돈을 버는 악질적인 사기 세력들이 주가를 조작하는 주식)에 당하지 않을 수 있기 때문입니다.

끌장마스터 🔍 주식투자는 '단순히 주식을 산다.'는 생각으로 하지 말고, 해당 기업의 주주와 '평생의 동업자가 된다.'고 생각하며 투자해야 작전주나 부실주에 당하지 않고, 제대로 돈을 벌 수 있음.

그리고 맨 처음 주식회사를 만들 때 주식 한 주당 정한 가격을 「액면가」라고 하고, 주식시장에서 실제 거래되는 가격을 시장가격이라고 하며 줄여

서 「시가」라고 합니다. 보통 주가(주식의 가격의 준말)라고 하면 주식시장에서 거래되는 가격인 시장가격(시가)을 의미합니다. 액면가가 5천 원짜리 주식이 워낙 이익을 잘 내는 경우 액면가의 200배가 넘는 100만 원 이상에 거래되기도 하고, 반대로 매년 손해를 봐 망하기 직전의 기업이라면 액면가 5천 원짜리 주식이 불과 1~2백 원에 거래되기도 하고, 심지어는 아예 거래조차 되지 않아 주식시장에서 퇴출되는 경우도 있습니다.

「액면가」, 「액면병합」, 「액면분할」

앞서 설명한 것처럼, 처음 회사를 만들 때 정한 1주당 가격 1만 원을 「액면가」라고 합니다.(액면가는 자유롭게 정할 수 있으며 회사에 따라 100원, 500원, 1,000원, 2,500원, 5,000원 등 다양합니다) 참고로, 삼성전자의 주당 액면가는 100원이고, 현대차의 주당 액면가는 5,000원입니다. 참고로, 액면가를 높이는 것을 「액면병합」이라 하고, 액면가를 낮추는 것을 「액면분할」이라고 합니다. 예를 들어 액면가를 5백 원에서 5천 원으로 높인다면 액면병합이 됩니다. 이 경우 5백 원짜리 주식 10주를 가지고 있던 주주는 5천 원짜리 주식 1주로 바뀌게 됩니다. 반대로, 액면가를 5천 원에서 100원으로 낮춘다면 액면분할이 되고 5천원짜리 1주를 가지고 있던 주주는 100원짜리 주식 50개로 받게 됩니다. 액면분할이나 액면병합을 한다고 해서 기업 가치가 변하지는 않습니다. 1만 원짜리 100주도 100만 원의 가치를 가지게 되고, 100원짜리 1만 주도 100만 원의 가치를 가지게 되어 그 가치는 동일하기 때문입니다. 보통 1주당 주가가 100만 원이 넘어가는 경우 주식 거래 활성화를 위해 액면분할을 하는 경우가 많습니다. 삼성전자의 경우도 주가가 한 주당 주가가 3백만 원이 넘어가 일반 개인투자자들의 매수가 어려워지자(1주만 사려고 해도 3백만 원이 필요해 선뜻 개인투자자들이 매수하기 어려웠음), 액면가를 5천 원에서 100원으로 1/50로 액면분할을 하였습니다.

주식시장이란 무엇인가

주식시장은 말 그대로 주식을 사고팔 수 있는 시장을 말합니다. 주식시장은 크게 발행시장과 유통시장으로 구분할 수 있습니다. 발행시장은 새로 발행한 주식을 사고파는 시장을 말합니다. 주식을 새로 발행하는 경우는 회사를 맨 처음 창업할 때 또는 창업 이후에 회사에서 자본금을 늘리기 위해 추가로 주식을 발행할 때(「증자」라고 함) 합니다. 참고로, 개인투자자들은 공모주청약과 증자라는 방법으로 새로 발행되는 주식을 살 수 있지만 이것은 일반적인 경우는 아닙니다.

따라서 주식시장이라고 하면 이미 발행된 주식을 사고팔 수 있게 허가된 시장을 의미합니다. 우리나라의 주식시장은 우량주를 주로 거래하는 시장인 「거래소 시장(코스피 시장이라도 함)」과 벤처기업(자본금은 적지만 기술력이 있는 중소기업을 의미함)이 주로 거래되는 「코스닥 시장」이 있습니다. 참고로, 초보투자자의 경우 처음 6개월 동안은 가급적 거래소 시장에서 매매되는 종목을 위주로 투자하여야 합니다. 왜냐하면, 코스닥 시장에서 거래되는 종목들의 경우 자본금이 적고 기업 역사가 짧아 망하는 경우도 많고 거래소 시장에 비해 작전세력들이 개입되는 경우도 많기 때문에 아무래도 거래소 종목보다는 위험한 것이 일반적이기 때문입니다.

> **끝장마스터** 🔍 처음 시작하는 투자자라면 어느 정도 경험이 쌓이기 전까지는(주식 투자 경험이 최소 6개월 이상이 되기 전까지는) 코스닥 시장에서 거래되는 종목은 매매하지 않는 것이 안전함.

그리고 우리나라는 하루 동안의 주식가격이 움직일 수 있는 가격폭을 상하 30%로 제한하고 있습니다. 예를 들어, 어느 주식의 주가가 전일 1만 원이었다면, 오늘 그 주식의 최고가는 30% 상승한 가격인('상한가'라고 함) 13,000원을 넘을 수 없고, 주식의 최저가는 30% 하락한 가격인('하한가'라고 함) 7,000원보다 더 낮아질 수 없습니다. 이렇듯 하루 동안의 최고가인 상한가와 최저가인 하한가 제도를 두는 이유는 급격한 가격 변동시 생기게 될 피해를 막기 위해서입니다.

특별한 경우를(시간외거래 등) 제외하고는, 주식 거래는 대부분 정규거래 시간인 오전 9시부터 3시 30분까지 이루어집니다. 정규거래 시간이라 하더라도 시장이 지나치게 급등하거나 급락할 때 투자자들의 심리를 진정시키고, 투자자들에게 관련 정보를 확인할 시간을 주기 위해 주식시장이 일정 조건 이상 급등 또는 급락시에 이용하는 다양한 거래중지 제도를(사이드카/서킷브레이커/정적 변동성 완화장치 등) 운용하고 있습니다. 참고로, 해당 거래중지 조건 발동시 거래소에서 공지하게 되므로 해당 거래중지 제도 조건을 세세히 알 필요는 없습니다.

상장, 상장종목, 공모주, 공모, 공모주청약, 공모가격

주식시장(거래소 시장, 코스닥 시장)에서 주식이 거래될 수 있게 해당 기업에 자격을 부여하는 것을 「상장」이라고 합니다. 따라서 주식시장에서 거래되기 위해서는 반드시 먼저 상장이 되어야 하고, 주식시장에 이미 상장되어 거래되는 종목을 「상장종목」이라고 합니다.

많은 주식회사들이 주식시장에 상장하기를 원하지만(주식시장에 상장된 기업들에게는 제도적으로 여러 혜택들이 부여되므로), 주식시장에서 매매하는 일반 투자자들을 보호하는 등 주식시장에 상장되기 위해서는 엄격한 기준을 통과하여야 하므로 쉽지 않습니다. 주식시장에 상장될 때 일반인들에게 신주를 추가로 발행한 주식 등을 「공모주」라고 하고, 공모주를 구입할 투자자를 모집하는 것을 「공모」라고 합니다. 이러한 공모주를 사기 위해 서류를 작성하고 증거금 등을 내는 것을 「공모주청약」이라고 합니다.

공모주의 가격(「공모가격」이라고 함)은 일반 투자자들의 참여를 유도하기 위해 비교적 저렴하게 책정되는 경우가 많기 때문에 공모에 참여하는 투자자들이 많을 경우 원하는 수량보다 훨씬 적은 수량만 살 수 있는 경우가 흔합니다. 공모주청약은 새 아파트를 사기 위해 아파트에 청약하는 것과 비슷하다고 생각하면 됩니다. 아파트 청약 경쟁률이 올라가면 아파트 청약에 당첨될 확률이 적어지는 것과 거의 비슷합니다. 참고로, 상장시에는 신규로 주식을 발행하는 것뿐 아니라, 기존 주주들의 주식을 팔기도 합니다. 또한, 시장 상황이 안 좋거나 지나치게 높은 가격으로 공모주를 발행하는 경우 상장 후에 실제 주가가 공모가보다 더 낮아지는 경우도 발생하므로 주의해야 합니다.

종합주가지수는 무엇인가

「종합주가지수」는 크게 거래소 시장에 상장된 종목을 대상으로 하는 「코스피지수」와 코스닥 시장에 상장된 「코스닥지수」 등이 있습니다. 하지만 일반적으로 종합주가지수라고 수많은 지수 중에서도 주로 코스피지수를 의미합니다. 종합주가지수(코스피지수)는 1980년 1월 4일의 거래소 시장에 상장된 모든 종목의 시가총액을 현재의 시가총액으로 나눈 값에 100을 곱한 값으로 주식시장의 가장 대표적인 지수입니다. 예를 들어, 현재의 종합주가지수가 3,000이라면 1980년 1월 4일과 비교할 때 주식시장이 약 30배가 올랐다는 의미가 됩니다.

이러한 종합주가지수가 중요한 이유는 수익률을 비교하거나 주식시장 상황을 판단하는 기준으로 많이 활용되기 때문입니다. 내가 가진 종목이 전일대비 5% 상승하였는데, 종합주가지수가 10% 상승하였다면 비록 내 종목이 상승하기는 했지만 시장 평균을 못 따라갔다는 의미가 됩니다. 또한, 연초대비 종합주가지수 10% 하락하였다면 올해 주식시장이 전반적으로 하락 시장이었음을 파악할 수 있습니다. 참고로, 파생상품에 이용되는 「코스피200지수」는 코스피 시장(거래소 시장)에 상장된 종목 중 200개(대표성, 거래량 등을 고려하여 선정)를 선정한 후 해당 종목의 1990년 1월 3일 기준 시가총액을 기준으로 산정한 지수입니다. 200개 종목이지만, 시가총액이 워낙 큰 종목들이 많아 거래소 전체 종목의 시가총액의 85%를 차지하고 있어 코스피지수와 거의 비슷하게 움직입니다. 이 코스피200이 중요한 이유는 선물옵션의 대표 파생상품이 이 코스피200을 기준으로 하고 있기 때문입니다.

끝장마스터 🔍 종합주가지수는 수익률 판단 또는 주식시장 전체를 판단할 수 있는 기준임.

시가총액

「시가총액」은 해당 기업의 주식수와 주가를 곱한 금액입니다. 예를 들어, 어느 기업의 주식총수가 100주고 주가가 주당 1만 원이라면 그 기업의 시가총액은 100만 원이 됩니다. 시가총액은 주식시장에서 해당 기업을 사들이기 위해 필요한 금액이며 동시에 주식시장에서 평가된 해당 기업의 가치라고 할 수 있습니다. 주식시장은 이성적인 시장이 아닙니다. 1,000억 원짜리 땅을 가지고 있고, 매년 100억 원씩 이익을 내는 기업의 시가총액이 기업이 보유한 땅값의 절반인 500억 원 밖에 안 되는 경우도 발생하는 게 주식시장입니다. 즉, 500억 원을 주고 주식시장에서 그 기업을 사면 1,000억 원짜리 땅이 함께 딸려 오는 말도 안 되는 일이 종종 벌어집니다.(이 때문에 공부하는 투자자들이 주식투자로 돈을 벌 수 있게 됩니다.)

파생상품은 무엇인가

「파생상품」은 일반적인 거래인 금/주식/원자재 등을 이용해서 만들어진 금융상품으로 가장 대표적인 것으로 선물과 옵션이 있습니다.

「선물」은 미래의 가격에 돈을 걸고 내기하는 것이라고 생각하면 편합니다. 예를 들어, 미래에(3개월 후나 6개월 후 등) 주가지수가 상승할 것이라고 생각하면 '주가지수선물'을 사면 됩니다. 반대로 미래에 주가지수가 하락할 것이라고 생각하면 '주가지수선물'을 팔면 됩니다. 만약 현재의 주가지수선물이 100이고 미래에 주가지수선물이 실제로 120이 되었다면 주가지수선물을 매수한 사람은 20을 벌고, 판 사람은 20만큼 돈을 잃게 됩니다.

「옵션」은 미래의 복권을 사고파는 것이라고 생각하면 편합니다. 「주가지수옵션」은 미래 일정기간 동안에 주가지수를 특정한 가격에 팔거나 살 권리를 거래하는 것입니다.(옵션을 복권으로 생각하면 쉽습니다.) 어떤 사람이 '주가지수'가 앞으로 6개월 이내에 절대 100 이상이 될 수 없다고 생각한다면 앞으로 6개월 동안은 주가지수가 얼마가 되든지 간에 100에 살 수 있는 옵션(권리)을 10에 팝니다. 만약, 6개월 이내의 기간에 주가지수가 200이 되었다면 옵션을 산 사람은 200짜리 주가지수를 100에 살 수 있게 되어 차액인 100만큼 싸게 삽니다.(실제로 옵션을 사느라 지불한 가격 10을 제외하더라도 90을 벌게 됩니다) 이에 반해, 옵션을 판 사람은 주가지수를 200에 사와서 100에 주어야 하므로, 옵션가격으로 받은 10을 제외하더라도 90만큼 손해를 보게 됩니다.

「레버리지」는 간단히 말해 자기 돈이 적어도 빚을 많이 내서 자기가 가지고 있는 돈의 몇 배 이상으로 투자할 수 있다는 것을 의미합니다. 파생상품이 특히 위험한 이유는 레버리지 효과가 매우 크기 때문입니다. 즉, 대부분의 파생상품이 실제 필요한 돈의 일부만 보증금으로 받고 거래가 가능하도록 되어 있기 때문입니다. 예를 들어, 100만 원 어치 주식을 사기 위해서는 일반적으로 100만 원이 있어야 하지만, 100만 원 어치 파생상품을 사기 위해서는 일단 계약시에 10만 원의 보증금만 내고 거래가 가능하도록 되어 있는 경우가 많기 때문입니다. 또한, 파생상품은 기본적으로 가격 그 자체의 등락에 베팅하는 상품 투자라기보다는 투기의 영역에 가깝고, 하루에도 수십 번 매매를 해야 하는 초단타매매를 해야 합니다.

시세변동에 따라 얼마나 빠르게 마우스 클릭을 하느냐 등 순발력이 투자 수익을 결정하는 핵심적 요소가 되기도 합니다. 이 때문에, 파생상품을 전문적으로 하는 기관투자자들 조차도 30대 중반이 넘어가면 순발력이 떨어지면서 대부분 은퇴하는 것이 현실입니다. 따라서 일반 개인투자자들은 절대 파생상품에 투자해서는 안됩니다.

끝장마스터 🔍 선물/옵션 등의 파생상품은 위험성이 매우 크므로 일반 개인투자자들은 절대로 선물옵션 등의 파생상품에 투자하지 말 것.

펀드투자를 할 것인가, 주식투자를 할 것인가

주식투자 방법은 크게 내가 직접하는 직접 투자와 전문가에게 수수료를 주고 맡겨서 하는 간접 투자(펀드투자가 대표적임)가 있습니다. 펀드는 「주식형펀드/채권형펀드/해외투자펀드/ELS펀드/적립식펀드/ETF펀드/DLF펀드 등」 그 이름을 다 열거하기 어려울 정도로 그 종류가 많으나, 중요한 점은 모두 남이 수수료를 받고 대신 투자해주는 간접 투자 상품이라는 점입니다. 본 저자는 펀드투자보다는 직접투자를 권합니다. 그 이유는 다음과 같습니다.

① 펀드는 손실이 날 때도 비용을 냅니다

대부분의 펀드는 가입할 때 뿐만 아니라, 손실이 날 때도 매년 수수료를 내야 합니다.

② 기관투자자가 투자하는 것이 의외로 수익률이 높다고도, 더 안전하다고 보기도 어렵습니다

실제로 펀드들의 수익률을 확인해보면 종합주가지수의 상승률도 못 따라갈 뿐 아니라, 오히려 손실이 난 펀드도 많습니다. 물론, 주식투자 실력을 기르기보다는 추천주나 들락거리면서 투자하는 몰지각한 개인투자자들보다는 나을 수 있습니다.

③ 무엇보다도 펀드투자의 가장 큰 문제점은 남이 대신 해주는 투자이므로, 내 투자 실력이 늘지 않는다는 점에 있습니다

성공뿐만 아니라 투자 실패도 좋은 경험입니다. 이러한 과정을 거쳐 투자 실력이 늘며 업그레이드 됩니다. 하지만, 펀드투자를 하게 되면 나의 투자 실력이 늘기 어렵습니다. 간단히, 내 돈으로 펀드매니저에게 돈을 줘 가면서(손실이 날 때조차도 매년 수수료를 지급) 주식 공부를 시켜주는 것입니다. 심지어 손실이 날 때의 위험은(심지어는 파생상품과 연계된 펀드의 경우 원금을 모두 날리는 경우도 있음) 내가 모두 짊어진 채로 말입니다.

간접 투자 위험성을 알려주는
주요 신문기사 제목들

- 못 믿을 금융 상품…펀드 절반 연 수익률 마이너스 (신문기사)
- 직원이 추천한 펀드에 투자한 1억, 불과 몇 달만에 몇 백만 원만 남아…70세이상 투자자만 655명 (신문기사)
- '믿고 맡겼는데 원금 95% 날릴판' 금융권 덮친 「DLS·DLF」쇼크 (신문기사)
- '손실 없을거라는 직원말만 믿었는데…석달새 2억 날아가' (신문기사)
- '1억 원이 192만 원으로' DLS·DLF 피해자, 금감원 앞서 항의 집회… (신문기사)

위의 신문기사처럼 일부 펀드의 경우 다양한 파생상품을 이용한 상품에 투자하는 경우가 많은데, 이는 단기간에 원금을 모두 잃는 경우도 발생하므로 각별한 주의가 필요합니다. 펀드의 경우 그 펀드 안에 어떤 상품이 들어가는지 그 상품이 무엇인지에 대한 충분한 이해가 되지 않은 상태라면 절대로 투자해서는 안됩니다. 심지어, 펀드를 파는 일부 직원들의 경우 자신의 승진이나 보너스 수입을 위해 파는 자신조차도 잘 이해하지 못하는 금융상품(파생펀드 등)을 판매하는 경우도 종종 있으므로 각별한 주의가 필요합니다.

끝장마스터 🔍 펀드투자는 손실이 날 때는 그 모든 손해를 내가 부담하면서, 매년 손실이 날 때조차도 수수료를 주면서 펀드매니저에게 주식 공부를 할 기회를 주는 것임을 잊지 말 것. 추천주 매매보다는(남이 추천한 종목을 사라면 사고, 남이 팔라면 파는 식의 매매) 펀드투자가 낫고, 펀드투자보다는 직접 투자가 훨씬 나음.

시장 흐름 분석
노하우

3대 핵심지표로 시장의 흐름을 읽어라

시장 분석의 핵심은 시장에 돈이 많아지는지 적어지는지에 집중하는 것입니다. 시장에 돈이 많아지면, 그 일부는 주식을 사는데 이용되고(주식투자), 주식의 매수세가 많아지면 결국 주가는 오르게 되기 때문입니다. 따라서 주식시장을 파악하는 통찰을 위해서는 시중에 돈이 많아질 것인가 적어질 것인가만 판단하면 됩니다. 그 판단을 위한 수많은 지표가 있지만, 효과적인 성공을 위해서는 다음의 3가지 지표만 확인하면 됩니다. 그리고 스스로에게 「주식시장에 어떠한 영향이 있을지 질문하며 답을 하는 습관」을 가져야 합니다. 그러는 동안 자신도 모르게 시장의 방향에 대한 감을 확실히 기를 수 있기 때문입니다.

시장 3대 핵심지표 1 - 금리 (은행에 맡기느니, 차라리!)

[그림] 금리 화면

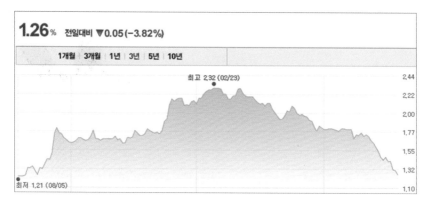

▶ 네이버 검색화면에서 「금리」를 입력하면 확인 가능함.

대체로 이자율이 낮아지면 시중에 돈이 많아집니다. 왜냐하면, 은행 예금 이자율이 낮을 경우 부자들은 은행에 저금하느니 차라리 위험을 감수하더라도 부동산이나 주식에 투자하려고 하기 때문입니다. 또한, 돈이 없는 사람들도 대출 이자율이 낮을 경우, 부담 없이 은행에서 돈을 빌려 그 돈으로 부동산이나 주식을 사려는 경향이 많아지기 때문에 주식시장의 상승 가능성이 높아집니다. 매달 한국은행의 금융통화위원회에서 결정하는 기준금리에 촉각을 곤두 세우는 이유도 바로 이 때문입니다. 대체로 매월 둘째 목요일에 한국은행 금융통화위원회에서 금리를 결정하는데, 이날은 보통 선물옵션 만기일과 겹쳐 주식시장의 관심이 집중되고, 그만큼 시장의 출렁임이 심합니다. 금리에는 여러 종류가 있지만 (CD금리, 콜금리, 회사채 3년, COFIX 잔액, COFIX 신규, 국고채 3년 등) 주식투자를 위해서는 시장의 종합적인 상황을 잘 보여주는

'국고채 3년' 금리를 기준으로 추이를 확인하는 것이 효과적입니다.

끝장마스터 🔍 은행에 돈이 모이기 쉬운가 아니면 은행에서 빠져나가기 쉬운가(다른 말로 하면 은행에서 시중으로 돈이 풀리기 쉬운가)를 항상 생각해 보아야 함. 은행의 돈이 시중으로 빠져 나가기 쉬울수록(이자율이 낮을 때 그렇게 된다.) 주식시장과 부동산시장이 상승할 가능성이 높음. 따라서 재테크를 하는 사람이라면 반드시 금리 추세를 확인하여야 함.

끝장마스터 🔍 저금리 상황에서는 주식투자에서 베팅을 높게 해도 됨.(즉, 투자비중을 높여도 좋다.) 하지만, 고금리 상황에서는 주식 비중보다는 현금 비중을 가급적 높게 가지고 가는 것이 유리함.

시장 3대 핵심지표 2 – 국제수지(달러가 들어오는가, 나가는가!)

우리나라가 수출을 많이 하거나 외국인이 우리나라에 투자를 하기 위해 달러를 싸들고 오면 국내에는 달러가 넘쳐나게 됩니다. 지금까지의 상관 관계를 분석해보면 국제수지 흑자가(달러가 들어오면) 지속되는 경우 주식시장의 상승이 이어졌고, 국제수지 적자가(달러가 빠져 나가면) 시작되면 얼마 안 있어 주식시장도 하락하는 경우가 많았습니다. 그 이유는 주체할 수 없이 넘쳐나는 외화로 풍부해진 돈은 부동산이나 주식시장으로 흘러 들어가는 경우가 많았기 때문입니다. 적어도, 국제수지가 흑자인 경우 설사 상승이 없더라도, 큰 하락은 생기지 않았다는 점에 주의해야 합니다.

[그림] 월별 국제수지 화면

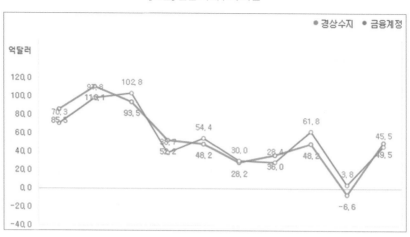

▶ 네이버 검색화면에서 「국제수지」를 입력하면 확인 가능함.

　　국제수지 흑자 추세 증가율이 커지면 주식시장의 상승폭도 커지고, 흑자 추세 증가율이 하락하면 주식시장의 상승폭이 약해지거나 경우에 따라서 조금씩 하락하기도 합니다. 따라서 증가율뿐만 아니라, 증가율의 추세(증가율이 상승 추세인지 하락 추세인지 확인)도 늘 함께 확인합니다. 네이버의 검색화면에서 「국제수지」 또는 「무역수지」를 입력하면 정보를 확인할 수 있습니다.

끝장마스터 🔍 국제수지가 흑자라면 주식을 좀 더 공격적으로 사도 되지만, 국제수지가 적자일 경우는 주식을 매수하기보다는 현금비중을 늘리는 것이 바람직함. 특히, 국제수지 중 상품의 수출과 수입의 양에 의해 결정되는 무역수지가 가장 큰 영향을 미침. 무역수지가 흑자라는 것은 기업들이 수출을 많이 해서 돈을 많이 벌어들이고 있다는 얘기인데 그것은 그만큼 기업들의 실적이 좋다는 것을 의미하기 때문임.

주식 끝장 마스터

시장3대핵심지표 3 - 환율 (우리나라는 수출로 먹고 산다!)

[그림] 환율 화면

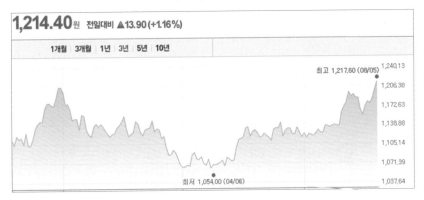

▶ 네이버 검색화면에서 「원달러 환율」 입력하면 확인 가능함.

환율이 우리나라 경제, 특히 주식시장에 미치는 영향은 다른 경제지표보다 약간 복잡합니다. 만약, 환율이 1달러 1,000원에서 1,200원으로 상승했다면, 수출을 위주로 하는 기업들은 똑같은 1달러 어치를 팔아도 우리나라 돈으로는 200원(1,200원-1,000원)을 더 받게 되므로 그만큼 이익이 커지게 됩니다.

반면에, 수입을 위주로 하는 기업들의 경우는 예전에는 1,000원만 있어도 외국에서 1달러 어치를 사올 수 있었는데, 환율 상승으로 200원이 더 들게 되므로 그만큼 수입 원가가 높아져 손해가 커집니다. 따라서 환율 상승은 수출 기업들에게는 호재로, 수입 기업들에게는 악재로 작용합니다. 대체로, 우리나라 주식을 매수하는 외국인의 입장에서도 환율이 상승 전에는 똑같은 1달러로 1,000원 어치의 주식밖에 못 샀지만, 상승 이후에는 1,200원 어치 주식을 살 수 있어 더 많은 외국인 매수세가 유입됩니다.

물론, 그 외 중국/미국 등의 국외 상황은 물론, '대북 리스크, 석유를 포함한 원자재 가격, 각종 경기선행지수 등'을 함께 살펴보면 좋겠지만, 시간을 효율적으로 사용해야 하는 직장인 투자자의 경우 앞서 설명한 위의 3가지 지표만이라도 확실하게 파악한다면 주식시장의 큰 흐름을 파악하는 데 크게 부족하지 않습니다.

끌장마스터 Q 석유수입 등의 모든 요소를 고려하더라도 일반적으로 수출로 먹고 사는 우리나라의 입장에서는 대체로 환율 상승 쪽이 환율 하락 쪽보다 수출을 더 많이 하게 함으로써 외화 반입이 증가되는 효과를 가져와 주식시장에 더 유리하게 작용하는 경우가 많았음.

시스템(장비) 선택 노하우

주식투자를 위한 2대 핵심 장비

주식투자의 큰 장점 중 하나는 고정 설비가 필요없습니다. 웬만한 집에는 컴퓨터가 한 대씩은 다 있을 것입니다. 따라서 처음에는 굳이 별도의 시스템을 추가로 구입할 필요가 없으며, 다만 효과적인 주식투자를 위해 다음에 언급하는 수준의 시스템을 갖추는 것이 좋습니다. 노트북과 모니터는 네이버 쇼핑 같은 제품비교 사이트에서 구입하거나 하이마트 같은 오프라인 매장에서 구입시 해당 직원에게 문의하면 더 쉽게 살 수 있습니다.

컴퓨터의 선택 노하우

성능이 높을수록 좋지만, 램은 최소 8기가 이상, 저장 장치는 최소 256기가 이상의 SSD를, 여의치 않다면 대체로 100만 원 전후의 국내 대기업(삼성이나 LG)의 노트북이면 주식투자로 사용하기에 크게 부족하지 않습니다. AS 등을 고려해 다소 비싸더라도 가급적 삼성이나 LG 노트북을 구입할 것을 권장합니다. 초단타매매가 아니라면, 굳이 초고사양의 노트북을 구매할 필요는 없습니다. 초단타매매를 할 경우에는 짧은 시간에 대량의 시세와 초단위로 수익이 갈리므로, 고성능 데스크탑 컴퓨터를 사용해야 합니다. 다만 단타매매는 개인투자자의 삶을 피폐하게 만들고, 개인과 가정을 파산으로 몰고 가기에 가장 피해야 할 매매라고 생각합니다. 일반적인 데스크탑 컴퓨터보다 노트북을 추천하는 이유는 배터리가 내장되어 있다는 점입니다. 갑자기 정전되거나 주문 장애 등 이상이 있을 경우 직접 들고 증권사 지점을 방문하는 경우도 생기는데, 노트북은 정전시에도 배터리가 있어 온전하게 거래나 분석 작업 등을 정상적으로 마칠 수 있고, 여행 중에도 쉽게 투자할 수 있는 장점이 있습니다.

끝장마스터 🔍 초단타매매를 할 것이 아니라면, 노트북을 사용할 것을 추천.(갑작스런 정전이나 주문 장애 등에 대비에 유용하며 이동 중에도 투자가 가능하므로)

모니터의 선택 노하우

필자는 모니터 3개를 이용하는 트리플 모니터, 단일 모니터로는 65인치급 모니터까지 사용해 봤습니다. 하지만, 최종적으로 필자가 사용하는 모니터는 QHD 해상도의 32인치 모니터입니다.(QHD는 모니터의 해상도를 나타내는 것으로, 해상도가 높을수록 같은 크기의 화면에서 더 많은 정보를 표시할 수 있습니다. 같은 크기의 화면이라면 HD보다는 QHD가, QHD보다는 UHD가 더 많은 정보를 표시할 수 있습니다.) 모니터는 많은 종류가 있지만, 그동안의 경험을 토대로 볼 때 결론적으로 말하면 삼성이나 LG의 QHD 해상도의 32인치 모니터를 사용할 것을 권장합니다. 모니터의 해상도가 높을수록 같은 크기의 화면에 더 많은 정보를 표시할 수 있습니다. 하지만, 그 대신 글자 크기가 작아져 분석 작업 등을 오래하게 될 경우 눈의 피로도가 급격하게 높아집니다. 그래서 결국 큰 모니터를 사용해야 되는데, 모니터의 크기가 너무 커지게 되면 정보가 한눈에 들어오지 않아(영화를 보는 것과 숫자의 글자를 확인하는 HTS 화면을 보는 것은 많이 다름), 화면 좌우 양끝은 목을 돌려 보게 되는데, 이 때문에 장시간 사용시 목에 상당한 무리가 가게 됩니다.

따라서 정보의 가독성과 정보량, 눈의 피로도를 감안할 때 주식투자를 위한 가장 효과적인 모니터는 QHD 해상도의 32인치 모니터입니다. 노트북 선택시와 마찬가지로 모니터 또한 AS를 감안해 LG 또는 삼성의 제품을 추천합니다. 중소기업이나 외국산 모니터 구매시 고장이 났을 경우 제때 서비스를 받지 못하거나 출장 서비스가 지원되지 않는 경우가 적지 않아 꼭 필요한 시점에 모니터를 이용하지 못하는 경우가 발생할 수 있기 때문입니다. 주식투자에 있어 시간은 돈이라는 점을 잊지 마시고, 가급적 신속한 AS와 안정성이 담보된 대기업 제품을 이용할 것을 권장합니다.

끝장마스터 Q 가독성과 장기간 사용시 피로도 등을 감안하고, 투자분석의 효율을 위해 크기는 32인치, 해상도는 QHD 모니터를 추천함.

증권사 선택
노하우

적금이나 예금을 들기 위해 은행에서 계좌를 개설하듯 주식투자를 위해서는 증권사에 계좌를 만들어야 합니다. 최근에는 직접 찾아가지 않고, 집에서 계좌를 개설할 수 있는 비대면 계좌 개설 서비스를 이용하고 있습니다. 국내에는 수십 개의 증권회사가 있습니다. 따라서 거래할 증권사를 선택하는 것도 매우 중요한데, 거래 증권사를 선택하는 방법은 다음과 같습니다.

증권회사를 선택할 때는 가급적 시스템이 안정되고, 신용도나 인지도가 좋은 회사의 것을 개설하는 것이 바람직합니다. 섣불리 판단이 서지 않거나 잘 모를 경우 브랜드가 널리 알려진 대형 증권사나 시스템의 안정성 또는 기능성이 뛰어나다고 인정되는 증권사에서 개설하는 것을 추천합니다. 그러나 증권사 선택에 있어 가장 중요한 것은 자신의 집이나 직장에서 가장 가까운 지점이 있는 증권사를 선택하는 것입니다. 왜냐하면 갑자기 거래 중에 장애가 발생하는 등의 돌발사태 발생시 보다 빠르게 대응할 수 있기 때문입니다.

그래도 어떤 증권사를 선택할지 모르겠다면 필자가 함께하는 주식투자 베스트비법(www.jusiktuja.com)에서 시스템 안정성, 신뢰도, 사용자 편의성 등을 감안한 증권사 추천과 자세한 계좌 개설 방법 등을 안내하고 있으니 참고하기 바랍니다. 일부 개인투자자 위주로 운용되는 증권사의 경우 단타매매 위주의 정보와 기능 제공으로, 과도한 매매를 유발하는 경우가 있기 때문에 주의를 요합니다. 또한, 단순히 수수료가 싸다는 이유만으로 증권사를 선택해서는 안됩니다. 주식 매매시 장애가 생기면, 수수료의 수십 배에서 수백 배의 손실을 볼 수도 있기 때문에 가장 중요한 것은 안정성과 신뢰성입니다.

본 책에서 개인투자자의 단타매매는 결국에는 독이 된다는 점을 견지하고 있습니다. 단타매매로 1~2년 정도는 성공할 수 있지만, 대다수의 단타매매자들은 (성공적인 단타매매자로 소문이 났던 경우도) 결국 불행한 결말을 맺게 되는 것이 일반적이었기 때문입니다. 하지만, 그럼에도 불구하고 주요 단타매매법에 대해 설명하고 있는 이유는 해당 부분을 참고하기 바랍니다.

계좌 개설 방법 선택 노하우

증권사를 선택하고 계좌 개설 방법에는 다음의 3가지가 있습니다.
① 해당 증권사 지점 방문 - 거래하고자 하는 증권사가 가까운 곳에 있다면 해당 증권사를 방문해서 개설 (신분증 필수)
② 가까운 은행 방문 - 시중의 주요 대형 은행들은 대부분의 증권사 계좌 개설 서비스 대행하고 있으므로 은행에서 계좌 개설 가능 (신분증 필수)
③ 비대면 계좌 개설 - 집에서 계좌 개설 가능

만약, 스마트폰으로 은행거래를 하실 수 있는 분이라면 가급적 「비대면 계좌」를 개설합니다. 특히, 기존에 스마트폰으로 은행 거래를 하는 분이라면, 비대면 계좌를 개설할 것을 권합니다. 그 이유는 집에서 할 수 있으므로 번거롭지 않고, 비대면 계좌로 주식 계좌 개설시 향후 주식 거래시 수수료가 월등히 싸고 (심지어 비대면 계좌 개설시 주식 거래 수수료 평생 무료 혜택을 제공하기도 합니다). 또한, 무엇보다도 금융기관 직원들의 다른 금융상품 권유에 시달리지 않아도 되기 때문입니다. 왜냐하면, 슬픈 일이지만 금융기관에서 추천하는 금융상품의 경우 적지 않은 수가 고객에게 도움이 되는 것보다는, 해당 금융기관의 수입이 많은 상품 또는 직원의 인센티브나 보너스에 도움이 되는 상품을 우선적으로 추천하는 경향이 있기 때문입니다.

비대면 계좌가 의외로 매우 쉽다는 점도 비대면 계좌 개설을 추천하는 이유 중 하나입니다. 기존에 증권회사에서 계좌를 가지고 있는 분들이라도 다른 증권회사의 비대면 계좌를 개설할 것을 권장합니다. 상당수의 증권사들이 비대면 계좌로 거래하는 경우 주식 거래 수수료를 매우 싸게 해주거나 아예 면제해주는 경우도 있는 등 많은 혜택을 주기 때문입니다. 일반적인 비대면 계좌 개설 방법은 다음과 같습니다. 단, 기존에 스마트폰으로 은행 거래를 할 수 있는 분들이어야 합니다. 스마트폰으로 은행 거래를 하지 않아 스마트폰으로 금융 거래를 하기 어려운 분들은 직접 가까운 증권사 지점 또는 은행을 방문해 계좌를 개설해야 합니다. 일반적인 비대면 계좌 개설 방법과 절차는 다음과 같습니다.

[1단계] 준비물 챙기기 : 본인 명의 스마트폰, 신분증, 본인이 거래하는

은행계좌 번호 확인하기

[2단계] 거래하고자 하는 증권사 홈페이지에 방문해 비대면 계좌 개설 안내와 증권사 고객센터 전화번호 확인하기(또는 해당 증권사에 전화하면 친절한 설명과 안내를 받을 수 있습니다.)

[3단계] 비대면 계좌 개설하기 (10분 정도면 충분히 개설 가능)

[그림] 삼성증권의 비대면 계좌 개설 안내 화면

계좌 개설 중에 조금이라도 어려움이 생긴다면 증권사 고객센터로 전화해 즉시 도움을 받도록 합니다. 증권사 고객센터(콜센터)가 금융기관 고객센터 중 가장 친절합니다. (모르거나 어려움에 처할 때마다 적극적으로 이용할 것을 추천합니다) 위의 3단계 과정을 거쳐 비대면 계좌를 개설하는 데는 10분 정도면 가능합니다. (실제로 해보면 의외로 매우 쉽고 간단합니다.) 만약, 스마트폰이나 컴퓨터에 익숙하지 않은 분이라면 고민할 필요 없이 가장 가까운 증권사 지점으로 가서 증권사 직원의 친절한 안내를 받으면서 계좌를 개설하면 됩니다.

HTS/MTS 설치 노하우

HTS(홈트레이딩 시스템) 설치

게임을 하기 위해서는 게임 프로그램을 컴퓨터에 설치해야 하듯이, 주식 거래를 하기 위해서는 주식 거래 프로그램인 홈트레이딩 시스템(줄여서 HTS) 을 설치해야 합니다. 계좌를 개설한 증권사 홈페이지에서 쉽게 다운로드 받을 수 있습니다. (설치도 몇 번의 클릭만으로 가능합니다.) 컴퓨터와 주식 모두 초보자인 분들도 어려움이 생길 경우 계좌를 개설한 증권사 고객센터에 전화를 걸어 일대일로 상담을 받으며 HTS를 설치 할 수 있으니 전혀 걱정할 필요가 없습니다. 심지어는 컴맹을 위해 원격으로 또는 일부 증권사의 경우는 직접 고객에게 방문해 HTS를 설치해주기도 합니다. 거듭 말하지만, 금융권 고객센터 중 증권사 고객센터가 가장 친절하다는 점을 잊지 말고 증권사 고객센터(콜센터)를 적극적으로 활용할 것을 추천합니다.

CREON HTS
크레온데스크 기능을 탑재하여
강력해진 HTS 프로그램

다운로드 　상세정보

CREON Plus
나만의 투자 전략 프로그램

다운로드 　상세정보

CREON Mini
(CYBOS i)

필수 기능만 특화된 작고도 강력한
CREON Mini

다운로드 　상세정보

▶ 거래하고자 하는 증권사 홈페이지에 가면 무료로 HTS 프로그램을 다운로드 받을 수 있음.(컴퓨터
　에 익숙하지 않은 경우는 고민하지 말고 증권사 고객센터에 전화를 하자 – 너무나 쉽게 설치 가능)

스마트폰으로 거래하기(MTS)

증권사에서는 컴퓨터에서 주식투자를 할 수 있는 주식투자프로그램인 HTS
(HOME TRADING SYSTEM)와 함께, 스마트폰에서도 주식투자를 할 수 있
도록 스마트폰용 주식투자 앱을 제공하는데 이를 MTS(MOBILE TRADING
SYSTEM)라고 합니다. 하지만, 아무리 스마트폰이 보급이 활성화되고 많이 이
용한다고 해도, 주식투자를 제대로 하면서 수익을 내고자 한다면 컴퓨터를 이
용한 주식투자프로그램인 HTS를 이용해야 합니다.

[그림] 증권사들의 MTS 화면

스마트폰의 경우 화면 크기와 조작성의 한계 때문에 제대로 된 주식 분석과 투자를 위해서는 컴퓨터로 하는 HTS가 훨씬 유용하기 때문입니다.

HTS를 주로 사용하더라도, 컴퓨터를 사용할 수 없는 경우를 대비해 스마트폰을 이용해 주문을 내거나 긴급한 내용의 확인용으로 사용할 수는 있어야 합니다. 자신의 스마트폰에서(플레이스토어나 앱스토어 등) 거래하는 증권사명을 입력하면 쉽게 해당 증권사의 MTS를 설치할 수 있습니다.

참고로, MTS가 없더라도 매매를 제외한 시세확인/투자정보 확인 등의 분석을 위해서는 스마트폰 인터넷화면에서 네이버증권을 검색해 들어가면 자신이 원하는 종목 및 주식시장에 대한 투자정보를 쉽게 확인할 수 있습니다. 이때 주의할 점은 각 종목 세부 화면에 보면 종목게시판이 있는데, 이 종목게시판에 올라와 있는 내용에 현혹되면 안됩니다. 개인투자자들을 현혹하기 위한 검증되지 않은 정보는 물론 작전 세력의 악의적 정보들이 종목 게시판을 이용해 유포되는 경우가 많기 때문입니다.

[그림] 스마트폰에서의「네이버증권」정보화면

끝장마스터 Q 네이버증권 화면 내의 있는 증권 관련 게시판(종목게시판 포함)에는 일반 개인투자자들을 현혹하기 위한 검증되지 않은 정보와 작전세력들의 악의적 정보들이 올라와 있는 경우가 적지 않게 있으므로 주의할 것.

시간 배분
노하우

[일간체크 : 출근시간 10분만 시간내기]

매일 아침 출근시간에 10분만 시간을 내어 증시 흐름을 확인합니다. 시장의 흐름을 알지 못하면, 시장 꼭지에 들어와 상투를 잡고 큰 손실을 보게 되는 경우가 많기 때문입니다. 따라서 미국 증시와 국내 증시의 핵심 내용과 흐름을 정리한 시황을 빠르게 확인합니다. 저자가 함께하는 주식투자베스트 비법(www.jusiktuja.com)에서는 매일 아침 7시에 증시 핵심 사항을 5분 내로 정리할 수 있도록 제공하고 있으니 참고하면 큰 도움이 될 것입니다.

[주간체크 : 주말에 3시간만 투자하기]

주말에 3시간 정도 시간을 내어, 본 책의 내용을 참고하여 주요 종목을 분석합니다. 기존 보유 종목에 대해서는 '뉴스검색/지분확인(외국인/기관)/시세확인' 등을 통해 빠르게 체크합니다. 처음에는 시간이 오래 걸리지만 익숙해지면 1시간 이내에 가능해집니다.

[월간체크 – 매월 마지막 주말 4시간 투자]

매월 마지막 주말에는 기존에 분석했던 내용을 점검해 해당 종목들에 대한 투자 우선 순위를 정합니다. 또한, 기존 보유 종목에 대해서는 '뉴스검색/지분확인(외국인/기관)/시세확인' 등을 통해 빠르게 확인합니다. 또한, 월 1~2회 정도 마트와 백화점 등에서 가볍게 아이쇼핑을 하면서 소비자의 눈이 아닌 투자자의 눈으로 체크합니다. 어느 제품이 잘 팔리는지에서 그치지 말고, 잘 팔리는 제품을 만드는 회사가 어디인지를 생각합니다. 여러분은 이제 단순한 소비자가 아니라, 특정 기업의 주식에 투자해 부를 늘려가는 투자자이기 때문입니다.

[분기체크 – 3달에 한 번 8시간 집중 분석]

매분기 사업보고서 발표가 완료된 주의 주말에는 기존에 분석 정리했던 내용을 점검하여 종목을 추리고, 기존 보유 종목에 대한 최신 실적 점검과 뉴스검색/지분확인(외국인/기관)/시세확인 등을 통해 기타 중요 변동사항 여부를 확인합니다. 또한, 분기별 투자손익을 계산 점검하며 개선할 점을 찾아 기록합니다.

[결산체크 - 1년에 한 번 8시간 투자]

결산시점이 되면 1년 동안의 투자를 복기하고 반성할 점과 개선할 점을 찾아 정리합니다. 1년 동안 작성했던 분석 종목과 내용을 점검하여 해당 종목들에 대한 투자 우선 순위를 정합니다. 기존 보유 종목에 대한 최신 실적 점검과 뉴스검색/지분확인(외국인/기관)/시세확인 등을 통해 기타 중요 변동 사항 여부를 확인하고 향후 매매전략을 재점검합니다. 연간 투자손익을 계산 점검하며 개선할 점을 찾아 기록합니다. 여러분은 이 책을 읽음으로써 주식투자 사업을 영위하는 사업가이자 투자자로서의 첫 발을 내딛게 되었습니다.

지금부터 여러분은 근로자나 소비자의 눈이 아닌 투자자의 눈으로 세상을 바라보아야 합니다. 만약, 어떤 음료가 맛있다면 단순히 맛에 대한 평가에서 멈추지 말고, 만든 회사는 어디일까를 생각해야 합니다. 아토피에 좋은 유산균 등 특정 건강식품이 효과가 있음을 알게 되면, 만든 회사가 어디인지를 알고자 해야 합니다. 더 깊게는 그 회사에 재료를 주로 납품하는 회사가 어디인가까지 알아보는 습관을 가져야 합니다. 여러분은 단순한 소비자나 특정 회사에 얽매인 근로자가 아니라, 이제는 특정 기업의 주식에 투자하는 투자자이기 때문입니다. 이러한 작은 습관과 관점의 차이가 여러분을 성공으로 이끌 것이기 때문입니다.

은퇴 전에 실전 고급 투자 노하우 확보해야 한다

거듭 강조하지만, 주식투자의 가장 큰 특성은 투자 노하우가 성패를 결정한다는 점입니다. 물론, 다른 업종의 사업에서도 노하우가 중요하긴 하지만, 부족한 부분은 인력을 고용하거나 기계장치 등의 설비를 이용해 도움을 얻을 수 있다는 점을 고려해 볼 때, 피고용인과 설비가 거의 필요하지 않는 주식투자의 특성상 다른 어떤 분야보다도 투자 노하우 확보가 가장 중요합니다. 본 책의 내용을 확실히 숙지한다면, 주식투자 성공을 위해 꼭 필요한 핵심 내용은 습득할 수 있으리라 확신합니다. 수많은 매매로 인한 시행착오를 통해 확보할 수도 있지만, 주시시장은 너무도 냉혹해 투자 노하우를 확보하기도 전에 시장에서 퇴출되고 맙니다. (준비 없이 주식투자를 하는 경우, 거듭된 매매손실로 올인을 당해 결국은 주식투자를 그만두게 되는 것이 일반적인 수순임)

또한, 모든 사업이 그렇듯이 정보 교류나 새로운 지식 습득 없다면, 매너리즘에 빠지고 뒤처지게 됩니다. 따라서 이미 확보한 노하우 외에 새로운 노하우를 꾸준히 습득하고 기존 매매방법을 개선하는 작업을 통해 전반적인 투자능력을 피드백하고 업그레이드 하는 것이 중요합니다. 투자 관련 전문 도서나 사이트, 카페, 강연 등을 이용하면 도움이 될 수 있습니다. 하지만, 이

때 절대 주의할 것은 결코 유료 종목 추천 사이트에 가입해서는 안 된다는 점입니다. 이것은 자신의 투자 노하우를 업그레이드 하는데 아무런 도움이 되지 않으며 일부(상당수의) 사이트나 카페의 추천 종목의 경우 특정 세력의 설거지(세력들이 저가에 매수한 작전 종목을 고가에 일반 투자자에게 팔아 넘기는 행위)를 위해 유료정보에 가입한 회원들을 이용하는 경우가 많기 때문입니다.

PART 3
주식 끝장 마스터
HTS 활용/
실전 단계

현재가 실전 비법

현재가화면의 중요성

HTS 사용시 가장 먼저 알아야 할 핵심 화면이 현재가 화면입니다. 현재가 화면은 주식의 현재 가격과 관련된 정보를 알 수 있는 화면입니다. 증권사마다 화면구성의 차이는 조금씩 있지만 기능상의 차이는 없으므로, 본 책의 내용으로 공부한다면 증권사 HTS를 쉽게 활용할 수 있습니다.

HTS와 MTS

게임을 하기 위해서는 게임프로그램을 컴퓨터에 설치해야 하듯이, 주식 거래를 하기 위해서는 주식 거래 프로그램인 「HTS」(HOME TRADING SYSTEM)를 설치해야 합니다. 스마트폰에서도 주식투자를 할 수 있도록 스마트폰용 주식투자 앱을 제공하는데 이를 「MTS」(MOBILE TRADING SYSTEM)라고 합니다.

현재가 화면의 핵심 구성

[그림] 현재가 화면

| 005930 | ▼ Q ★ ▶ ▯▮ | 신 20 삼성전자 | K200 | 전기/전자 | | | | ⊞ ⊞ ⚙ |

52주최고 ☑	48,450	-4.02%	18/08/31	체결강도	7.26%	외인보유	57.54%	외국계합	1,419,588
52주저	36,850	26.19%	19/01/04	신용융자	0.04%	프로그램	1,358,438	기관확정	0
전기/전자	16,970.26 ▲ 321.13	1.93%		PER ☑	7.56	EPS ☑	6,024	시총(억)	2,775,948

46,500 ▲ 950 4,788,908 51.75%
2.09% 222,138 백만

[호가창 3: 매도호가]
95,744	46,950			거
137,246	46,900	시가	46,350	일
66,243	46,850	고가	46,500	차
81,214	46,800	저가	46,150	
35,652	46,750	상한	59,200	뉴
162,102	46,700	하한	31,900	기
94,912	46,650	기준	45,550	투
131,467	46,600	예상	46,350	수
115,356	46,550	▲ 800 1.76%		도
133,054	46,500		331,861	
80				

[8]
| 시간 | 별사 | 분자트 | 세부 | 예상 | | 노존 |
| ◉일 ○주 |

일자	주가	등락폭		등락률	거래량
07/11	46,500	▲	950	2.09%	4,788,908
07/10	45,550	▲	450	1.00%	9,253,930
07/09	45,100	▲	700	1.58%	7,646,421
07/08	44,400	▼	1,250	2.74%	7,823,843
07/05	45,650	▼	350	0.76%	7,235,395
07/04	46,000	▲	600	1.32%	6,365,573
07/03	45,400	▼	850	1.84%	9,669,368
07/02	46,250	▼	350	0.75%	8,463,073

[호가창 6: 매수호가 / 4]
46,500	7	46,450	162,941
46,500	7	46,400	52,108
46,500	227	46,350	47,556
46,500	2	46,300	64,070
46,450	82	46,250	19,796
46,450	13	46,200	13,397
46,450	30	46,150	17,771
46,450	17	46,100	13,197
46,450	15	46,050	17,392
46,450	106	46,000	24,142
80	1,052,990	-620,620	432,370	[5]
	0	시간외	70,478

[7]
| 거래원 | 투자자 | 차트 | 프로그램 | 공시 | 뉴스 |

변동	거래량	매도상위	매수상위	거래량	변동
20	518,080	미래대우	모간서울	659,221	942
623	415,951	삼성증권	골드만	359,908	
486	411,365	NH투자증	한화투자	359,580	
	404,155	신한투자	미래대우	359,107	300
281	329,564	키움증권	하나금융	291,415	
12:09	257,302	하이증권	JP모간	275,418	12:54
10:24	135,391	한국증권	씨티그룹	118,638	09:44
09:15	58,974	씨엘	CS증권	65,377	09:21
	2,569,231		전체합계	2,522,641	

① 종목명, 종목번호

현재가를 알고자 하는 「종목명」을 입력하는 칸입니다. 예를 들어 삼성전
자의 현재가를 알고 싶다면 종목입력칸(위 그림)에서 '삼성전자'를 입력하면
됩니다. 주식시장에 거래된 종목의 경우 각 종목마다 6자리로 된 번호를 부

여하는 데(「종목번호」라고 함), 종목명 대신 종목번호를 입력해도 됩니다. 참고로 삼성전자의 종목번호는 005930입니다.

② 현재가, 대비, 등락률, 거래량, 거래금액

그림에서 보면 굵은 글씨로 조회시점의 삼성전자 현재가 '46,500'원이 표시됩니다. 옆에 '▲950'은 전일 마지막 가격보다 950원이 올랐다는 의미입니다. (「대비」라고 표현함) '2.09%'는 전일 가격에서 2.09% 상승했다는 의미입니다. (「등락률」이라고 표현함) 또한, 오른쪽 위의 작은 글씨로 써진 '4,788,908'은 당일 장 시작시점부터 조회시점까지 거래된 주식수를 (「거래량」이라고 함) 의미하고, 거래량 옆의 '51.75%'는 전일 거래량의 51.75%만큼 거래되었다는 것을 의미합니다. 바로 아래에 있는 '222,138백만'은 조회시점까지 거래된 금액을(「거래금액」이라고 함) 의미합니다.

상한가, 하한가, 시가, 고가, 저가, 종가

주식의 가격은 하루에도 수시로 변동됩니다. 사고자 하는 사람이 많으면 보통 주가는 올라가고, 팔고자 하는 사람이 많으면 내려가는 게 보통입니다. 어떤 종목이 호재가 생겨 사고자 하는 주식수는 많고 팔고자 하는 주식수는 적은 경우 가격은 마구 올라가게 됩니다. 하지만, 우리나라는 주식시장이 지나치게 과열되는 것을 막고자 전일 종가(전일의 마지막 가격)대비 30% 이상 오르면 더 이상 가격을 올릴 수 없게 가격의 상승 한도를 정해 놓았는데 이를 「상한가」라고 합니다.

반대로 전일대비 30% 이상 가격이 하락할 수 없게 했는데 이를 「하한가」라고 합니다. 가격이 상승해 상한가에 도달하면 일반적으로 팔려는 매도 물량은 없고(더 오를 것이라는 기대감으로 주식을 가지고 있는 사람이 전일대비 30% 오른 가격에도 팔려고 하지 않음), 반대로 사려는 매수 물량만 많은 상태로 거래가 거의 되지 않는 경우가 종종 발생합니다. 참고로, 정상적인 주식시장은 9시에 열리고 오후 3시 30분에 마감됩니다. 주식시장이 시작되는 시간의 가격을 「시가」, 주식시장이 끝난 시간의 가격을 「종가」, 당일 중 가장 높았던 가격을 「고가」, 가장 낮았던 가격을 「저가」라고 합니다. 주식에서 「시가」는 '시작가격'의 줄임말인 「시가(始價:시작가격)」와 '시장가격'의 줄임말인 「시가(市街:시장가격)」 2가지가 있습니다. 일반적으로 「시가」라고 하면 '시장가격'의 줄임말로 많이 해석됩니다. 반면에, 종가(마지막 가격)의 반대말 의미로 쓰일 때의 시가는 '시작가격'의 줄임말입니다.

③ 매도호가, 매도수량

	95,744	46,950
	137,246	46,900
	66,243	46,850
	81,214	46,800
	35,652	46,750
	162,102	46,700
	94,912	46,650
80	131,467	46,600
	115,356	46,550
	133,054	46,500

「매도호가」는 주식을 팔고자 하는 사람들의 주문가격을 말합니다. 보통 현재가 화면에서는 매도 10호가까지 보여주는데, 아래서부터 매도호가 중 가장 낮은 가격(위에서는 46,500원)을 매도1호가, 그 다음 높은 가격을 매도2호가(위의 그림에서는 46,550원), 그다음 매도3호가… 매도10호가라고 합니다.

그림에서 보면 매도1호가인 46,500원 팔겠다고 내놓은 물량이 133,054 주인 것을 알 수 있습니다. 주의할 점은 매도호가 옆의 수량은(「매도수량」) 실제 판매된 수량이 아니라, 해당 가격에 팔겠다고 내놓은 수량임에 주의해야 합니다. 그림에서 보면 매도 3호가(46,600원)에 보면 빨간색으로 80이라고 써진 것이 있는데, 이것은 방금 전에 그 가격에 팔겠다는 매도수량이 80주 늘었다는 것을 의미합니다.

④ 매수호가, 매수수량

46,450	162,941
46,400	52,108
46,350	47,556
46,300	64,070
46,250	19,796
46,200	13,397
46,150	17,771
46,100	13,197
46,050	17,392
46,000	24,142

「매수호가」는 주식을 사고자 하는 사람들의 가격입니다. 보통 현재가에서는 매수 10호가까지 보여주고 있는데, 위에서부터 매수호가 중 가장 높은 가격(위에서는 46,450원)을 매수1호가, 그 다음 높은 가격을 매수2호가(위에서는 46,400원), 그다음 매수3호가… 매수10호가까지 보여주고 있습니다. 주의할 점은 매수호가 옆의 수량은(「매수수량」) 매수된 수량이 아니라 사겠다고 내놓은 수량이라는 점에 주의해야 합니다.

매수호가, 매도호가, 현재가

「호가」는 주식을 매매하기 위해 가격과 수량을 제시하는 것을 의미합니다. 「매도호가」는 팔고자 하는 가격을 의미하고, 「매수호가」는 사고자 하는 가격을 의미합니다. 앞서 설명한 것처럼 팔고자 하는 가격 중 가장 낮은 가격인 「매도1호가」와 사고자 하는 가격 중 가장 높은 가격인 「매수1호가」의 치열한 공방속에서 현재가가 결정됩니다. 매도1호가와 매수1호가에서 팽팽하게 맞서고 있는 가운데, 매도1호가인 46,500원에 누군가가 사겠다는 주문을 내 46,500원에 체결이 된다면, 현재가는 46,500원이 됩니다. 반면에, 누군가가 매수1호가에 팔겠다는 주문을 내 매수1호가인 46,450원에 체결이 된다면 현재가는 매수1호가인 46,450원이 됩니다.

끝장마스터 🔍 매도호가/매수호가에 속지 않는 법

실전 매매시, 특히 자본금이 적은 중소형주의 경우, 매도7호가쯤에 매도수량이 엄청나게 많은 경우가 있음.(예를 들어, 매도1호가~매도6호가에는 몇 천주 내외의 매도수량이 있는데, 뜬금없이 매도7호가에는 수십만 주의 매도수량이 걸려 있는 경우가 있음) 이 경우 초보자들은 저 가격만 되면 팔려고 하는 무지막지한 매도 세력이 있다고 생각해 가격이 내릴 것이라고 생각하지만, 장 마감후 실제 확인해보면 오히려 막대한 매도 물량이 쌓인 가격까지 상승해 끝나는 경우를 흔히 볼 수 있음.(이는 세력들이 자신들간의 하는 자전거래나 시세조정 등의 여러 가지 이유로, 미리 일반 개인투자자들에게 겁을 줘 매수 주문을 못 내게 한 후 자기네들끼리 물량을 주고 받고자 할 때 흔히 발생) 마찬가지로, 어떤 경우에는 매수3호가에 엄청난 수량의 매수수량이 쌓인 경우를 보는데, 주식 초보자는 막대한 매수수량(사겠다고 하는 수량)이 있으므로 그 가격대 이하로는 떨어지지 않을 것이라고 기대하지만, 오히려 그렇게 막대한 매수수량이 있는 경우, 오히려 더 큰 폭으로 가격이 폭락하는 경우를 흔히 보게 됨.(이 역시 세력들이 일반 개인투자자를 안심시킨 후 자신이 가지고 있는 수량을 일거에 내놓으며, 기존에 내놓았던 대규모의 매수수량을 취소함과 동시에 개인투자자들에게 물량을 넘길 때 흔히 사용하는 방법임)

⑤ 총매도수량, 총매수수량

1,052,990	-620,620	432,370

팔겠다고 주문한 주식수를 모두 합한 수량을 「총매도(주문)잔량」이라고 하며(그림에서는 1,052,990주), 반대로 사겠다고 주문한 주식수를 모두 합한 수량을 「총매수(주문)잔량」이라고(그림에서는 620,620주) 합니다. 그림에서 '432,370'은 총매도(주문)잔량(1,052,990)에서 총매수(주문)전량(620,620)을 차감한 수량을 의미합니다. 참고로, 「시간외수량」은 정규시장(아침 9시부터 오후 3시 30분까지 열리는 주식시정)외의 시간의 수량을 말합니다.

끝장마스터 🔍 **총매도수량/총매수수량를 통해 시세흐름 예측하는 법**

총매수수량이 총매도수량보다 월등히 많다면, 사겠다는 수량이 팔겠다는 수량보다 많으므로 당연히 가격이 상승할 것이라고 예상하기 쉽지만, 실전에서 특히 중소형주에서 보면 총매수수량이 총매도수량보다 2~3배 이상 많은 경우 오히려 가격이 떨어지는 경우가 많으므로 이에 속지 말아야 함.(이는 앞서 설명한 것처럼 작전세력이 자신들이 가지고 있는 주식을 일반 개인투자자에게 넘기기 위해 매수 주문을 대량으로 낸 후, 장중 특정시점에 매수 주문 취소와 동시에 자신이 가지고 있는 주식을 일거에 매도하는 경우가 흔히 발생하기 때문임)

⑥ (실시간) 체결가,체결수량

위의 그림은 실시간으로 체결이 될 때마다 체결가격(보통은 매수1호가 또는 매도1호가에서 결정됨)과 그 가격에 체결된 수량을 보여주는 화면입니다.

끝장마스터 🔍 체결가와 체결수량 읽는 법

체결수량을 보면 해당 종목의 힘의 크기 파악이 가능함. 예를 들어, 체결수량이 평균 1,000주 미만으로 이루어지다가, 갑자기 체결가가 올라가면서 그때의 체결수량이 기존보다 10배 이상이 된다면 무언가 큰 호재가 있음을 알 수 있음. 또한, 간혹 실제로 총매도수량과 총매수수량이 10만 주 정도인데, 단시간에 체결수량이 수백만 주가되는 경우가 있는데, 이것은 작전세력이 자신들간에 자전거래(자기네들끼리 사고팔며 시세를 올리거나 내리는 행위)를 하기 때문에 발생함.(이런 종목들은 갑자기 가격이 급락하는 등 뒤끝이 안 좋은 경우가 많음 – 세력들의 장난질이 심해, 초보 개인투자자들이 이런 종목에 들어가면 보통 큰 손해를 보게 되는 것이 일반적임)

⑦ 거래원(거래창구)

변동	거래량	매도상위	매수상위	거래량	변동
20	518,080	미래대우	모간서울	659,221	942
623	415,951	삼성증권	골드만	359,908	
486	411,365	NH투자증	한화투자	359,580	
	404,155	신한투자	미래대우	359,107	300
281	329,564	키움증권	하나금융	291,415	
12:09	257,302	하이증권	JP모간	275,418	12:54
10:24	135,391	한국증권	씨티그룹	118,638	09:44
09:15	58,974	씨엘	CS증권	65,377	09:21
	2,569,231	전체합계		2,522,641	

위의 그림은 「거래원」 화면으로(거래창구 화면이라고도 함), 그날 거래된 주문이 어느 증권사를 통해서 나왔는지를 보여줍니다. 주의할 점은 증권사가 직접 거래한 것이 아닌 증권사 계좌에서(해당 증권사의 고객이) 낸 주문이라는 점입니다. 거래원 오른쪽 부분(빨간색)은 보통 순매수량이 많은 매수창구로, 당일 거래한 전 증권사 중에서 순매수수량(매수수량에서 매도수량을 뺀 수량)이 가장 큰 증권사를 1등부터 순서대로 증권사명과 순매수수량을 표시한 것입니다. 외국계 증권사의 경우 색상을 다르게 표시합니다. (빨간색과 파란색)

끌장마스터 🔍 **거래원 화면(거래창구) 분석 노하우 1**

예전에는 개인 이용자가 많은 증권사(키움증권 등)가 매수 1위를 하면, 해당 종목의 시세흐름은 좋지 않은 경우가 있었으나 (아무래도 기관이나 외국인보다 자금력이 부족하기 때문에 개인이 많이 매수하는 종목의 시세흐름이 약할 수 밖에 없기 때문임), 최근에는 대형 증권사들도 수수료 무료 등의 이벤트를 통해 일반 개인투자자들이 고루 분포되는 경향이 많아져 단순히 창구명만으로 해당 종목의 시세흐름을 예측하기가 어려워졌음.

끝장마스터 🔍 **거래원 화면 (거래창구) 분석 노하우 2**

외국계 증권사에서 많이 매수한다고 해서 외국인이 사는 것은 아니라는 점에 주의할 것.(일반 투자자들도 외국계 증권사에서 계좌를 개설해 매수 주문을 내면 외국계 창구에서 매수한 것으로 나타남) 초보 개인투자자들을 유혹하기 위해 검은머리 외국인(실제로는 한국인인데 외국계 증권사를 이용해 매수하거나 국내 작전세력의 자금을 받은 외국인의 대리 주문 등)들이 외국계 창구를 이용해 주문을 하는 경우가 많으므로 매우 주의해야 함.(최근에는 일부 외국계 증권사에서 매수가 나오면 오히려 2~3일 잠깐 단타로 재미를 본 후 치고 빠지는 경우가 많아, 일부 외국계 증권사에서 매수가 많은 경우 시세 급락이 더 많이 발생하므로 특히 주의해야 함)

⑧ 일자(일별거래)

일자	주가		등락폭	등락률	거래량
07/11	46,500	▲	950	2.09%	4,788,908
07/10	45,550	▲	450	1.00%	9,253,930
07/09	45,100	▲	700	1.58%	7,646,421
07/08	44,400	▼	1,250	2.74%	7,823,843
07/05	45,650	▼	350	0.76%	7,235,395
07/04	46,000	▲	600	1.32%	6,365,573
07/03	45,400	▼	850	1.84%	9,669,368
07/02	46,250	▼	350	0.75%	8,463,073

위의 그림은 해당 종목의 일별 주가와 등락폭(대비), 등락률, 거래량 등을 보여주는 화면입니다. 간단하게 최근 시세흐름을 파악하는데 이용합니다. 보통은 일별 주가 흐름이나 거래량을 확인하기 위해서는 위와 같은 「일자별 시세」 화면보다는 뒤에서 설명한 차트를 이용합니다. 훨씬 직관적이고 보다 빠른 시간에 시세흐름을 파악하기 쉽기 때문입니다.(본 책의 차트부분에서 자세히 설명함)

주문 실전 비법

주문 화면

주식 거래를 위한 HTS 사용시 두 번째 알아야 할 핵심 화면이 「주문 화면」입니다. 주문 화면은 실제로 주식을 사거나(매수 주문) 팔거나(매도 주문), 이미 낸 주문을 취소하거나(취소주문), 낸 주문의 가격이나 수량을 정정하는 주문(정정주문)이 있습니다. 지금부터 HTS로 주문을 내기 위해 반드시 알아야 하는 핵심 내용을 설명합니다.(설명하지 않은 나머지 부분은 중요하지 않으므로 나중에 천천히 알아가도 절대 부족함이 없습니다.) 따라서 지금부터 설명하는 핵심 내용을 확실히 숙지하기를 바랍니다. 주문 화면은 일반적으로 원활한 주문을 위해 앞에서 배운 현재가 화면(시세 화면)과 주문전용 화면, 계좌정보 화면으로 이루어지는 것이 일반적입니다.

주문 화면의 핵심 구성

[그림] 주문 화면

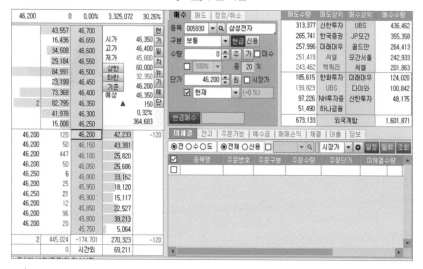

① 매수 주문

주식을 사고자 할 때는 '종목명, 수량, 단가' 3가지만 입력하면 됩니다. 예를 들어 삼성전자 주식 10주를 46,250원에 사고 싶다면 다음과 같이 입력하

면 됩니다.

종목 `005930` ▼ 🔍 종목명 : 사고자 하는 종목명을 입력합니다.(종목번호를 알고 있는 경우는 종목번호를 입력해도 됩니다.)

수량 `　　　` ‖ ⬆⬇ 주 수량 : 몇 주나 살 것인지(매수수량) 입력합니다. 주문 화면에는 주문을 편하게 돕기 위해, 계좌에 있는 돈의 일정 비율만큼 자동으로 주문수량을 계산해 입력해주는 기능 등(예를 들어 계좌에 100만 원이 있고 60%만큼 사겠다고 지정하면 60만 원어치 금액으로 살 수 있는 수량이 자동으로 계산되어 입력됩니다.) 다양한 부가기능이 있으나 그야말로 부가적인 기능으로 이것을 몰라도 주문을 내는 데는 전혀 지장이 없으니, 처음에는 신경 쓰지 않아도 됩니다.(투자 경험이 많아지면 저절로 알게 됩니다.)

단가 `46,250` ⬆⬇ 원 단가 : 매수하고자 하는 가격을 입력합니다.
(주문 화면의 옆에 있는 호가 부분에서 가격을 클릭하면 자동으로 입력됩니다.)

주문의 종류

주식 주문의 종류는 주문수량과 주문가격을 정하는 형태에 따라 '지정가주문(보통주문), 시장가주문, 조건부지정가주문, 최유리지정가주문, 최우선지정가주문, ICO주문, FOK주문 등' 여러 가지가 있습니다. 하지만, 일반 개인투자자의 입장에서는 「지정가주문(보통주문)」과 「시장가주문」, 「조건부지정가주문」만 알면 충분합니다.

① 「지정가주문(보통주문)」 : 직접 원하는 수량과 가격을 정해서 내는 주문입니다. 가장 일반적인 주문 형태로, 주문 화면에서 특별히 다른 주문을 선택하지 않는 이상 무조건 지정가주문으로 나가게 됩니다.

② 「시장가주문」 : 수량은 직접 정해서 주문하지만, 가격은 정하지 않고 체결될 수 있는 가격에 내는 주문입니다. 예를 들어, A라는 종목의 매도1호가 10,500원에 100주의 매도 물량이 있고, 매도2호가 11,000원에 200주의 매도 물량이 있을 경우, 시장가주문으로 200주의 매수 주문을 내면, '시장가 매수 주문 200주 중에서 100주는 매수1호가인 10,500원에 체결되고, 나머지 100주는 매수2호가인 11,000원에 체결'됩니다. 반면에 지정가주문(보통주문)으로 10,500원에 200주의 매수 주문을 내면 100주는 10,500원에 체결되고 나머지 100주는 체결되지 못한 상태로 있다가 10,500원에 매도 물량이 나올 때마다 체결됩니다.

③ 「조건부지정가주문」 : 장중에는 지정가와 똑같은 효력을 지니지만, 장 마감 전 10분간은 시장가주문으로 자동으로 변경되는 주문입니다. 장중 내내 시세를 보기 힘든 경우(직장인 등), 가급적 특정 가격에 사고 싶지만 혹시 그 가격보다 비싼 가격에라도 당일 반드시 매수하고 싶은 경우 조건부지정가주문을 내면 됩니다. 앞의 예에서, 조건부지정가로 10,500원에 200주의 매수 주문을 내면 100주는 10,500원에 체결되고 나머지 100주는 체결되지 못한 상태로 있다가 10,500원에 매도 물량이 나올 때마다 체결됩니다. 하지만, 장 마감 10분 전까지 10,500원에 매도 물량이 나오지 않아 체결되지 않은 수량이 있는 경우, 체결되지 않은 수량은 자동으로 시장가주문으로 전환되어 체결됩니다.

끝장마스터 Q 「**매수 주문**」**실전 투자 성공 노하우**

① 절대로 「신용」을 사용하지 말 것 −「신용」이란 증권사에서 돈을 빌려 주문하는 것을 말하는데, 개인투자자들이 주식투자로 망하는 가장 큰 경우가 빚을 내서 투자하는 경우이기 때문에, 주식투자로 투자한 돈의 100배를 벌기 전까지는 절대로 빚내서 투자하지 않아야 함. 다행히 「신용」계좌는 증권사와 「신용」을 쓰겠다고 약정해야만 가능하므로, 어떠한 경우에도 증권사와 절대 신용 약정을 맺지 말기 바람.(증권사에 전화를 걸어 혹시 신용 약정이 되어 있는지 확인하고, 만약 되어 있다면 신용 약정을 반드시 해지할 것)

② 절대로 「미수」를 사용하지 말 것 − 「미수」 역시 증권사에서 돈을 빌려 투자하는 것인데, 「신용」과 달리 별도로 신청하지 않아도 사용할 수 있는 경우가 많음. 따라서 계좌를 개설한 후 증권사 고객센터에 전화를 걸어 「미수」를 사용하지 않게 요청해야 함.(앞의 주문 화면에서 보면 「미수」라고 되어 있는 부분을 체크하면 미수로 주문이 나가게 되는데, 일부 악의적인 증권사들의 경우는 자신들의 이자 수익과 수수료 수익을 극대화하기 위해 미수 사용을 기본으로 해두는 경우도 있기 때문에 설명한 것처럼 증권사 고객센터에 전화를 걸어 미수가 되지 않도록 반드시 요청할 것)

② 매도 주문

주식을 팔고자 할 때, 매수할 때와 마찬가지로 팔고자 하는 종목명, 팔고자 하는 수량, 팔고자 하는 가격을 입력하면 됩니다. 예를 들어 삼성전자 주식 10주를 46,250원에 팔고 싶다면 그림처럼 입력하면 됩니다. 참고로, 화면처럼 증권사에 따라서 부가적인 주문편의 기능 (「가」라고 써진 부분을 클릭하면 자동으로 매도 가능한 수량(팔 수 있는 수량)이 자동으로 계산되어 입력된다든지, 비율을 선택하면 현재 보유하고 있는 수량의 일정 비율만큼 자동으로 계산해 입력되는 기능 등을 제공하기도 합니다.)

끌장마스터 🔍 　「매도 주문」실전 투자 성공 노하우

반드시 팔아야 하는 경우, 매도 주문시 시장가 주문을 사용해야 함. 커다란 악재가 발생해 반드시 팔아야 하는 경우 시장가주문으로 주문을 내어야 체결될 가능성이 높아짐. 단, 매수 주문시에는 충분히 알아보고 매수하고 매수가 안될 경우 다음날에 매수하여도 되고, 정 안될 경우 추후 더 좋은 종목을 매수해도 되므로, 「지정가주문」을 이용해야 함.(→ 반드시 당장 팔아야 하는 경우에는 매도 주문시 시장가주문을 이용)

주식주문 체결 원칙, 동시호가 제도, 시간외거래

주식시장에서 공정한 거래를 위해 주식주문 체결의 경우는 몇 가지 원칙이 적용되는데 그 중 중요한 것은 아래의 3대 체결원칙입니다.

① 「가격우선의 원칙」 : 매수 주문의 경우는 더 높은 가격으로 매수하겠다고 한 주문이 먼저 체결됩니다.(반면에 매도 주문은 더 싼 가격으로 매도하겠다고 한 주문이 먼저 체결됩니다.)

② 「시간우선의 원칙」: 같은 가격으로 나온 주문이라면 먼저 낸 주문이 먼저 체결됩니다.

③ 「수량우선의 원칙」: 가격과 시간이 동일하다면, 더 많은 수량을 낸 주문이 먼저 체결됩니다.(이 경우 일반 개인투자자들보다는 세력이 유리합니다.)

참고로, 시간우선의 원칙이 적용되지 않는 「동시호가 제도」가 있습니다. 동시호가 제도는 일정시간에 나온 주문을 모두 모아 같은 시간에 주문이 나온 것으로 간주해, 가격우선과 수량우선의 원칙만을 적용해 가격을 정해 체결시키는 제도입니다. 장 개시전(8시 30분~9시)과 장 종료전(15시 20분~15시 30분) 하루 두 차례에 걸쳐 시행됩니다. 주식매매는 9시부터 15시 30분까지 이루어지는 정규 시장외의 시간에 이루어지는 「시간외거래」가 있는데 매매방식과 체결방식의 제한되어 있어 일반 개인투자자의 경우는 거의 이용하지 않습니다.

③ 정정주문/취소주문

주문을 내었으나 아직 체결되지 않은 상황에서는 미체결된 주문을 선택 후 (「미체결」 버튼을 클릭하면 나타나는 미체결된 주문 중에서 선택), 주문수량 또는

주문가격을 수정하여 주문을 변경할 수 있는데 이를 「정정주문」이라고 합니다. 또는 아예 주문을 취소할 수도 있는데 이를 「취소주문」이라고 합니다. (→ 실전에서 투자하다 보면, 미체결된 주문이 여러 건 있는 경우 일일이 정정주문으로 다시 고쳐서 주문을 내는 것보다, 아예 모두 취소하고 새로 주문을 내는 것이 더 편리한 경우도 많습니다.)

3일결제 제도, 증거금, 예수금, D+2 예수금, 미수금, 대용금 (제일 중요한 것은 'D+2예수금'임)

주식 거래는 「3일 결제」라는 점에 주의해야 합니다. 예를 들어, 월요일날 주식을 매매하면, 실제 돈과 주식은 3일째인 수요일날 이루어지게 됩니다. 따라서 돈이 급하게 필요한 경우 적어도 3일 전에(수요일날 돈이 필요하게 되면 월요일날) 매도하여야 합니다. 단, 중간에 공휴일 등 주식시장이 열리지 않는 날이 있는 경우 그날을 빼야 합니다. 즉, 금요일 매도하면 휴일인 토요일과 일요일을 제외한 3일째인 화요일날 돈이 입금됩니다. 중요한 점은, 주식매매는 당일 체결을 기준으로 가능하다는 점입니다. 예를 들어, 100만 원의 주식을 매도한 경우 3일 후에 돈이 들어오더라도, 체결 즉시 100만 원 어치 매수 주문을 낼 수 있습니다.(D+2예수금 기준으로 주문 가능), 또한 마찬가지로 100만 원 어치 주식을 매수하여 체결된 경우 3일 후에 주식이 들어오더라도 체결한 오늘 바로 매도할 수 있습니다. 하지만, 그럼에도 불구하고, 실제 주식 계좌에서 돈을 인출할 경우는 3일 후에 가능하다는 점을 잊어서는 안됩니다. 정리하면, 주식 거래는 당일체결 기준으로 해도 되지만, 실제 주식 계좌에서 돈을 빼거나 하는 행위는 주문체결일로부터 3일째에 가능하다는 점입니다.

- 「예수금」 : 증권계좌에 있는 현금을 말합니다.

- 「D+2 예수금」 : 오늘 체결된 주문이 반영된 예수금은 「D+2 예수금」으로 표시됩니다. 이 「D+2예수금」이 가장 중요합니다. 실제로, 투자자가 주식 계좌에서 찾을 수 있는 현금을 의미하기 때문입니다. 만약, 「D+2예수금」이 마이너라스라면 증권회사에 갚아야 하는 돈(미수금)이 있다는 의미이므로 매우 주의해야 합니다.

- 「증거금」 : 주식을 살 경우 보유한 현금보다 종목에 따라 보유한 현금의 1~4배 많은 금액의 주식을 매수할 수 있는데, 이때 보유한 현금을 「증거금」이라고 합니다. 또한, 이렇게 보유한 현금보다 많은 금액의 매수 주문을 내는 것을 '미수를 쓴다.'고 합니다. 쉽게 말해 나머지 금액은 증권사에서 빌리는 것으로 3일 내에 갚아야 합니다. 주식투자에서 성공하고자 한다면 절대로 빚으로 투자해서는 안 됩니다. 따라서 미수를 절대 사용해서는 안됩니다. 개인투자자가 망하는 첫 번째 이유가 바로 「미수」이기 때문입니다.

- 「미수변제소요금」 : 미수금을 상환하는데 필요한 금액을 의미합니다.

- 「대용금」: 주식을 살 때, 현금외에 보유한 증권(주식이나 채권 등)을 담보로 현금대신 사용할 수 있는데, 이때의 보유한 증권의 금액을 「대용금액」이라고 합니다.(현금이 없어 보유한 집이나 차로 빚을 내는 경우와 비슷합니다.)

주도주 파악
실전 비법

시장의 주도주를 파악하면 시장의 흐름이 보인다

　주식시장의 흐름을 알고, 주식투자로 수익을 내기 위해서는 주도주를 아는 것이 중요합니다. 「주도주」는 '주식시장을 이끌어 가는 핵심 종목'을 말합니다. 주도주를 파악하기 위해서는 우선 '차트 화면, 뉴스시황 화면, 기업정보 화면'을 함께 띄워 놓은 후 다음에 설명하는 4가지 핵심 화면을 통해 확인하는 것입니다.

　첫 번째는 당일 주가상승률 높은 종목 20개를 확인하는 것입니다. 주식시장에 상장된 종목이 상승할 수 있는 최대폭은 30%입니다. (앞 부분에서 설명한 상하한가 부분 참고) 즉, 1만 원짜리 주식은 1만 3천 원까지만 상승할 수 있습니다.

주식 끝장 마스터

[그림] 주가상승률

순위	종목명	현재가	대비	대비율	거래량	매도호가	매도호가잔량	매수호가	매수호가잔량	상하한진입시각	거래대금(만원)
1	디케이티	10,650 ↑	2,450	29.86%	1,049,136			10,650	155,120	09:26:21	1,075,498
2	한국프랜지	2,435 ↑	560	29.87%	23,220,643			2,435	348,162	15:10:40	5,202,567
3	현성바이탈	3,720 ▲	820	28.26%	11,998,605	3,720	3,400	3,715	4,716	14:05:34	4,182,465
4	스타모빌리티	2,560 ▲	510	24.88%	741,427	2,585	4	2,560	219	15:15:49	177,682
5	에스엔텍	4,320 ▲	635	17.23%	22,315,287	4,335	1,203	4,330	10		9,724,759
6	에스피시스템스	9,770 ▲	1,370	16.31%	7,531,276	9,770	17	9,760	474		7,331,435
7	영우디에스피	1,580 ▲	220	16.18%	7,462,891	1,580	2,074	1,575	408		1,136,504
8	엔케이물산	1,010 ▲	123	13.87%	4,595,669	1,015	9,440	1,010	1,538		451,791
9	삼성 인버스 2X	6,190 ▲	555	9.85%	85,204	6,180	28,313	6,165	28,811		52,021
10	신한 인버스 2X	8,980 ▲	795	9.71%	106,177	8,985	49,207	8,980	80		94,249
11	디에스케이	10,450 ▲	920	9.65%	264,182	10,450	1,699	10,400	2,020		272,131
12	큐에스아이	10,350 ▲	900	9.52%	695,501	10,350	2,817	10,300	1,143		734,066
13	데이타솔루션	3,815 ▲	325	9.31%	9,794,260	3,815	19	3,805	2,116		3,852,829
14	인텔리안테크	34,250 ▲	2,900	9.25%	569,169	34,350	37	34,250	261		1,957,232
15	이퓨쳐	6,570 ▲	540	8.96%	102,213	6,560	500	6,530	3		64,709
16	동운아나텍	6,060 ▲	490	8.80%	296,591	6,060	1,163	6,050	100		174,814
17	서연전자	1,880 ▲	150	8.67%	7,959,737	1,880	553	1,875	10,176		1,553,783
18	바른테크놀로지	935 ▲	71	8.22%	1,174,451	935	1,636	933	1		108,166
19	덕산테코피아	19,150 ▲	1,450	8.19%	707,150	19,200	1,777	19,150	21		1,324,438
20	시니지이노베이	1,800 ▲	130	7.78%	489,728	1,800	254	1,790	4,942		86,061

▶ 위의 네모 박스 부분을 통해 전일대비 주가의 상승률 확인 가능함.

두 번째는 당일 거래급증률이 높은 종목 20개(거래가 얼마나 큰 비율로 증가했는지를 의미)를 확인하는 것입니다. 대부분의 급등주는 급등시 (또는 급등 전) 큰 폭의 거래량 급증이 이루어지는 것이 일반적입니다.

[그림] 거래급증률

순위	종목명	현재가	대비	대비율	이동평균	급증률	매도호가	매수호가	거래대금(만원)
1	한국프랜지	2,435 ↑	560	29.87%	103,541	22,347.2%		2,435	5,207,784
2	모다이노칩	3,370 ▲	90	2.74%	54,259	4,771.8%	3,370	3,335	1,000,656
3	디케이티	10,650 ↑	2,450	29.88%	26,559	3,850.3%		10,650	1,075,510
4	피에스케이홀딩스	7,800 ▲	520	7.14%	19,906	3,202.4%	7,810	7,800	528,254
5	KINDEX 스마트모	11,150 ▲	20	0.18%	2,922	3,018.0%	11,155	11,130	101,594
6	일진홀딩스	3,615 ▲	205	6.01%	66,056	2,996.4%	3,615	3,600	761,375
7	세종텔레콤	423 ▲	24	6.02%	1,970,650	2,736.9%	423	421	2,531,185
8	영우디에스피	1,580 ▲	220	16.18%	319,699	2,274.1%	1,590	1,580	1,156,524
9	위즈코프	1,095 ▲	10	0.92%	117,602	2,184.5%	1,095	1,090	312,224
10	KODEX MSCI퀄리티	8,955 ▼	-5	-0.06%	8,432	1,894.2%	8,965	8,940	150,721
11	피델릭스	1,470 ▲	55	3.89%	96,043	1,867.2%	1,480	1,470	285,636
12	금호에이치티	4,150 ▲	30	0.73%	44,142	1,799.4%	4,150	4,125	378,547
13	삼부토건	830 ▼	-63	-7.05%	1,832,118	1,694.1%	830	829	3,070,219
14	범양건영	1,650 ▲	45	2.80%	67,294	1,625.7%	1,650	1,640	196,673
15	파버나인	4,130 ▲	75	1.85%	84,105	1,594.1%	4,135	4,130	643,277
16	TRUE 코스피 양매	9,490 ▼	-20	-0.21%	1,176	1,545.3%	9,500	9,495	18,352
17	필룩스	8,440 ▲	430	5.37%	122,106	1,228.9%	8,450	8,440	1,407,664
18	CNH	1,470 ▲	15	1.03%	291,814	1,194.6%	1,470	1,465	603,308
19	큐에스아이	10,300 ▲	850	8.99%	54,557	1,189.6%	10,350	10,300	742,405
20	에이텍	8,450 ▼	-3,400	-28.69%	581,825	1,136.5%	8,450	8,440	7,201,228

▶ 위의 네모 박스 부분을 통해 전일대비 거래량급증률 확인 가능함.

세 번째는 20일 신고가 종목 상위 20개를 확인하는 것입니다. 신고가는 새롭게 기록한 가장 높은 가격을 의미합니다. 예를 들어 '20일 신고가 종목'이라고 하면, 최근 20일 동안 오늘 가장 높은 가격을 기록한 종목을 의미합니다. 마찬가지로 '60일 신고가 종목'이라고 하면 오늘 가격이 최근 60일 동안의 가격 중에서 가장 높은 가격임을 의미합니다. 주도주 파악을 위해서는 신고가 중「20일 신고가」종목을 확인하는 것이 좋습니다. 20일보다 긴 기간의 신고가 종목을(60일 신고가 등) 조회할 경우는 이미 너무 오른 종목이 조회되고, 반대로 20일보다 작은 신고가(5일 신고가 등) 종목을 조회할 경우는 지나치게 많은 신고가 종목이 조회되기 때문입니다.

[그림] 신고가

순위	종목명	현재가	전일대비	전일대비율	거래량	거래대금(만원)	20일신고가	신고가대비	신고대비율
1	한화3우B	14,250 ▲	150	1.06%	109,172	154,368	14,250		0.00%
2	삼아알미늄	4,740 ▲	90	1.94%	30,662	14,366	4,740		0.00%
3	KC그린홀딩스	4,155 ▲	155	3.86%	94,290	38,638	4,155		0.00%
4	한국프랜지	2,435 ↑	560	29.87%	23,242,069	5,207,784	2,435		0.00%
5	디에이피	2,775 ▲	40	1.46%	10,350	2,836	2,775		0.00%
6	웹스	2,195 ▲	30	1.39%	94,672	20,516	2,195		0.00%
7	디케이티	10,650 ↑	2,450	29.88%	1,049,147	1,075,510	10,650		0.00%
8	NH투자증권우	8,920 ▲	30	0.34%	45,755	40,703	8,930	-10	-0.11%
9	에이피티씨	7,150 ▲	280	4.08%	212,194	149,904	7,160	-10	-0.14%
10	앤디포스	6,260 ▲	420	7.19%	1,480,497	905,407	6,270	-10	-0.16%
11	동양에스텍	2,975 ▲	115	4.02%	29,532	8,638	2,980	-5	-0.17%
12	현대중공업지주	335,500 ▲	5,500	1.67%	22,718	760,435	336,500	-1,000	-0.30%
13	참좋은여행	6,240 ▲	220	3.65%	90,456	55,916	6,260	-20	-0.32%
14	쌍용양회	6,080 ▲	30	0.50%	332,220	201,914	6,100	-20	-0.33%
15	다산네트웍스	8,840 ▲	440	5.24%	2,264,163	1,938,389	8,870	-30	-0.34%
16	엔씨소프트	552,000 ▲	9,000	1.66%	91,652	5,033,102	554,000	-2,000	-0.36%
17	신풍제지	1,290 ▲	20	1.57%	118,249	15,097	1,295	-5	-0.39%
18	대양전기공업	12,900 ▲	100	0.78%	12,629	16,230	12,950	-50	-0.39%
19	유아이엘	4,950 ▲	40	0.81%	20,748	10,247	4,970	-20	-0.40%
20	나라엠앤디	3,765 ▲	195	5.46%	35,331	13,052	3,780	-15	-0.40%

▶ 위의 네모 박스 부분을 통해 특정 기간의 신고가 조회 선택이 가능함.

주식 끝장 마스터

네 번째는 아래의 화면과 급등 테마를 조회하는 것입니다. 급등 테마는 당일 가장 급등한 테마 1~2개만 확인하면 됩니다. 아래 화면처럼 당일 급등 테마를 선택 후 클릭하면 오른쪽에 해당 테마군의 종목들이 나타나는데, 이 중 가장 상승률이 높은 종목이 해당 테마의 대장주가 됩니다. (보통 대장주가 다음날에도 시세가 가장 좋은 것이 일반적입니다.)

[그림] 테마 급등

▶ 테마 화면을 통해 테마별 급등 정보 및 해당 테마의 종목 조회가 가능함.

시간이 부족한 경우는 앞에서 설명한 4개 화면 중에서 20일 신고가와 거래급증률 종목 화면만 이용해도 됩니다.

수급 분석
실전 비법

수급(수요와 공급)의 중요성

흔히 주식 격언에 '수급이 모든 것에 우선한다.'는 말이 있습니다. 아무리 부실한 종목이라도 「매수세」(주식을 구입하고자 하는 세력)가 많으면 주가는 상승하고, 반대로 아무리 우량 종목이라 하더라도 「매도세」가(주식을 팔고자 하는 세력) 많으면 주가는 하락하기 때문에 나온 말입니다. 주식시장에서 수급(수요와 공급)을 결정하는 가장 큰 세력은 외국인과 기관입니다. 이들이 매수 또는 매도하기 시작하면 대규모로 매수 또는 매도하고, 일회성으로 끝나지 않고 지속적으로 매수/매도하는 경향이 높기 때문에 이들의 움직임은 매우 중요합니다.

주요 수급세력 – 기관투자자

[그림] 투자자 – 기관계

○개 인 ○외국인 ●기관계 ○금융투자 ○보 험 ○투 신 ○은 행 ○기타금융 ○연기금 등 ○국가,지자체 ○기타외인 ○사모펀드 ○기타법인

	순 매 도			순 매 수	
종목명	수량(백주)	금액(백만원)	종목명	수량(백주)	금액(백만원)
KODEX 200	10,443	27,737	KODEX 레버리지	24,433	28,143
삼성전기	2,583	25,440	한국조선해양	1,176	13,973
상상인인더스트리	29,668	9,828	엔씨소프트	236	13,019
SK하이닉스	935	7,854	삼성중공업	13,062	10,486
TIGER 200	2,425	6,440	신한지주	2,279	9,504
KODEX 200선물인버스2	8,054	6,304	KODEX 코스닥150 레버	10,815	7,796
KODEX 인버스	8,108	5,799	KB금융	1,889	7,697
OCI	799	5,259	하나금융지주	1,959	6,637
현대모비스	186	4,609	현대건설	1,352	5,746
한국전력	1,683	4,195	셀트리온	328	5,377
신세계인터내셔날	230	4,128	LG화학	133	4,375
올리드	6,210	4,103	SK텔레콤	173	4,114
헬릭스미스	191	3,491	삼성SDI	133	3,254
에스원	344	3,359	기업은행	2,534	3,176
KODEX 코스닥150선물	3,750	3,271	LG디스플레이	2,124	3,063
NAVER	217	3,197	한국카본	3,424	2,718
삼성전자	671	3,185	SK	131	2,684

▶ 투자자 화면에서는 특정 투자자(기관계)를 선택하면 해당 투자자가 집중 매수한 종목과 해당 종목에 대한 매매수량과 매매금액 정보를 확인할 수 있음.

「기관투자자」라고 하면, '투자신탁회사(투신), 연기금, 증권사, 은행, 뮤추얼펀드, 헤지펀드 등과 같은 대규모 자금을 운용하는 국내 법인'을 의미합니다. 이들은 외국인과 마찬가지로 단기 차익보다는 기업가치 중심으로 대규모 장기투자를 한다는 점이 특징이 있습니다. (일부 투신의 경우는 특정 종목만을 집중 매수하여 단기에 이익을 얻고자 하는 수익률 게임을 전개하기도 합니다.)

기관투자자는 막대한 자금력과 정보력을 바탕으로 시세를 만들어가기까

지 합니다. 따라서 이들이 매매하는 종목을 잘 이용하면 안정적인 수익을 내는데 유리합니다. 기관 매매시 주의할 점은 지분을 취득한 기관의 성격을 파악해야 한다는 점입니다. 연기금 등의 경우 장기투자의 성향이 강하고, 또한 투신의 경우도 가치투자를 표방하는 운영사의 경우(신영자산운영이나 한국밸류자산운영 등)는 철저한 가치투자를 지향하기 때문에 이들이 매수하는 종목의 경우 장기로 가져가도 위험성이 적다는 특징이 있습니다. 반면에, 공격적 투자를 주로 하는 일부 투신사(또는 자산운용사)의 경우 선별적 집중 투자로 시세를 급등시키는 경우가 많은 반면, 글로벌 금융위기에서 보여주듯 급락할 때는 더 크게 급락하는 모습을 보여주기도 하는 경우가 있어 주의가 필요합니다.

또한, 장이 급락해 저평가 된 종목이 많을 때 오히려 매수하지 못하고, 장이 활황일 때 매수를 늘려갈 수밖에 없는 기관투자자들의 한계를 알고 있어야 합니다. 그 이유는 장이 급락할 때는 펀드자금이 유입되지 않아 기관투자자들이 사고 싶어도 살 수 없고, 장이 꼭지에 도달할 시점에는 너무나 고평가 된 종목이 많아 매수에 있어 위험성이 커짐에도 불구하고, 밀려드는 펀드자금으로 인해 살 수밖에 없기 때문입니다. 따라서 기관 공략 매매를 할 경우, 단순히 무작정 따라서 매매하지 말고, 적어도 본 책에서 설명하는 기업분석법을 이용해 최소한의 기업 분석을 거쳐야 안전합니다.

끝장마스터 🔍 기관투자자 중 가치투자펀드를 운영하는 기관투자자(신영자산운영, 한국밸류자산운영 등)들이 매수하는 종목들은 비교적 안전함.

주요 수급세력 - 외국인 투자자

외국인이 매수하는 종목은 대체로 크게 시세를 내는 경우가 많습니다. 외국인이 국내에 투자시 가장 민감하게 고려하는 사항은 투자할 기업이 우량한지 여부입니다. 외국인들은 실제 가치보다 저평가된 검증되고 우량한 기업에 집중투자를 하게 됩니다. 따라서 외국인들이 주로 매매하는 종목들은 재무적으로 우량한 종목들이 대부분입니다. 하지만, 가짜 외국인(속칭 「검은머리 외국인」)에 주의해야 합니다. 검은머리 외국인이라고 하면 우리나라의 전문투기꾼들이 해외에 페이퍼컴퍼니(서류상으로만 존재하는 회사)를 세우거나 외국영주권을 이용해 매매하는 가짜 외국인을 말합니다. 이들은 외국인 매매동향을 따라하는 개인투자자들을 유혹해, 단기간에 급격하게 지분을 늘려, (외국인매매) 추종세력이 붙으면 재빨리 주식을 처분하여 이익을 챙겨, 거의 합법적인 작전이라고 해도 무방할 정도입니다. 다음은 검은머리 외국인의 작전에 속지 않는 방법입니다.

① 오리지날 외국인은 거래소의 우량주나 코스닥의 초우량주에 투자하는데 반해, 검은머리 외국인은 코스닥 중소형주에 투자합니다. 따라서 코스닥중소형주 특히 재무상태가 불량한 주식(소위 말하는 잡주)이나 초단기 유행성 테마주에서 외인 매수가 있을 경우는 거의 99% '검은머리 외국인'이라고 생각하면 됩니다.

② 오리지날 외국인은 지분의 변동이 심하지 않은 반면, 검은머리 외국인은 지분이 늘었다 줄었다 하며, 심한 경우 하루 간격으로 샀다 팔았다

를 반복하기도 합니다. 이들이 매매하는 모습을 보면 한 편의 코미디를 보는 듯합니다. 더욱 재미있는 것은 이런 코미디 같은 행태에 적지 않은 일반 투자자들이 그대로 속아 넘어간다는 점입니다.

③ 오리지날 외국인은 매매수량 단위가 커서, 웬만한 고가주가 아닌 이상 보통 1,000주 단위 이상(15,000주, 110,000주, 65,000주 등)으로 매매를 하는데, 반해 검은머리 외국인들은 코스닥 중소형 저가주의 경우에도, 1,000주 단위 미만 수량으로도(240주, 357주, 999주 등) 거래를 하는 경우가 많습니다.

이와 같은 행태를 보이는 검은 머리 외국인이 매매하는 종목은 아예 건드리지 않는 것이 좋습니다. 급등을 하더라도 일반인이 사는 바로 그 순간이 고점이 되기도 합니다. 왜냐하면, 그들이 매매하는 종목이 주로 코스닥 중소형 잡주이고, 대주주와 결탁하는 경우도 있어 그들은 정보력에서 월등히 일반 투자자를 앞서기 때문입니다. 또한, 거래수량에 대해 100주 단위까지 지분변동을 구분해 낼 정도로 철저하게 주식작전을 수행하므로, 일반인 매수가 집중되는 날이 고점이 될 수밖에 없습니다. 또한, 일반인이 운 좋게 수익을 얻더라도 이들은 철저히 다시 시세를 조정해 모두 토해 내게 만드는 실력을 가지고 있다는 점에도 주의해야 합니다.

| ○개 인 | ⦿외국인 | ○기관계 | ○금융투자 | ○보 험 | ○투 신 | ○은 행 | ○기타금융 | ○연기금 등 | ○국가,지자체 | ○기타외인 | ○사모펀드 | ○기타법인 |

순 매 도			순 매 수		
종목명	수량(백주)	금액(백만원)	종목명	수량(백주)	금액(백만원)
헬릭스미스	1,289	23,774	삼성전자	20,369	94,265
엔씨소프트	249	13,710	KODEX 200	10,838	28,786
아모레퍼시픽	803	11,000	삼성전기	2,229	21,994
신한지주	1,860	7,746	케이엠더블유	2,352	17,373
셀트리온	416	6,851	NAVER	686	10,203
현대차	503	6,401	삼성전자우	2,351	9,054
삼성SDI	245	6,011	LG화학	237	7,781
SK텔레콤	204	4,844	현대모비스	295	7,320
동진쎄미켐	2,880	4,489	TIGER 200	2,630	6,986
대한항공	1,942	4,383	SK하이닉스	775	6,495
우리금융지주	3,346	4,049	한화에어로스페이스	1,175	4,968
삼성중공업	5,065	4,041	LG생활건강	38	4,817
KODEX 코스닥150 레버	5,223	3,774	카카오	282	3,831
SK이노베이션	229	3,729	기아차	832	3,643
한화케미칼	2,049	3,653	메지온	295	3,172
SK	170	3,486	RFHIC	682	3,072
상상인	2,391	2,992	젬어비스	123	2,478

▶ 투자자 화면에서는 특정 투자자(외국인)을 선택하면 해당 투자자가 집중 매수한 종목과 해당 종목에 대한 매매수량과 매매금액 정보를 확인할 수 있음.

「외국인」과 「외국계창구」

외국인과 외국계창구는 다릅니다. 외국계 창구는 '메릴린치, CS, 골드만삭스, 맥쿼리 등' 외국계 증권사를 말합니다. 외국인이 아니어도 이들 증권사에 계좌를 개설하여 거래하면 현재가창의 매수매도 창구 화면에 이들 증권사 이름이 나타나게 됩니다. 초보 투자자들은 외국계 증권사에서 매수세가 많으면 따라서 매수하는 경향이 많은데, 최근에는 외국계 증권사에 계좌를 개설하여 일반 개인투자자들을 유인하여 단타를 치는 내국인뿐 아니라, 일부 외국계 자금도 매수 주문을 낸 후, 개인투자자들이 주문을 내면 곧바로 팔아 이익을 챙기는 초단타 외국인들도 적지 않습니다. 심지어는 일부 유명한 외국계 창구에서 매수세가 나오면 시세가 조금만 올라도 곧바로 매도 물량이 나와 시세가 급락하는 경우가 발생하기도 합니다. 따라서 외국계 증권사에서 매수가 많았다는 이유만으로 따라서는 어리석은 짓을 해서는 안됩니다.

끌장마스터 🔍 일반 개인투자자들이 외국인이 산 종목을 따라 사는 것을 역이용해 단기작전을 하며 시세차익을 얻는 악질 외국인이 많아졌으므로, 각별한 주의가 필요함. 특히, 외국계 증권사에서 매수세가 나오는 경우 더 이상 예전의 장기 가치투자를 하는 외국인보다 오히려 일반 개인투자자들이 따라 사면 팔아 이익을 챙기는 초단타 악질 외국인 작전세력도 많이 있으므로, 맹목적인 외국인 따라하기 매매는 절대로 하면 안됨.

종목의 기관/외국인 순매수 확인 방법

참고로, 특정 종목의 기관, 외국인의 순매수 현황을 확인하는 가장 좋은 방법은 아래의 차트를 통해 확인하는 것입니다. 보통 외국인과 기관이 동시에 매수세가 증가하는 경우 한 달 이상 꾸준히 매수하는 종목의 경우는 장기적으로 큰 시세를 내는 경우가 많습니다. 아래 차트 설정에 관련 자세한 내용은 차트 부분에서 상세히 설명하고 있으니 해당 부분을 참고하기 바랍니다.

[그림] 일봉차트(외국인과 기관의 동시매수 후 주가 상승)

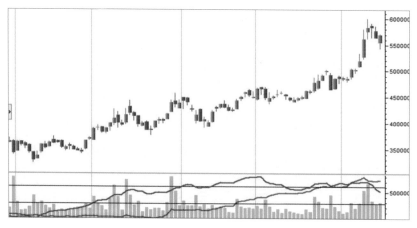

▶ 거래량(그림 하단 초록색 막대) 부분에 표시된 파란색은 기관의 순매수, 빨간색은 외국인의 누적 순매수를 차트에 표시한 것임.

끝장마스터 🔍 외국인과 기관의 순매수가 한 달 이상 지속적으로 들어오는 종목의 경우 장기적으로 큰 시세를 내는 경우가 많음.

공매도

「공매도」는 향후 주가의 하락을 기대하는 세력들이 주식을 빌려와 파는 것을 말합니다. 예를 들어, A기업의 주가가 1만 원인데 향후 5천 원으로 하락할 것 같다면 증권사 등에서 주식을 빌려와 주식시장에 1만 원에 판 후, 주가가 5천 원으로 하락하면 5천 원에 되갚는 것을 말합니다. 이렇게 하면 주당 5천 원을 벌게 됩니다. 특정 종목의 공매도가 많으면 주가에 악영향을 미치게 됩니다. 주식을 파는 세력이 많아지면 주가는 떨어지게 되어 있고, 공매도의 타겟이 되었다는 의미는 그만큼 주식 하락이 될 가능성이 높은 악재(실적 부진, 부실주 등)를 가지고 있을 가능성이 높기 때문입니다. 따라서 주식투자시 공매도 비중이 높은 주식은 가급적 투자하지 않는 것이 좋습니다. 실전에서는 다음과 같은 공매도 화면에서 확인할 수 있습니다.

[그림] 공매도

[그림] 공매도

⊙거래소+코스닥 ○거래소 ○코스닥 ○ELW					공매도량 ▼	최근일 ▼	2019/09/05 ▼ ~ 2019/09/05 ▼		조회 ▣
순위	종목명	기간거래량	공매도량	매매비중	평균가	현재가	평균가대비	대비율
1	미래산업	29,648,415	634,281	2.1393%	195	188	-7	-3.58%
2	LG디스플레이	2,807,457	529,775	18.8702%	14,344	14,350	6	0.04%
3	포비스티엔씨	20,059,412	466,917	2.3276%	1,632	1,535	-97	-5.94%
4	삼성중공업	3,147,927	417,795	13.2720%	7,832	7,920	88	1.12%
5	KODEX 코스닥 150	5,261,498	407,527	7.7454%	9,315	9,275	-40	-0.42%
6	삼성전기	3,257,453	399,613	12.2676%	98,245	97,200	-1,045	-1.06%
7	올리드	11,430,482	370,009	3.2370%	6,987	6,730	-257	-3.67%
8	상상인	3,070,428	270,096	8.7966%	13,348	12,600	-748	-5.60%
9	후성	7,392,412	245,949	3.3270%	9,831	9,560	-271	-2.75%
10	SK하이닉스	4,068,631	228,360	5.6126%	82,237	81,900	-337	-0.40%
11	CMG제약	1,764,651	220,127	12.4742%	2,972	2,885	-87	-2.92%
12	케이피엠테크	10,142,380	200,002	1.9719%	1,277	1,280	3	0.23%
13	두산중공업	1,060,167	193,358	18.2384%	6,064	5,990	-74	-1.22%
14	신라젠	3,468,035	183,709	5.2972%	12,209	11,800	-409	-3.34%
15	메리츠종금증권	1,242,513	180,648	14.5389%	4,878	4,835	-43	-0.88%
16	다산네트웍스	4,106,874	179,772	4.3773%	8,263	8,850	587	7.10%
17	남선알미늄	11,500,361	171,487	1.4911%	3,753	4,075	322	8.57%
18	팬오션	1,622,469	168,173	10.3652%	4,987	4,840	-147	-2.94%
19	SK네트웍스	865,488	160,624	18.1396%	5,398	5,310	-88	-1.63%
20	삼성전자우	1,279,528	158,288	12.3708%	38,014	38,550	536	1.41%

▶ 공매도 화면 상단의 선택란(네모 박스 부분)을 이용해 다양한 공매도 정보 선택 조회 가능함.

공매도, 대차거래, 숏커버링

「공매도」는 앞서 설명한 것처럼, 주식이 없는 상태에서 주식을 빌려와 주식을 판후, 나중에 주식가격이 떨어지면 되사는 것을 말합니다. 이에 반해, 「대차거래」는 주식을 보유하고 있는 금융기관이 다른 금융기관에 빌려주는 것을 말합니다. 따라서 공매도를 위해서는 먼저 주식을 보유하고 있는 금융기관 등에서 주식을 빌려와(대차거래), 빌려온 주식을 파는 것(공매도)이 일반적입니다. 나중에 공매도 세력들이 기대한 대로 주가가 떨어지면, 떨어진 가격으로 주식을 사서 갚아공매도 세력이 돈을 벌게 되지만, 오히려 주가가 급등시에는 공매도 세력들이 빌려온 주식을 반드시 갚아야 하기 때문에, 주식을 비싼 가격에라도 다시 사들여주식으로 갚아야 하므로 손해를 보게 됩니다. 특히, 공매도 세력들이 주식으로되갚기 위해 주식을 다시 사는 과정을 「숏커버링」이라고 합니다. 공매도 세력들의 예상과 달리 주가가 하락 대신 상승할 경우. 공매도 세력들은 추가 손실을 막기 위해 공매도 했던 수량을 다시 사들이게 되는 되는데(숏커버링), 이 경우 단기간에 주가가 매우 급격하게 오르는 현상이 발생하기도 합니다.

HTS 관심종목 설정법

주식시장에 상장된 2,000개 넘는 주식 종목 중 투자하기 위해 관심을 두고 지켜볼만한 종목을 모아 놓은 것을 「관심종목 화면」이라고 합니다. 관심종목 화면을 이용하면 보다 효과적으로 주식투자를 할 수 있습니다. 종목검색 기능에서 핵심 항목을 이용해 검색하는 방법은 다음과 같습니다.

1) 단계 : 종목등록하기

관심종목 화면 위에 있는 종목검색창에서 검색하고자 하는 종목명을 입력하면 됩니다. 관심종목으로 등록하는 종목은 투자할 가치가 있거나 주의 깊게 살펴보아야 할 종목으로 앞에서 배운 시장주도주나 외국인이나 기관이 지속적으로 매수하는 종목, 뒤에서 설명하는 진정 가치투자 종목을 등록합니다.

[그림] 관심종목 – 종목등록하기

종목명	현재가	등락율	거래량	PER	PBR	PSR	유보율	시총	배수	일봉	메모
삼성전자	46,300	1.31	989	10.33	1.26	1.4	26,648.22	2,764,009	3.0	‖	시총1위
SK하이닉스	81,900	1.33	241	6.13	1.25	1.7	1,249.33	596,233	1.8	‖	
현대차	127,500	0.39	38	18.74	0.51	0.3	4,542.68	272,426	3.1	‖	
NAVER	149,500	1.70	22	57.52	4.49	4.1	39,562.91	246,396	0.2	‖	
현대모비스	249,000	1.01	13	12.11	0.76	0.7	6,206.17	237,313	1.6	‖	
LG화학	328,500	1.08	11	35.41	1.51	0.9	4,355.22	231,895	1.8	‖	

▶ 관심종목 화면 상단에 있는 종목명 입력란을 이용하면 관심종목 등록 가능함.

끝장마스터 관심종목 등록시 관심종목 옆의 메모칸에 '관심종목 등록 날짜, 등록 이유 등'을 메모해 두는 습관을 들여야 합니다.

2) 단계 : 가독성 높이기

관심종목창의 아래와 같은 「빈칸 추가」와 「빈칸 메모 입력」기능을 이용해 관심종목창의 가독성을 높여줍니다. 예를 들어 관심종목창을 세 부분으로 나누어 첫 번째 빈줄에는 '보유 종목'을, 두 번째 빈 줄에는 '매수 후보'종목들을, 세 번째 줄에는 '장기 관심종목'으로 입력한 후 종목을 배치하면 관심종목을 훨씬 효과적으로 나누어 볼 수 있습니다.

[그림] 관심종목 – 빈칸 추가/빈칸 입력/메모 입력

3) 단계 : 종목 메모 철저히 사용하기

관심종목 화면에 종목을 등록 후 시간이 지나면, 왜 관심종목으로 등록했는지 잊어 버리는 경우가 흔히 발생합니다. 이때 가장 유용한 것이 바로 관심종목의 종목 메모 기능을 이용하는 것입니다. 다음 그림에서와 같이, 관심종목 등록시 해당 종목의 메모창을 열어 왜 관심종목에 등록했는지(저평가 알짜 부동산 보유, 외국인과 기관이 매수세 지속 등), 앞으로 어떻게 할지(실적개선 발표시 확 인후 매수 등)를 적어두면 향후 해당 종목에 대한 분석과 투자시 매우 유용합니다.

[그림] 관심종목 – 종목 메모 등록

종목명	현재가	등락률	거래량	PER	PBR	PSR	유보율	시총	배수	일봉	메모
삼성전자	46,300	1.31	989	10.33	1.26	1.4	26,648.22	2,764,009	3.0	l	0101 메모리 가격 반등조짐에 등
SK하이닉스	81,900	1.33	241	6.13	1.25	1.7	1,249.33	596,233	1.8		
현대차	127,500	0.39	38	18.74	0.51	0.3	4,542.68	272,426	3.1		
NAVER	149,500	1.70	22	57.52	4.49	4.1	39,562.91	246,396	0.2		
현대모비스	249,000	1.01	13	12.11	0.76	0.7	6,206.17	237,313	1.6		
LG화학	328,500	1.08	11	35.41	1.51	0.9	4,355.22	231,895	1.8		

> 0101 메모리 가격 반등조짐에 등록. 향후 실제 실적 향상에 연결되는지 확인필요
>
> 삼성전자 [확인] [취소]

끝장마스터 🔍 관심종목 등록시 관심종목 옆의 메모칸에 「관심종목 등록 이유, 향후 대처 방안」 등을 메모해 둘 것.

4) 단계 : 관심종목의 핵심 노하우 – 필드 설정

관심종목 화면에서 가장 중요한 핵심 노하우는 필드(항목)를 설정하는 것입니다. 여기서 필드라고 하면, 관심종목 화면에 보여지는 정보를 선택하는 것이라고 보면 됩니다. 일단 기본적으로 '종목명, 현재가(주가), 등락률, 거래량'은 기본적으로 포함시켜야 하며, 정말 중요한 항목은 관심종목 화면을 보는 것만으로도, 따로 다른 기업정보 화면 등을 일일이 열어 보지 않아도 한눈에 해당 종목의 부실여부를 확인할 수 있는 핵심 필드(항목)를 선정해야 하는데, 다음과 같은 항목을 추가하는 것이 가장 효과적입니다. 관심종목에서 필드를 추가하는 방법은 다음 그림을 참고하기 바랍니다.

① PER – 주가수익비율 (본 책의 진정 가치투자 부분에서 상세히 설명)

② PBR – 주가자산비율 (본 책의 진정 가치투자 부분에서 상세히 설명)

③ PSR – 주가매출비율 (본 책의 진정 가치투자 부분에서 상세히 설명)

④ 유보율 – (본 책의 진정 가치투자 부분에서 상세히 설명)

⑤ 배당수익률 – (본 책의 진정 가치투자 부분에서 상세히 설명)

⑥ 일봉 – (본 책의 차트 부분에서 상세히 설명)

⑦ 메모 – (앞의 「메모」 설명 부분 참고)

[그림] 관심종목 – 필드등록

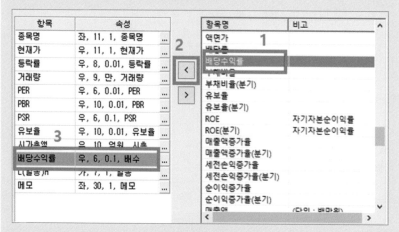

▶ 필드등록 방법 – ① 필드 선택 ② 선택 버튼 「〈」 클릭 ③ 등록 완료

끝장마스터 Q 관심종목에서 필드 설정시(보여줄 정보 선택) 'PER, PBR, PSR, 유보율, 시가총액, 배당수익률, 일봉, 메모' 항목을 반드시 포함시킬 것. (기업정보 화면 등을 별도로 일일이 확인하지 않고도 해당 종목의 기본적인 부실/우량여부를 빠르게 확인 가능함)

정보/검색
실전 비법

뉴스시황/기업정보/종목검색

　주식투자를 할 때 특정 종목에 대한 최신 정보를 확인하는 가장 좋은 방법은 바로「뉴스시황(증권사에 따라 뉴스 종합이라고 불리기도 함)」기능을 이용하는 것입니다. 또한, 해당 기업의 재무제표 등 분석자료는 기업정보(증권사에 따라 기업분석 화면이라고 불리기도 함) 화면을 이용하는 것이 효과적입니다. 또한, 주식시장에 상장된 종목 중에서 특정 조건을 만족하는 종목을 골라내기 위해서는「조건검색」화면을 이용하면 매우 편리합니다.

끝장마스터 🔍　종목의 최신 정보는「뉴스시황 화면」을, 기업분석 정보는「기업정보 화면」을, 종목검색은「조건검색 화면」을 이용하면 효과적임.

「기업정보 화면」, 「뉴스시황 화면」, 「조건검색 화면」의 사용법 및 실전 투자 활용 노하우는, 본 책의 진정 가치투자 부분에서 상세히 설명하고 있으니 해당 부분을 참고하기 바랍니다.

[그림] 기업정보 화면

| 개요 및 현황

| 개요 : 글로벌 스마트폰 판매 점유율 1위 업체 | 현황 : 매출 소폭 증가에 그쳤으나 양호한 수익성 견지 |

- 동사의 사업부문은 CE(TV, 모니터, 에어컨, 냉장고 등), IM(휴대폰, 통신 시스템, 컴퓨터), DS(메모리 반도체, 시스템LSI), Harman 부문으로 구성되어 있음.

- 글로벌 경쟁력을 갖춘 IT기업으로, 삼성물산, 삼성에스디아이 등 상장 16개사, 비상장 46개사의 계열회사를 보유하고 있음.

- TV, 스마트폰, 반도체 및 디스플레이 패널 부문 등에서 글로벌 우위의 경쟁력을 확보한바 양호한 사업 포트폴리오로 안정적 이익창출력 확보하고 있음.

- 반도체 부문의 여전한 성장세와 하만 부문의 성장에도 가전 및 디스플레이, 휴대폰 부문의 부진으로 매출 규모는 소폭 증가에 그침.

- 원가를 상승에도 판관비 부담 완화로 영업이익률 전년대비 상승, 법인세 증가에도 순이익률도 상승, 양호한 수익구조 견지.

- IM 부문의 신제품 출시에도, 가전 및 디스플레이 부문의 부진이 이어지는 가운데 반도체 부문의 성장 둔화 및 가격 하락 등으로 매출 성장은 제한적일 듯.

| Financial Summary   K-IFRS 연결기준 기업 (최근 분, 반기 공시 기준)   K-IFRS 연결 ∨

	연간재무제표(Annual)				기간재무제표(Net Quarter)				
매출액(억원)	2,395,754	2,437,714	523,855	2,259,858	605,637	584,827	654,600	592,651	523,855
영업이익(억원)	536,450	588,867	62,333	276,300	156,422	148,690	175,749	108,006	62,333
영업이익률(%)	22.39	24.16	11.9	12.23	25.83	25.42	26.85	18.22	11.9
당기순이익(억원)	413,446	438,909	51,075	216,294	116,118	109,815	129,674	83,301	51,075
순이익률(%)	17.26	18	9.75	9.57	19.3	18.88	20.09	0	9.63
자산총계(억원)	3,017,521	3,393,572	3,450,679	-	3,124,731	3,186,884	3,371,958	3,393,572	3,450,679
부채총계(억원)	872,607	916,041	918,527	-	892,132	855,635	950,926	916,041	918,527
자본총계(억원)	2,144,914	2,477,532	2,532,152	-	2,232,599	2,331,248	2,421,032	2,477,532	2,532,152
유보율(%)	23,681.42	26,648.22	27,253.31	-	24,496.79	25,587.24	26,568.28	0	27,253.31
ROE	21.01	19.63	8.41	8.89	21.96	19.9	22.54	0	8.41
PER	8.5	5.99	14.84	13.7	28.81	28.85	24.33	0	59.38
PBR	0.04	1.1	1.24	1.21	1.67	1.51	1.45	1.1	1.24
PSR	1.29	1.01	1.45	-	5.59	5.13	4.88	0	5.79
EPS(원)	5,997	6,461	3,008	3,335.55	85,435	1,617	1,909	0	752
BPS(원)	1,406,275.66	35,342.36	36,141.88	35,668.26	1,474,026	30,817	32,019	35,342	36,142
SPS(원)	39,429.8	38,142.82	30,848.28	-	440,106	9,094	9,524	0	7,712
EBITDA(억원)	-	-	-	-	-	-	-	-	-
EV/EBITDA	-	-	-	-	-	-	-	-	-

▶ 기업정보 화면에 대한 실전 투자 노하우는 본 책의 진정 가치투자 부분에서 상세히 설명되어 있으니 해당 부분 참고.

[그림] 종목검색 화면

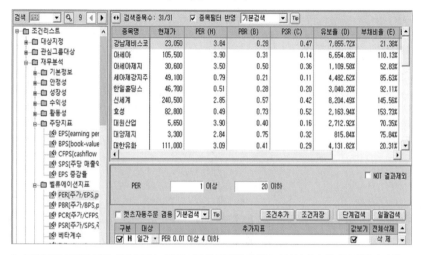

▶ 조검검색 화면에 대한 실전 투자 노하우는 본 책의 진정 가치투자 부분에서 상세히 설명되어 있으니 해당 부분 참고.

[그림] 뉴스시황 화면

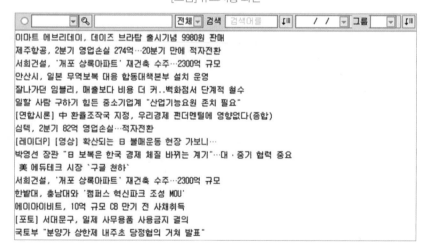

▶ 뉴스시황 화면에 대한 실전 투자 노하우는 본 책의 진정 가치투자 부분에서 상세히 설명되어 있으니 해당 부분 참고.

PART 4
주식 끌장 마스터
차트 투자
실전 단계

차트 분석
실전 비법

차트를 알면 흐름이 보인다

주식투자에 성공하기 위해서는 차트에 의존할 필요는 없지만, 시세분석과 투자에 있어 유용한 도구 중 하나가 바로 「차트」이기 때문에, 본 책에서 설명하는 HTS에서 차트를 이용하는 방법과 실전 차트 분석 노하우는 확실히 알아두어야 합니다.

차트 분석은 주식 시세흐름을 이해하는 데 도움이 됩니다. 하지만, 문제는 차트 분석에 이용하는 기술적 지표만 해도 수백 가지가 될 정도로 너무 많고 복잡하며, 무엇보다도 대부분의 기술적 지표가 실제 주식투자에는 그다지 도움이 되지 않는다는 것이 큰 단점입니다. 실제로 필자가 읽은 기술적 지표에 관한 책만 해도 수십 권이 넘습니다. 특히 필자가 구입해 공부했던 원서 가운데《The Encyclopedia of Technical Market Indicators》라는 책의 경우 순전히 기술적 지표만을 다루고 있음에도 900쪽에 이를 정도로 그 내용이 방대합니다. 이토록 기술적 지표가 많다는 것은 그만큼 실질적인 도움이 되는 지표가 없다는 의미가 됩니다. 실전 투자를 하면서 느낀 점은 결국 MACD, 스토캐스틱, 이격도 등 그 어떤 것도 꾸준한 수익을 주는데 도움이 안 된다는 것입니다. 차트에 여러 가지 지표를 띄워 놓고 매매하는 사람치고 고수가 거의 없는 것도 바로 그 이유입니다. 실제로 초보 투자자들의 차트가 가장 요란하고 복잡합니다.

경험적으로 볼 때 차트에서 가장 중요한 것은 지금부터 집중적으로 설명할 「캔들」, 「이평선」, 「거래량」 3가지로 압축할 수 있습니다. 여기에 추세선과 「외국인/기관」 지표만을 차트에 넣어 분석한다면 거의 완벽합니다. 그 이상의 차트 지표는 불필요하다고 감히 단언할 수 있습니다. 따라서 본 책에서 설명하는 내용을 완벽히 숙지하기 바랍니다. 고수들이 주로 쓰는 필살기 중의 하나인 「캔들볼륨차트」(거래량과 캔들을 한번에 직관적으로 파악할 수 있도록 한 차트)를 설명하니 이 내용까지 숙지하면 충분합니다.

끝장마스터 Q 「**차트와 보조지표**」**실전 투자 성공 노하우**

① 차트는 보조적 수단에 불과함.

② 주식 고수의 차트는 단순함.(주식투자 하수일수록 차트가 복잡함)

③ 차트에서 정말 중요한 것은 캔들/이평선/거래량 3가지로 압축 가능함.(다양한 보조지표 등을 포함한 다른 것들은 복잡하고 요란해 보이기만 할 뿐, 실제 매매시에는 큰 도움이 되지 않음)

④ 위의 3가지 (캔들/이평선/거래량)외에 추세선과 기관/외국인 지표만 차트에 추가하여 분석하면 됨.

⑤ 고수들의 필살기 중의 하나인 「캔들볼륨차트」를 활용할 것.

지금부터는 차트 분석 실전 노하우와 HTS에서 차트를 설정하는 방법에 대해 초보자도 쉽게 이해할 수 있도록 하나하나 짚어서 설명할 것입니다.

차트 분석의 한계와 극복 방법

차트는 다른 모든 요인을 배제한 채 가격과 거래량 등의 데이터를 이용해 분석 매매하는 특성으로 인해 다음과 같은 한계를 가질 수밖에 없음을 인식해야 합니다. 차트 분석을 통한 매매를 맹목적으로 신봉하는 것은 매우 위험합니다. 차트 분석은 그야말로 보조적인 수단임을 잊어서는 안됩니다.

① 차트는 본질적으로 과거의 주가 흐름과 분석이라는 한계

과거가 미래에 똑같이 반복된다는 보장은 아무도 할 수 없습니다. 실제로, 차트 분석에 의한 매매시점을 잡다보면 적지 않은 속임수 신호(매수 신호가 나온 후에 오히려 주가가 하락하는 등)가 발생하는 것을 확인할 수 있습니다.

② 차트 및 기술적 지표 상당 부분이 후행적이라는 한계

차트 분석을 하는 가장 근본적 이유는 미래의 매매시점을 포착하기 위함인데, 대부분의 기술적 지표는 주가보다 후행적이라는 치명적인 단점이 있습니다.(주가가 상승한 이후에 상승 신호를 주고, 주가가 하락한 이후에 하락 신호를 주는 등) 하지만 거래량 지표를 제대로 분석할 경우, 상당히 신뢰도 높은 선행 신호(주가 움직임보다 먼저 주가의 예상 움직임에 대한 신호를 줌)를 얻을 수 있어 투자에 대한 적지 않은 도움을 얻을 수 있습니다.(거래량에 대해서는 본 책에서 집중 설명하고 있으니 해당 부분 참고)

③ 자의적 차트 분석이 가능하다는 한계

똑같은 차트를 두고도 차트 분석 능력에 따라 다르게 해석될 여지가 크다는 단점이 있습니다. 따라서 본 책에 있는 차트 분석 방법을 확실히 익혀야 합니다.

캔들 실전 비법

시가/고가/저가/종가로 만들어 지는 캔들차트(봉차트)

차트에는 「캔들차트」(봉차트 또는 일본식 차트라고도 불림) 외에 주가를 단순히 선으로 표현한 「선차트」 및 「바차트」 등의 다양한 차트가 있습니다. 하지만, 실전 주식투자에서는 거의 90% 이상 캔들차트를 이용합니다. 그 이유는 봉 하나만으로도 다양한 정보를 확인할 수 있고, 다른 차트에 비해 시세흐름 분석에 유리하기 때문입니다.

캔들차트는 일본에서 개발된 것으로 다음 내용과 같이 일정 기간 동안의 시가/종가/고가/저가의 4가지 가격을 봉 하나에 나타낸 차트로 봉차트 또는 캔들차트로 불리며 주식 차트 중 가장 많이 이용되는 차트입니다. 예를 들어, 어떤 종목의 주가가 1만 원으로 시작해(시가), 1만 3천 원까지 올랐다가(고가), 다시 7천 원까지 하락한 후(저가), 마지막에는 1만 1천으로 끝났다면(종가), 이 종목의 시가는 1만 원, 고가는 1만 3천 원, 저가는 7천 원, 종가는 1만 1천 원이 됩니다.

「HTS 사용법」HTS에서 캔들차트 설정 방법

[그림] HTS에서 캔들차트 설정 방법

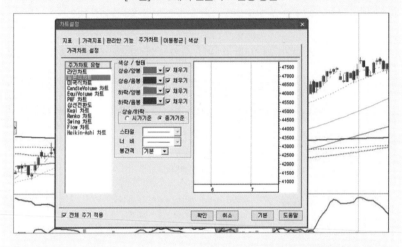

차트에서 캔들차트를 선택하는 방법은 차트창의 설정(버튼)을 선택하면 나타나는 설정창에서 일본식 차트(증권사에 따라 「봉차트」 또는 「캔들차트」라고 표시되는 경우도 있음)를 선택하면 됩니다. 캔들차트 선택시 나오는 나머지 옵션선택 부분은 무시해도 됩니다.(HTS가 익숙해질 때까지는 별도로 설정할 필요 없이 처음 자동으로 설정된 기본값 그대로 사용해도 됩니다.)

[그림2] 캔들(봉)차트의 모습

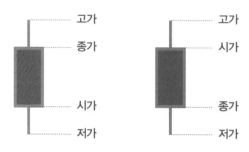

위의 그림에서 보는 것처럼 종가가 시가보다 클 때는 붉은색으로(「양봉」이라고 함), 종가가 시가보다 작을 때는 파란색으로(「음봉」이라고 함) 표시합니다. 그리고 고가와 몸통의 맨 윗부분을 연결한 선을 「위꼬리」, 저가와 몸통의 맨 아랫부분을 연결한 선을 「아래꼬리」라고 합니다. 즉, 몸통의 색을 결정하는 것은 시가와 종가이며, 위꼬리를 결정하는 것은 고가, 아래꼬리를 결정하는 것은 저가가 됩니다. 주식투자에서, 캔들(봉) 분석법만 제대로 알아도 주식투자 초보 소리는 듣지 않게 됩니다. 단, 많은 내용을 알려고 하기 보다는 정말 중요한 내용을 제대로 알야야 합니다.

기간에 따른 캔들(봉)차트

HTS의 차트에서는 위의 그림처럼 일반적으로 종목명 옆에 있는 기간 선택 버튼에 따라 일(봉)차트, 주(봉)차트, 월(봉)차트, 연(봉)차트, 분(봉)차트 등 다양한 차트를 선택할 수 있습니다.

하루 동안의 「시가/고가/저가/종가」를 이용하여 그린 봉차트를 「일봉차트」, 한 주 동안의 「시가/고가/종가/저가」를 이용하여 그린 봉차트를 「주봉차트」, 한 달 동안의 「시가/고가/종가/저가」를 이용하여 그린 봉차트를 「월봉차트」라고 합니다. 마찬가지로, 1분 동안의 「시가/고가/종가/저가」를 이용하여 그린 봉차트는 「1분봉차트」, 10분 동안의 「시가/고가/종가/저가」를 이용하여 그린 차트는 「10분봉차트」라고 합니다. 일반적인 투자에서는 일봉차트를 주로 이용하고, 가치투자를 이용한 중장기투자에서는 주봉차트나 월봉차트를, 데이트레이딩 등의 초단기투자에서는 분봉차트를 주로 이용합니다. 하루에도 수십 번 넘게 매매하는 초단타 트레이더들을 제외한 대부분의 투자자들은 주로 일봉차트를 이용합니다. 반면에 가치투자자는 일봉차트와 주봉차트를 주로 함께 이용합니다. 따라서 주식투자로 성공하고자 하는 투자자라면 일봉차트와 주봉차트에 집중하는 것이 좋습니다 (참고로, 「틱차트」는 거래가 일어날 때마다 나타낸 차트로 주로 하루에도 수백 번 매매를 하는 데이트레이더들(초단타 매매자)이 사용하는 차트임)

캔들(봉) 전체 크기와 주가 움직임의 원리 이해하기

일반적으로 주가의 움직임이 크지 않은 주가 조정기나 횡보 시에는 캔들(봉)의 크기가 작은 것이 일반적입니다. 그 이유는 매도 세력과 매수 세력이 균형을 이룬 상태로 시세 움직임이 거의 없기 때문입니다. 반면에, 주가가 급등하거나 급락하는 시기에는 캔들(봉)의 크기가 매우 커지게 됩니다. 이것은 매수 세력과 매도 세력 간의 싸움 중에 어느 한쪽이 다른 한 쪽을 제압하려는 과정에서 가격 등락이 심해지기 때문입니다. 매수 세력이 매도 세력의 매도 물량을 다 받아내며 더 강한 매수세로 가격을 끌어올릴 때는 긴 양봉이, 반대인 경우에는 긴 음봉이 나타나게 됩니다. (물론 이때 거래량도 급격하게 변화하게 됩니다.)

끌장마스터 🔍 시세 변동이 적은 시기는 캔들(봉)의 크기가 작아지고, 시세 변동이 큰 시기는 매수 세력과 매도 세력의 대립으로 캔들(봉)의 길이가 커진다.

[그림] 캔들 길이

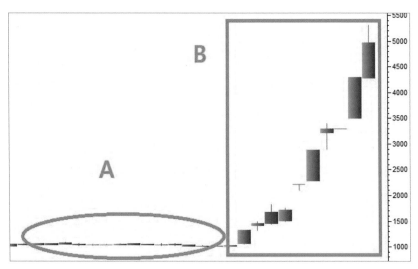

▶ 시세 변동이 적은 횡보 시기에는(그림의 A) 캔들의 크기가 작은 반면, 시세의 급등과 급락하는 시기에는(그림의 B) 캔들의 크기가 커짐.

캔들(봉) 몸통 크기와 주가 움직임의 원리 이해하기

캔들(봉)의 몸통 크기는 시가와 종가의 차이가 결정합니다. 종가가 시가보다 크게 상승하며 마감할 경우는 긴 양봉 몸통이(「장대양봉」이라고 함), 종가가 시가보다 크게 하락하며 마감할 경우는 긴 음봉 몸통이(「장대음봉」이라고 함) 나타나게 됩니다. 몸통이 꼬리보다 클수록 시세를 움직이는 세력의 힘이 크다는 것을 나타내며 그만큼 시세의 급변이 일어날 가능성이 큽니다.

주가 바닥권에서 나타나는 장대양봉은 시세 반등으로 이어지는 경우가 많고, 주가 급등 후 장대음봉이 나타나면 시세 급락으로 이어지는 경우가 많습니다. 특히, (대형 악재를 먼저 알게 된 회사 관계자들이 먼저 대량으로 내다 팔면서 장대음봉이 나타나게 되므로) 주가 바닥권에서 장대음봉이 나타나는 경우 역시 추가 급락으로 이어지는 경우가 많다는 점에 주의해야 합니다.

끝장마스터 🔍 캔들의 몸통이 클수록 세력의 힘이 크다는 것을 의미함. 바닥권에서의 장대양봉은 시세 상승을, 고가권과 바닥권에서의 장대음봉은 시세 급락을 암시. 특히, 장대음봉의 급락 신호는 실전에서 매우 신뢰도가 높음.

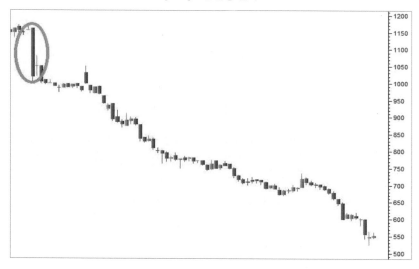

▶ 긴 장대음봉이 나온 이후(그림의 동그라미 부분) 지속적인 주가 하락이 이어짐.

캔들(봉) 꼬리 길이와 주가 움직임의 원리

위꼬리

위꼬리는 상승하던 주가가 매도 세력에 의한 매도 물량으로 인해 고가에서 아래로 하락했다는 것을 의미합니다. 위꼬리가 길수록 고가에서 많이 밀려 하락했다는 것을 의미하며, 그만큼 매도 세력의 힘이 크다는 것을 반증합니다. 따라서 가급적 위꼬리는 짧을수록 좋습니다. 특히, 양봉/음봉 여부에 관계없이 천장에서(고가권에서) 위꼬리가 긴 캔들이 연속으로 나타나면 하락 가능성에 무게를 두고 대응해야 합니다.

아래꼬리

아래꼬리는 하락하던 주가가 매수 세력의 출현으로 저가에서 시세를 끌어올리며 상승할 때 생깁니다. 아래꼬리가 길수록 저가에서 많이 상승하였다는 것을 의미하고, 이는 그만큼 시세 하락을 방어하는 세력의 힘이 크다는 반증입니다. 하지만, 아래꼬리가 길수록 상승을 위한 매수 세력의 힘의 소진이 많아(시세를 끌어 올리느라 퍼부은 돈의 크기가 커), 매수 세력의 자금이 떨어질 경우 오히려 매도 세력으로 돌변할 가능성이 있어 급락할 수도 있습니다. 따라서 아래꼬리가 짧은 양봉일수록 좋고, 아래꼬리가 긴 음봉일수록 좋지 않습니다.

캔들 모양	장중 움직임	설명
		장대양봉 ➡ 상승 신뢰도 (상) (설명) 시가가 최저가이고, 종가가 최고가이며, 시가보다 높게 상승해 장마감에 최고가를 기록할 경우 생김. 세력들이 강하게 매수하는 경우 생김. (실전팁) 바닥권에서 나타날 때는 추세가 상승으로 전환될 가능성 높음. 단, 급등 후 나타날 경우 세력들이 차익실현을 위해 개인투자자들을 유혹하기 위한 속임수일 수 있으므로 주의할 것.
		아래꼬리 양봉(망치형) ➡ 상승 신뢰도 (중) (설명) 시가 대비 하락했다가 매수 세력의 힘으로 재상승해 장마감시 최고가를 기록한 경우 생김. (실전팁) 바닥권에서 나타날 때는 상승 추세로의 전환 가능성 높음.(실전에서 몸통이 짧고 아래꼬리가 길수록 상승 전환 가능성 높음)
		위꼬리 양봉(역망치형, 샅바형) ➡ 상승 신뢰도 (하) (설명) 시가 대비 상승했다가 시세차익을 노리는 단기 매도 세력에 의해 하락 시 생김.(시가보다는 높게 마감) 참고로, 위꼬리가 몸통보다 길면 '샅바형', 짧으면 '역망치'라고 함. (실전팁) 바닥권에서 나타날 경우 상승 추세 신호로 인식.(단타성 매물이 장기투자 세력에 의해 소화되는 과정으로 해석)
		위아래꼬리 양봉(팽이형) ➡ 상승 신뢰도 (하) (설명) 시가 대비 하락했다가 상승 후 재하락할 때 생김.(양봉이므로 시가보다 종가는 높게 마감) (실전팁) 매수 세력과 매도 세력이 맞붙을 때 나타나며, 기존 상승 추세의 약화를 의미.(상승 추세의 약화 내지 지속 등). 일단 관망하는 자세 필요.

캔들 모양	장중 움직임	설명
		장대음봉 ➜ 하락 신뢰도 (매우 강함) (설명) 시가가 최고가이고 종가가 최저가이며, 시가보다 낮게 하락해 장마감에 최저가를 기록한 경우 생김. 세력들이 강하게 매도하는 경우 생김. (실전팁) 천장권에서 나타날 때는 급락 또는 하락 추세 가능성 높음. 바닥권에서 나타날 경우도 추가 급락이 이어지는 경우가 많으므로 주의 필요.
		아래꼬리 음봉(교수형) ➜ 하락 신뢰도 (중) (설명) 시가 대비 하락했다가 매수 세력의 힘으로 재상승했으나 시가보다 낮게 상승하며 마감한 경우 생김.(매수 세력이 약해질 때 생김) (실전팁) 고가권에서 나타날 경우 시세 급락 등 추세 하락이 이어질 가능성 높음.
		위꼬리 음봉(유성형) ➜ 하락 신뢰도 (하) (설명) 시가보다 상승했다가 매도 세력의 의해 시세가 시가보다 낮게 하락해 장마감에 최저가를 기록한 경우 생김. (실전팁) 고점에서 나타날 경우는 상투를 찍고 하락할 가능성이, 바닥권에서 나타날 경우는 지지부진한 시세흐름이 이어질 가능성 높음.
		위아래꼬리 음봉(팽이형) ➜ 하락 신뢰도 (하) (설명) 매수 세력에 의해 시가보다 상승했다가 하락 후 재상승하며 마감할 때 생김.(단, 시가보다 종가가 낮게 마감) (실전팁) 보통 매수 세력과 매도 세력이 맞붙을 때 나타나며, 기존 하락 추세의 약화를 의미하며 일단 관망하는 자세 필요.

캔들 모양	설명
	상승 장악형 패턴 → 상승 신뢰도 (중상) (설명) 전일의 음봉을 당일 양봉이 완전히 압도하며 감싼 패턴. (매수 세력이 이전의 매도 세력을 압도하며 시세를 끌어올릴 때 생김) (실전팁) 바닥권에서 나타날 경우는 강한 상승 반전 신호임. 특히, 양봉에서 거래량이 급증하며 나타날수록 신뢰도 높아짐.
	적삼병 패턴 → 상승 신뢰도 (상) (설명) 전일의 종가보다 상승하는 모습의 연속된 3개의 양봉이 이어진 패턴.(매수 세력의 시세 끌어올리기 시작으로 판단) (실전팁) 바닥권에서 나타날 경우는 아주 강한 상승 추세로의 전환 내지 지속 가능성을 나타냄. 단, 천장권에서 나타나는 경우는 단기 고점인 경우가 많으므로 이 경우는 매도에 대비해야 함.
	샛별형 패턴 → 상승 신뢰도 (중상) (설명) 장대음봉에 이은 갭 하락성 십자봉.(혹은 몸통이 짧은 양봉), 그리고 이어진 양봉(종가가 첫째 음봉 몸통의 50% 이상 가격에서 종가 형성)등 3개 봉이 순서대로 이어진 패턴 (실전팁) 바닥권에서 이러한 샛별형 패턴이 나타날 경우, 강력한 상승 반전 신호임.

하락 전환 핵심패턴 및 실전 투자 활용팁

캔들 모양	설명
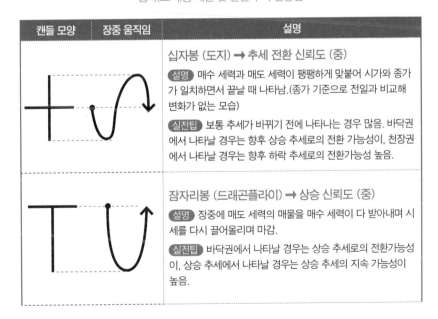	**흑삼병 패턴 ➡ 하락 신뢰도 (상)** **설명** 전일의 종가보다 하락하는 모습의 연속된 3개의 음봉이 이어진 패턴. **실전팁** 고가권에서 나타날 경우는 추가 급락이 이어지는 경우가 많아, 매우 강력한 매도 신호로 해석됨. 바닥권에서 나타날 경우 역시 추가 하락 가능성 높다는 점에 주의.
	석별형 패턴 ➡ 하락 신뢰도 (중상) **설명** 장대양봉에 이어진 갭 상승 십자봉(혹은 몸통이 짧은 봉), 그리고 연속된 음봉(종가가 첫째 양봉 몸통의 50% 이하 가격에서 종가 형성)등 3개 봉이 순서대로 이어진 패턴. **실전팁** 고가권에서 이러한 석별형 패턴이 나타날 경우, 강력한 하락 반전 신호임.

십자(도지)봉 패턴 및 실전 투자 활용팁

캔들 모양	장중 움직임	설명
		십자봉 (도지) ➡ 추세 전환 신뢰도 (중) **설명** 매수 세력과 매도 세력이 팽팽하게 맞붙어 시가와 종가가 일치하면서 끝날 때 나타남.(종가 기준으로 전일과 비교해 변화가 없는 모습) **실전팁** 보통 추세가 바뀌기 전에 나타나는 경우 많음. 바닥권에서 나타날 경우는 향후 상승 추세로의 전환 가능성이, 천장권에서 나타날 경우는 향후 하락 추세로의 전환가능성 높음.
		잠자리봉 (드래곤플라이) ➡ 상승 신뢰도 (중) **설명** 장중에 매도 세력의 매물을 매수 세력이 다 받아내며 시세를 다시 끌어올리며 마감. **실전팁** 바닥권에서 나타날 경우는 상승 추세로의 전환가능성이, 상승 추세에서 나타날 경우는 상승 추세의 지속 가능성이 높음.

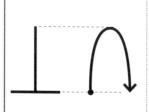

비석형 도지봉 ➡ 하락 신뢰도 (상)

(설명) 장중에 시세를 상승 시킨 매수 세력을 매도 세력이 압도하며 시세를 다시 끌어내릴 때 나타남.

(실전팁) 고가권에서 이러한 비석형 도지봉이 나타날 경우는 함께 매도하여 추가 급락에 대비하하는 것이 바람직함.(장대음봉 다음으로 신뢰도 높은 하락 예고 캔들임)

실전 캔들 핵심비법 - 거래 폭증 장대양봉 (강력한 상승 예고)

**바닥에서 나타나는 거래 폭증을 동반한
장대양봉은 강력한 상승 신호다**

바닥권에서 「장대양봉(긴 양봉)」이 나타날 경우 상승 추세가 이어질 가능성이 높습니다. 왜냐하면, 바닥권에서의 장대양봉이 나타나는 이유는 특정 호재 등을 먼저 입수한 세력들이 대거 물량을 매집할 때 나타나는 경우가 많아, 이후에도 지속적인 상승이 이루어지기 때문입니다.

(끝장마스터 🔍) 봉 하나만으로도 확실한 매도 신호를 나타내는 장대음봉과 비교할 때 장대양봉은 신뢰도가 다소 낮은 편임. 이때 주의해서 봐야 할 것이 바로 거래량의 폭증(최근 20일 평균 거래량의 5배 이상) 여부임.(거래량이 폭증할수록 상승 가능성이 높아짐)

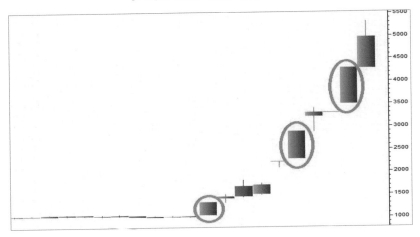

▶ 바닥에서의 장대양봉(그림의 동그라미 부분) 출현 후 상승 추세 이어짐.

실전 캔들 핵심비법 - 장대음봉 (가장 강력한 급락 예고)

**주가 천장권에서 나타나는 장대음봉은
매우 강력한 하락 신호다**

「장대음봉(긴 음봉)」의 경우 시세를 예측하는 신뢰도가 매우 높습니다. 일정기간 급등 후 고가권(천장)에서 거래량이 급증하며 장대음봉이 나타날 경우는 일단 보유한 물량을 일부라도 매도하는 것이 좋습니다. 장대음봉은 세력들이 이익실현을 위해 보유 물량을 대거 처분할 때 나타나기 때문에, 계속적인 추가 하락이 이어지는 경우가 일반적이기 때문입니다.

[그림] 장대음봉(파라다이스 일봉차트)

▶ 장대음봉(위의 그림의 동그라미 부분) 출현 이후 시세 하락이 이어짐.

실전 캔들 핵심비법 – 상승갭 (강력한 상승예고 신호)

 상승갭은 강력한 확실한 추세 상승 신호다

「상승갭」은 금일 시가가 전일 종가보다 높게 상승해 양봉으로 마감하며, 전일 봉과 금일 봉 사이에 빈 공간이(갭) 생깁니다. 바닥권에서 횡보 중이거나 상승 추세 초기에 나타나면 그 종목은 이후 강하고 긴 상승 추세를 이어가는 것이 일반적이므로 매우 강력한 매수 신호로 판단하면 됩니다. 가급적 금일 시가가 전일 종가가 아닌 전일 고가보다도 더 높게 상승한 것이 좋으며, 금일 봉은 아래꼬리가 없고 거래량이 폭증할수록 신뢰도가 높습니다.

▶ 바닥에서의 장대양봉(그림의 동그라미 부분) 출현 후 상승 추세 이어짐.

실전 캔들 핵심비법 - 하락갭 (강력한 하락예고 신호)

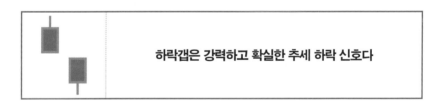

하락갭은 강력하고 확실한 추세 하락 신호다

「하락갭」은 금일 시기가 전일 종가보다 많이 낮게 시작해 음봉으로 마감하며, 전일 봉과 금일 봉 사이에 빈 공간이(갭) 생깁니다. 보통, 하락 초기에 많이 생기며, 횡보 중에도 이러한 하락갭이 나타나는데, 보통 이러한 하락갭이 나타나면 반등은 거의 어렵고 추가 하락이 이어지는 경우가 대부분이므로 강력한 매도 신호로 판단합니다.

[그림] 하락갭(한화생명 일봉차트)

▶ 바닥에서의 장대양봉(그림의 동그라미 부분) 출현 후 상승 추세 이어짐.

실전 캔들 핵심 노하우 - 양음양(일명 상승음봉)

상승 초기 세력들은 매집을 위한「양봉-음봉-양봉」형태의 양음양 패턴을 만들어내는데, 이는 단기 매수포인트이다

　세력들이 상승 초기에 일반 투자자들이 가진 물량을 털어내기 위해 일부러 시세를 하락시켜 일반인들의 매도를 유발하는 음봉을 만드는데 이를「상승음봉」이라고 하며, 이러한 상승음봉 다음에는 양봉이 이어져, 전체적으로「양봉-음봉-양봉」의 형태를 띠게 되는데 이를「양음양」패턴이라고 합니다.

주식 끝장 마스터

상승음봉은 가급적 몸통이 작고, 전일의 양봉에 비해 거래량이 감

소해야 함.(세력들이 이익실현을 위해 물량을 쏟아내는 것이 아니라, 일반 투자자들

을 겁먹게 할 정도만 시세를 하락시키는 것이 목적임) 특히, 음봉이 5일 이동평균선

아래로 내려가지 않아야 하며, 음봉 다음날의 양봉이 단타 매수포인트가 됨.

[그림] 상승음봉(삼성전기 일봉차트)

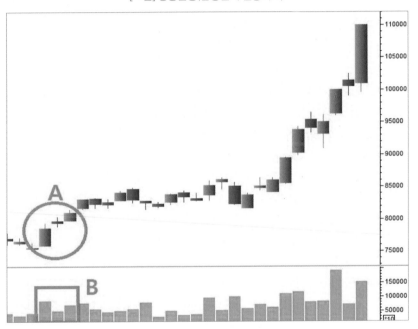

▶ 위의 그림에서 보면 음봉의 거래량이 전일의 양봉의 거래량보다 급감한 후(그림의 A, B), 다음날 양봉에서 다시 거래량이 증가한 것을 확인할 수 있음.

차트 보조지표 활용 분석과 매매에 대한 실전 노하우

(이동평균선/MACD/스토캐스틱/일목균형표 등 차트 보조지표 노하우)

아주 오래 전에는(HTS가 보급되기 전인 2000년대 이전) 이동평균선을 이용한 매매방법을 이용하기도 했습니다. 예를 들어, 주요 매매법으로는 5일 이동평균선이 20일 이동평균선을 상향 돌파할 때 매수하고, 하향 돌파할 때 매도하는 등의 방법 등이 대표적입니다. 하지만, 최근에는 차트만 보고 투자하는 전문 차트 투자자들조차도 이동평균선을 이용한 매매는 거의 하지 않습니다. 뿐만 아니라, MACD, 스토캐스틱, 심리선 등 다른 일반적인 차트 보조지표를 이용한 매매 역시 거의 하지 않습니다. 한때 일목균형표를 이용한 매매도 상당한 인기를 끌었지만, 이 역시 최근에는 매매에 거의 이용하지 않습니다.

그 이유는, 차트를 이용한 분석과 매매는 실전 주식투자에서 잘 들어맞지 않기 때문입니다. 심지어는 「역신호」가(보조지표에서 매수 신호가 나온 후 갑자기 시세가 급락하는 경우 등) 더 많이 발생하기도 합니다. 그 근본적인 이유는 세력들이 이러한 매매법을 역이용하는 경우도 많이 생겨났고, 무엇보다도 차트 등을 이용한 투자(기술적 투자)가 가진 근본적인 문제점 때문입니다. 그것은 가격 데이터를 가공 활용해 만들게 되는 각종 기술적 지표(차트 보조지표)는 가격에 후행한다는 결정적 단점을 가지고 있기 때문입니다. 따라서 이동평균선을 포함한 각종 차트 보조지표는 그 자체만을 이용해 매매하기보다는 시세흐름을 이해하는 보조적 수단으로 이용하는 것이 바람직합니다. 왜냐하면, 말 그대로 보조지표이기 때문입니다.

이동평균선
실전 비법

이동평균선은 주가의 위치를 알려주는 나침반

「이동평균선」(줄여서 「이평선」)은 주가의 위치를 알려주는 나침반과 같은 역할을 합니다. 이동평균선은 연속된 일정 기간 동안의 주가를 평균한 값을 표시한 선입니다.

예를 들어, 5일 이동평균선은 최근 5일 동안의 주가의 평균값을 차트에 표시한 선이며, 120일 이동평균선은 최근 120일 동안의 주가의 평균값을 차트에 표시한 선입니다. 즉, 이동평균선은 매일매일 변화하는 주가의 흐름을 보다 객관적으로 파악할 수 있도록 평균값을 계산하여 연결시킨 선으로, 주가의 연속적인 흐름을 파악하는 데 있어 매우 유용합니다. 특히, 이동평균선은 최근의 주가가 대략 어디쯤에 위치하는지, 주가 움직임을 파악할 때 매우 유용합니다.

[그림] 20일 이동평균선 없는 차트(SKC코오롱PI 일봉차트)

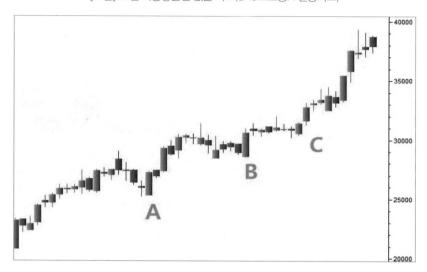

▶ 위 그림에서 보면 A, B, C 세 곳에서 주가가 반등한 것을 볼 수 있음.(하지만, 위의 그림만을 가지고는 왜 하필 A, B, C 지점에서 반등했는지 알 수 없음)

[그림] 20일 이동평균선 추가한 차트(SKC코오롱PI 일봉차트)

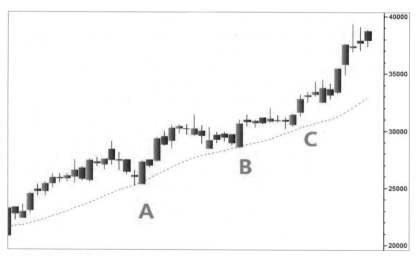

▶ 동일한 차트에 「20일 이평선(점선)」 추가만으로도 A, B, C 지점에서의 주가반등의 이유와 시점을 알 수 있고, 어느 정도 예측도 가능해짐.

주식 끝장 마스터

「HTS사용법」HTS에서 이동평균선 설정 방법

[그림] HTS에서 이동평균선 설정 방법

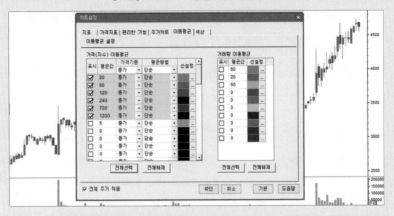

참고로, 차트에서 이동평균선을 선택하는 방법은 위의 화면처럼, 차트설정창의 이동평균선 설정 화면에서 쉽게 선택할 수 있습니다. 여기서 중요한 것은 일봉차트에서는 '5, 20, 60, 120, 240, 720, 1200'을 체크해야 합니다. 그 이유는 본 책의 해당 부분에서 집중 설명합니다.

실전 이동평균선 핵심 분석 노하우

실전 이동평균선 핵심비법 -
이평선과 투자심리를 이용한 주가 예측법

주가가 20일 이평선보다 위에 있다면. 최근 20일 동안 해당 종목을 매수한 사람들은 대체로 수익을 보고 있을 가능성이 높습니다.(오늘의 주가가 최근 20일의 평균 매매가격보다 높으므로) 이때 주가가 하락하여 20일 이평선 값과 비슷하게 되면 종목을 보유하고 있던 사람들은 추가로 매수하여 가격을 끌어올리게 됩니다. 왜냐하면, 가격이 이동평균선보다 하락하면 손실이 나게 되고, 일반적 심리상 손실을 회피하고자 추가 매수(흔히「물타기」라고 함)를 하는 경우가 많기 때문입니다. 반면에, 주가가 20일 이평선보다 아래 있다면 최근 20일 동안 매수한 사람은 손실을 보고 있는 상태가 되고, 이때 주가가 상승해 20일 이평선 값에 근접하게 되면, 그 동안 손실로 가슴 졸였던 투자자들이 본전을 찾고자 보유물량을 매도하여 이로 인해 주가가 재하락합니다. 이러한 투자심리로 인해, 이동평균선은 상승 시에는 주가「지지선」(더 이상 하락하지 않을 것이라고 예상되는 선)으로, 하락 시에는 주가「저항선」(더 이상 주가가 상승하는 것은 막을 것으로 예상되는 선)으로 작용합니다. 따라서 상승 추세 있던 주가가 하락할 때 언제 다시 상승할 지(반등시점), 하락 추세에 있던 주가가 상승할 때 언제 다시 하락할 지(반락시점) 예측할 수 있는 좋은 도구가 됩니다.

저항(선), 지지(선)

① 「지지」와 「지지선」 : 주가가 일정한 가격 이하로 더 이상 하락하지 않는 모습을 지지라 하고, 그때의 지지값을 선으로 나타낸 것을 지지선이라고 함. 주가보다 아래에 있는 이동평균선과 각종 보조지표선 등이 주요 지지선으로 활용됨.
② 「저항」과 「저항선」 : 주가가 일정 가격 이상으로 더 이상 상승하지 못하는 모습을 저항이라고 하는데, 그때의 저항값을 선으로 나타낸 것을 저항선이라 하고 함. 보통 「주가보다 위에 있는 이동평균선과 각종 보조지표선 등」이 주요 저항선으로 활용됨.

이동평균선의 기간 설정방법

앞에서 본 것처럼, 이평선은 주가의 주요한 지지선 또는 저항선으로 작용해 주가를 예측하거나 분석하는데 큰 도움을 주지만, 현실적으로 무한정 이평선을 추가할 수는 없고 그럴 필요도 없습니다. 왜냐하면, 주가예측과 분석에 도움이 되는 중요한 주요 이평선들은 따로 있기 때문입니다. 주요 이평선들은 의미 있는 기간인 1주(5일), 1개월(20일), 1분기(3개월), 반기(6개월), 1년(결산), 3년(종목 대세 주기 – 대개 3년 주기로 종목의 상승하락 반복), 5년(주식시장 대세 시기 – 대개 5년 수기로 주식시장의 상승하락 반복), 10년(경기흐름 시기 – 10년 주기로 큰 경제적 격변이 생기는 경향이 큼) 동안의 이동평균값을 주로 이용합니다. 의미 있는 기간대를 중심으로 시세의 급변 내지 추세의 변화가 시작되는 경우가 많기 때문입니다.

한 주 동안의 움직일 나타내는 5일(주식시장은 일주일에 5일 열리므로), 한 달 동안의 움직임을 나타내는 20일(한 달에 약 20일 정도 주식시장이 열리므로)뿐만 아니라, 분기(3개월), 반기(6개월), 결산기(1년)도 매우 중요합니다. 왜냐하면, 상장기업들은 분기(3달마다)마다 분기실적을, 반기(6달)마다 반기실적을, 1년마다 결산실적을 발표하게 되고, 이로 인해 분기, 반기, 결산기마다 주가의 변동내지 추세 변화가 생기는 경우가 많기 때문입니다.

보통, 예상보다 실적이 나쁘게 나오는 경우는 「어닝쇼크」라고 하여 주가가 급락하는 경우가 많습니다. 반면에, 예상보다 실적이 좋게 나오는 경우는 「어닝서프라이즈」라고 하여 대체로 주가가 상승하는 경우가 많습니다. 여기서 주의할 점은 어닝쇼크의 경우는 대체로 급락이 이어지지만, 어닝서프라이즈의 경우 급등 외에 급락하는 경우도 적지 않게 발생합니다. (미리 수익이 많이 날 것을 알고 매수했던 세력들이 실적 호조 발표 날 이를 보고 매수하는 일반 투자자에게 미리 싸게 사두었던 물량을 비싸게 팔면서 오히려 급락하는 현상이 흔히 발생 – 이 때문에 호재뉴스 발표 날에 팔라는 증시 속담이 생김)

또한, 일반적인 기업들의 중장기 주가가 대체적인 상승 하락 주기인 3년(720일–1년 동안 실제로 주식시장이 열리는 날은 약 240일이고 3년이면 720일이 됨) 단위로 움직이는 경우가 많고, 주식시장 전체의 큰 상승하락 주기인 5년(1200일)도 시세변화가 빈번히 발생하는 중요한 기간 단위입니다. 따라서 차트에서 이동평균선을 설정할 때는 '5일–20일–60일–120일–240일–720일–1200일' 등 7개는 체크하는 것이 바람직합니다.(10년을 나타내는 2400일선도 추가하면 좋겠지만, 증권사에 따라서 2400개 이상의 데이터를 제공하는 경우가 드물기 때문에 현실적으로 차트에 표시하기는 어렵습니다.)

일봉에서의 이동평균선의 기간 설정방법

매일매일의 시세흐름을 나타내는 일봉차트에서 이동평균선 설정 방법은 앞서 설명한 의미 있는 기간인 「일, 주, 월, 분기, 반기, 1년」이 중심이 됩니다. 왜냐하면, 보통 의미 있는 기간대를 중심으로 시세의 급변 내지 추세의 변화가 시작되는 경우가 많기 때문입니다.

🔍 끝장마스터 일봉에서의 의미 있는 이평동평균선 핵심정리

① 5일 이동평균선 = 스윙선 : 5일 이평선의 경우, 스윙매매(보통 일주일 이내의 기간에 매매 매도를 완료하는 단기 매매)의 가장 중요한 이평선으로, 「스윙선」이라고도 함.

② 20일 이동평균선 = 심리선(생명선) : 한달 동안의 주가 흐름을 나타내는 20일 이평선은 주가의 단기 흐름이 살아 있는지 여부를 판단하는 핵심선으로 단기투자시나 단기 급등주의 매매 성패의 기준이 되는 선으로, 「(단기 주가 흐름) 생명선」이라고도 함.(만약, 상승하던 주가가 20일 이평선을 하회하면 단기 상승 추세가 일단 끝났다고 판단)

③ 60일 이동평균선 = 세력선 : 분기(3달)의 주가 흐름을 나타내는 60일 이평선은 세력이 주가를 관리할 때 이 선을 가장 중시하여 「세력선」으로 불리며, 20일선과 함께 핵심 선으로 일반 중단기투자시의 매매 기준이 되는 선.(만약, 상승하던 주가가 하락하여 60일 이평선을 하회한다면 세력의 이탈했을 가능성이 큼)

④ 120일 이동평균선 = 경기선 : 반기(6달)의 주가 흐름을 나타내는 120일 이평선은 단기 경기 흐름을 잘 반영한다고 하여 일반적으로 중기 투자시 이익실현의 매도 기준이 되는 선.

⑤ 240일 이동평균선 = 상폐선 : 지난 1년 동안의 주가 흐름을 나타내는 240일 이평선은 「상폐선」이라고 불림.(상장폐지되는 종목의 상당수가 240일선을 하회한 종목에서 나타나기 때문임)

그 외 720일선(3년)을 추가하면 훨씬 더 긴 시세흐름을 파악하는데 유리함.

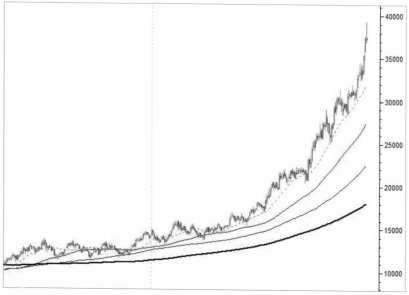

▶ 5일이평선(붉은 점선) – 20일이평선(파란 점선) – 60일이평선(붉은선) – 120일이평선(파란선) – 240일 이평선(검정선)

주봉차트/월봉차트/분봉차트에서의
이동평균선의 핵심기간 설정방법

앞서 설명한 것처럼, 주식투자에서는 일봉차트가 가장 많이 이용되고, 가치투자에서는 주봉차트를, 하루에도 수십 번 매매를 하는 데이트레이더들은 분봉차트를 주로 이용합니다. 월봉차트는 워낙 장기라 잘 이용되지는 않습니다. 주봉차트 및 월봉차트에서도 다음과 같이 의미있는 기간인 1달, 3달, 6달, 1년, 3년, 5년을 중심으로 기간을 설정하는 것이 투자에 유용합니다.

① 주(봉)차트 : 13주(3달) - 26주(6달) - 52주(1년) - 156주(3년) - 260주(5년)

② 월(봉)차트 : 3달 - 6달 - 12달(1년) - 36달(3년) - 60달(5년)

　　참고로, 하루에도 수십 번 매매를 하는 데이트레이더들이 주로 사용하는 분차트의 경우 이동평균선은 의미 있는 시간대인 5분-10분-20분-30분-60분-120분-180분 등을 혼합하여 주로 이용합니다.

끝장마스터 🔍 　**「차트에서의 이평동평균선」성공투자 노하우**

주식투자에서 이동평균선은 가능한 차트에 많이 세팅하는 것이 좋음. 예를 들어, 일봉에서는 앞서 설명한 5일-20일-60일-120일-240일의 기본 이평선 외에 720일선(3년)과 가능하다면 1200일선(5년)을 추가하면 좋음.(이평선이 많을수록 더 낳은 지지선과 저항선을 파악할 수 있고, 보다 긴 시세흐름 분석이 가능하기 때문임)

「추세선」 실전 비법

주가는 특별한 일이 없는 한 특정한 방향으로 계속 움직이려 하거나(상승하던 주가는 계속 상승 쪽으로, 하락하던 주가는 계속 하락 쪽으로), 보합권에 있던 주가는 계속 보합권에 머물려고 하는데 이러한 주가의 움직이는 방향성을 「추세」라고 하고, 이러한 추세를 선으로 나타낸 것을 「추세선」이라고 합니다. 추세는 크게 가격이 오르는 방향성을 나타내는 「상승」, 내리는 방향성을 나타내는 「하락」, 가격의 변화가 거의 없는 「횡보(또는 보합)」으로 구분합니다. 여기서 주의할 점은 「상승 추세선」은 주가의 저점을 연결한 선이고, 「하락 추세선」은 주가의 고점을 연결한 선이라는 점입니다.

[그림] 상승 추세선(SK하이닉스 일봉차트)

▶ 상승하는 주가의 저점을 연결한 선을 상승 추세선(그림의 붉은선)이라고 함.

[그림] 하락 추세선(아모레G 일봉차트)

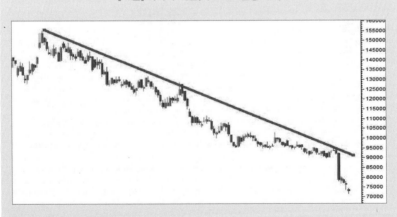

▶ 하락하는 주가의 고점을 연결한 선을 하락 추세선(그림의 파란선)이라고 함.

주가 추세선의 종류

앞서 설명한 추세선은 크게 다음의 3가지 종류로 구분할 수 있습니다. (참고로, HTS의 차트의 추세선 기능은 차트 오른쪽에 위치하는 것이 일반적임). HTS 차트의 추세선 기능을 이용해 차트상에 직접 추세선을 긋기보다는 마음 속으로 추세선을 긋는 연습을 하면 훨씬 더 효과적으로 차트를 분석할 수 있습니다.

상승 추세선

주식 매수 세력이 매도 세력보다 강력할 때 주가는 상승하게 되는데, 이때 주가의 저점과 고점이 점차적으로 모두 높아지게 된다. 이러한 주가 상승 시에 주가의 저점을 연결한 선을 '상승 추세선'이라고 한다.

> 포인트 상승 추세선은 저점을 연결한 선

하락 추세선

주식 매도 세력이 매수 세력보다 강력할 때 주가는 하락하게 되는데, 이때 주가의 저점과 고점이 점차적으로 모두 낮아지게 된다. 이러한 주가 하락 시에 주가의 고점을 연결한 선을 '하락 추세선'이라고 한다.

> 포인트 하락 추세선은 고점을 연결한 선

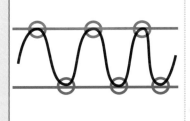

횡보 추세선

주식 매도 세력과 매수 세력의 힘이 서로 팽팽해 우열을 가리기 힘들 때 주가는 큰 등락 없이 가격의 변화가 거의 없게 되는데(이런 상황을 '횡보 또는 보합'이라고 함), 이러한 횡보 시에 주가의 저점과 고점을 연결한 선을 '횡보 추세선'이라고 한다.

> 포인트 횡보 추세선은 주가의 저점과 고점을 연결한 선

주가 추세대의 의미

주가의 고점과 고점을 이은선(상승 저항선이라고 함)과 저점과 저점을 연결한 선이(하락 지지선이라고 함) 일정한 간격을 두고 이어질 때 이를 추세대라고 합니다. 이러한 추세대를 이용하면 효과적으로 매수매도 시점을 포착하는데 도움을 얻을 수가 있습니다. 추세를 이용한 매수매도는 바로 이러한 추세대를 이용하게 되는데, 일반적인 매수매도 방법은 다음과 같습니다.

- -

끝장마스터 🔍 「차트에서의 추세선」성공투자 노하우

실전에서 보면, 추세선의 모양이 어떻든 간에 추세선을 이용한 매수매도 포착의 핵심은 저항선을 주가가 상향 돌파할 때 매수 관점으로 대응하고, 지지선을 하향 돌파할 때 매도 관점으로 대응해야 함.

- -

추세대에서의 매수매도 절대원칙

① 추세매매에서 가장 중요한 것은 저항선을 상향 돌파하는 시점이 중요한 매수 시점입니다.

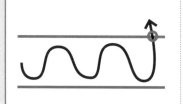

상승 저항선 상승 돌파시 매수
매수 저항선(붉은선)을 상향 돌파하는 순간(붉은 원 부분) 매수

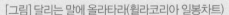

[그림] 달리는 말에 올라타라(휠라코리아 일봉차트)

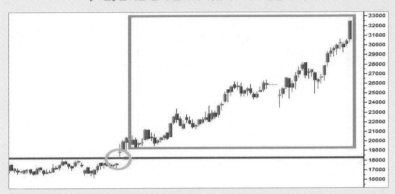

▶ 추세가 상승으로 전환한 이후 (그림의 노란원 부분), 특별한 조정 없이 계속 상승 (그림의 파란 네모 부분)

② 저항선을 하향 돌파하는 시점이 중요한 매도 시점입니다.

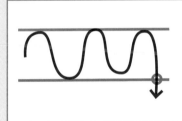

하락 지지선 하향 돌파 시 매도

하락 지지선(상승 추세선)을 하향 돌파하는 순간 매도

※참고로, 박스권 하단을 하향 돌파하는 급락시세 흐름을 흔히 「떨어지는 칼날」에 비유해 반드시 손절해야하는 시점으로 봄

[그림] 떨어지는 칼날(신라젠 일봉차트)

▶ 주가가 고가(A)대비 절반 가량 폭락한 지점에서 매수(B)

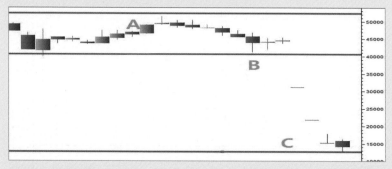

[그림] 신라젠 일봉차트 – 앞의 그림 이후의 모습까지 범위 확대

▶ 고가(A)대비 절반이나 하락한 시점(B)에 매수했으나, 실제로는 매수한 시점(B)부터 다시
1/3로 폭락(처음 고가 대비는 1/6로 폭락)

끝장마스터 Q 「차트에서의 추세선」성공투자 노하우

박스권 안의 작은 이익에 만족하는 매매는 큰 손실 또는 큰 이익기회를 날리는
가장 초보자의 매매법으로 피해야 할 매매법임.

주가가 일단, 상승 추세에 진입하면 그 추세를 이어가는 경향이 심하다. 많은
초보 투자자들이 다소 오른 가격에 부담을 느끼고 주가가 떨어질 때를 기다리지
만, 상승 추세의 초기라면 조정을 기다리기보다는 매수에 동참하는 것이 효과적
입니다. 기다리는 만큼의 조정(일시 하락)은, 실전에서 폭등하는 종목일수록 초
기에 조정을 보이는 경우는 잘 오지 않기 때문입니다.

일반 초보투자자들이 가장 크게 손해를 보는 것 중 하나가, 주가가 하락해 이전
에 비해 저렴하다는 생각으로 매수할 때입니다. 「많이 떨어졌으니까 어느 정도는
다시 오르겠지」라는 안일한 생각으로 주식을 매수하면, 돌이킬 수 없는 손실을
보게 됩니다. 증시의 대표적 격언 중 하나인 "떨어지는 칼날을 잡지 마라"는 바로
이러한 배경에서 나온 것입니다.

한번 하락하기 시작한 주가는 실전에서 보면, 추가 폭락하는 경우가 훨씬 많고 일반적입니다. 따라서 어떠한 경우에도 주가가 이전보다 싸다는 단순한 이유만으로 매수하는 잘못은 절대하지 말아야 합니다. 앞의 차트를 보면 그것이 얼마나 위험한 일인지 알 수 있을 것입니다.

뚫린 추세선은 반대로 변한다

추세선은 이동평균선과 더불어, 대표적인 주가의 지지선(주가가 더 이상 떨어지지 않는 선)이나 저항선(주가가 더 이상 오르지 못하는 선)으로 활용됩니다. 이러한 추세선으로 만들어진 저항선이나 지지선은 뚫리는 순간 반대로 돌변합니다. 특히, 상승이나 하락 추세에서의 추세선이 아닌, 횡보 추세에서의 추세선(저항선)이 뚫릴 때 이러한 경향이 심합니다. 이 때문에 횡보추세에서 뚫린 저항선은 거의 대부분 지지선으로 돌변하고, 반대로 뚫린 지지선은 저항선으로 작용합니다.

① 뚫린 저항선은 새로운 지지선으로 작용 : 주가를 오르지 못하게 했던 저항선이 뚫렸다는 의미는 그 저항선에서 매도세를 압도할 만큼의 매수 세력에 의해 매수가 이루어졌다는 것을 의미합니다. 따라서 뚫린 저항선 아래로 가격이 하락할 경우, 새로운 매수 세력은 손해를 보게 될 가능성이 높아지므로 추가 매수를 통해 가격을 방어하려고 하기 때문입니다.

② 뚫린 지지선은 새로운 저항선으로 작용 : 주가가 하락하지 않게 했던 지지선이 뚫렸다는 의미는 기존에 주가를 방어하던 매수세를 압도할 만큼의 매도세가 나왔다는 의미입니다. 따라서 뚫린 지지선 위로 가격이 상승할 경우, 기존에 손해를 보던 매수 세력이 본전 생각에 매도를 하게 됨으로써 저항선으로 작용하게 됩니다.

추세선의 특징 정리

① 추세선(저항선/지지선)이 의미를 갖기 위해서는 적어도 3개 이상의 고점이나 저점을 연결해야 하며 많은 고점이나 저점을 연결할수록 그 추세선의 신뢰도는 높아집니다.

② 보통 주식시장을 판단할 때 사용하는 지수는 월봉이나 주봉차트를 이용하고, 개별 종목의 장기투자시에는 주봉차트를, 단기투자시에는 일봉차트를 이용합니다.

③ 추세선의 진정한 의미는 해당 추세선을 돌파했을 때이며, 이때는 중대한 추세 내지 시세의 변화가 일어나는 것이 일반적입니다. 상향 돌파된 저항선은 오히려 강력한 지지선으로 작용하는데, 그 이유는 저항선이 돌파되었다는 것은 새로운 매수 세력이 저항선에 몰려 있던 매도 세력들의 물량을 모두 매수하였다는 것을 의미이고, 새로운 신규 매수 세력은 돌파된 저항선 아래로 가격이 하락하려고 할 때마다 자신들이 손실을 입지 않기 위해서라도 추가로 매수하여 가격을 재상승시키게 되므로 돌파된 저항선은 이후부터 강력한 지지선으로 작용하게 되기 때문입니다. 반대로, 하향 돌파된 지지선은 이때부터는 강력한 저항선으로 작용하게 됩니다.

④ 오랜 기간동안 형성된 추세선일수록 그 신뢰도가 높아지므로, 당연히 추세선의 기간이 길수록 신뢰도가 높습니다. 경험적으로 볼 때, 추세선의 경우 종합주가지수를 이용한 대세 판단시 주봉차트를 이용할 경우 매우 유용했으며, 개별 종목의 경우도 주봉차트를 이용해 장기투자시 참고자료로 활용했을 때 유용성이 높았습니다.

끝장마스터 🔍 「차트에서의 추세선」성공투자 노하우

① 추세선 돌파 시가 중요한 매매 포인트임.
② 추세선은 적어도 3개 이상의 고점이나 저점을 연결한 선이어야 함.
③ 추세선을 형성한 기간이 길수록 해당 추세선의 신뢰도가 높아짐.
④ 박스권 내에서의 매매는 반드시 피해야 할 초보자의 매매법임.

거래량 실전 비법

- 차트에서 가장 중요한 것은 거래량을 이해하는 것이다 -

실전 차트 분석에서 가장 중요한 거래량이다

　필자가 실전 투자를 하면서 느낀 것은 결국 MACD, 스토케스틱, 이격도, 일목균형표 등 그 어떤 것도 꾸준한 수익률을 주는 데는 도움이 별로 안된다는 점이었습니다. 차트에 여러 가지 지표를 띄워 놓은 사람치고 고수가 거의 없는 것도 바로 그 이유입니다. 그럼에도 불구하고, 주식투자에서 그 효과를 인정할 수 밖에 없는 실전에서 가장 유용한 기술적 지표가 있으니, 그것은 바로 「거래량」입니다. 대부분의 기술적 지표가 마음만 먹으면 조작할 수 있지만, 거래량 지표는 세력들도 결코 쉽게 조작할 수 없는 유일한 지표이기 때문입니다. 그 이유는 다른 대부분의 지표가 가격을 이용하여 분석하는 지표인데 반해, 거래량은 실제 수급과 거래의 흔적을 보여주는 정보이기 때문입니다. 대부분의 기술적 지표가 어떤 일이 벌어진 후에야 그것을 설명하는 후행성이거나 기껏해야 현재의 상태를 설명해주는 동행성 지표인데 반해, 거래량 만큼은 어느 정도 미래의 주가를 예측할 수 있게 해주는 선행성 지표라고 할 수 있습니다. 그만큼 다른 어떤 차트 지표보다 주가를 예측하는 유용합니다. 이것은 거래량이 가격분석이 아닌, 수급분석이기 때문에 가능한 것입니다. 거래량 지표만큼은 대부분의 투자 고수, 심지어 가치투자 고수도 참고하는 핵심 지표입니다. 왜냐하면, 대부분의 기술적 지표는 세력들이 마음만 먹으면 조작할 수 있지만, 거래량 지표는 세력들도 결코 조작할 수 없는 유일한 지표라고 할 만큼 유용성이 크며 세력에게나 일반 투자자에게나 가장 왜곡 없는 공정하고 객관적인 정보를 제공하기 때문입니다. 거래량은 세력과 주가를 이해하는 중요한 실마리가 되는 것은 물론, 상당수의 수익을 낼 수 있는 고급 매매법들의 바탕이 되기도 합니다.

실전 거래량 핵심 노하우 - 거래량과 주가 움직임의 관계

① 주가 상승 초기 : 거래량 증가 → 바닥권에서의 반등으로 인한 기존 투자자들의 매도 물량을 세력들이 매수하며 매집해 가는 과정에서 거래량이 늘며 가격이 상승하기 시작 (세력의 매집)

② 주가 상승 중기 : 거래량 감소 → 세력들의 매집이 끝난 상태에서, 가격 상승세에 일반 투자자들의 매수세가 몰림에도 세력들이 물량을 풀지 않아 거래는 줄면서 가격 상승 지속 (매집 완료 상태로 거래량 감소하며 가격 상승)

③ 주가 고점 : 거래량 폭증 → 그동안 매도 물량이 없어서 사고 싶어도 사지 못했던 일반 투자자들의 매수세가 있는 가운데, 세력들이 목표한 지점까지 주가가 상승하면 세력들이 이익실현을 위해 자신들이 보유한 물량을 일시에 내어 놓으면서 거래가 폭증하면서 가격 폭락이 시작 (세력에서 개인으로 주식물량 이동)

④ 주가 하락 초기 : 거래량 증가 → 세력들의 주가 고점에서 미처 처분하지 못한 물량을 처분하기 위해 인위적으로 가격을 재상승시키고, 이에 속은 일반 투자자들의 신규 매수와 고점에서 매수했던 기존 개미투자자들의 물타기 매수로 거래 다시 증가 (세력들의 모든 물량이 개인으로 이동하면서 약간의 반등 후 다시 가격 급락 지속됨)

⑤ 주가 하락 중기 : 거래량 감소 → 세력들의 차익실현성 매도 물량이 소진되고, 일반 개인투자자들의 매수세도 감소함에 따라, 거래는 감소하는 가운데 주가를 관리하는 매수 주체가 없어져(세력들이 모두 팔고 나갔으므로) 가격 하락 지속

⑥ 주가 바닥 : 거래 증가 → 재반등을 기다리며 주식을 들고 있던 개인투자자들은 계속된 하락에 지쳐 가격 바닥에서 투매성 물량이 쏟아지고, 이러한 투매성 물량을 헐값에 매집하는 세력들의 매수로 거래량은 증가하고 가격 하락세가 멈추며 주가는 횡보하는 가운데 재상승 시도

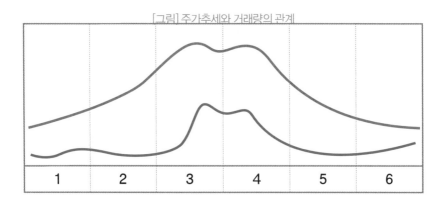

[그림] 주가추세와 거래량의 관계

▶ 그림에서 붉은선은 주가, 파란선은 거래량을 나타냄. (1) 상승 초기(주가 상승, 거래량 증가) – (2) 상승 중기(주가 상승, 거래량 소강) – (3) 주가 고점(주가 고점, 거래 폭증) – (4) 하락 초기(주가 반등, 거래 상승) – (5) 하락 중기(주가 하락, 거래 감소) – (6) 주가 바닥(주가 하락 멈춤, 거래량 서서히 증가)

끝장마스터 Q 주식투자로 수익을 내기 위해서는 주가 상승 초기에 거래량이 증가할 때 주식을 매수하거나, 주가 하락 말기에 거래량이 증가할 때 매수하는 것이 수익을 내기 위한 효과적인 방법임.

실전 거래량 핵심 노하우 – 봉과 거래량의 관계 활용 노하우

끝장마스터 Q 일반적으로 양봉에서의 거래량 증가는 긍정적으로 보며, 음봉에서의 거래량 증가는 부정적으로 여김.

왜냐하면, 양봉은 시가보다(당일의 장시작할 때의 주가) 종가(당일 마감할 때의 주가)가 상승할 때 생기는데, 양봉에서 거래량이 증가했다는 것은 매수 세력이 매도 세력의 물량을 모두 받아 내며 주가를 상승 시키는데 성공했다는 의미가 되기 때문입니다. 즉, 장중 다양한 가격대에 매수 주문과 매도 주문이 대치하는 가운데 더 높은 가격에라도 사겠다는 매수 주문이 들어오면서 체결되고, 이로 인해 거래량도 늘고 가격이 올라가면서 양봉이 형성된 것으로 향후 주가 흐름에 긍정적으로 작용할 것으로 추정합니다.(매수세가 강할 때 주가는 상승하므로) 반면에, 음봉에서 거래량이 증가했다는 더 낮은 가격에라도 매도하겠다는 주문이 들어오면서 거래가 늘고 동시에 가격이 떨어졌음을 의미하므로, 향후 주가 흐름에 부정적으로 작용할 것으로 추정합니다.

[그림] 봉과 거래량과의 관계

▶ 그림에서 아래쪽에 있는 검정색 사각형은 해당 양봉과 음봉에서의 거래량의 크기를 의미함

① (거래량 많은) 양봉 → 상승 전환 가능성 높음 : 거래량 많은 양봉이 발생하는 경우, 대부분 특정 호재를 미리 입수한 대형 세력들이 강하게 해당 주식을 매집(주식을 확보)하고자 할 때 생기는 형태이므로 추후 상승 가능성 높음

실전팁 양봉의 몸통의 크기가 클 수록 추후 상승가능성이 높아짐

② (거래량 적은) 양봉 → 단기 상승 가능성 있음 : 거래량 적은 양봉이 발생하는 경우, 단기적 이익을 얻고자 하는 소형 단타 세력들이 주식을 매집(주식을 확보)하고자 할 때 생기는 형태이므로 단기 상승 가능성 있음

실전팁 세력들의 힘이 크지 않으므로 상승하더라도 오래 지속되지 않는 경우가 많음

③ (거래량 많은) 음봉 → 추세 하락 가능성 높음 : 거래량 많은 음봉이 발생하는 경우, 특정 악재를 미리 입수한 대형 세력들이 매도할 때나 시세를 급등시킨 세력들이 매도해 차익을 실현하고자 할 때 생김

실전팁 하락 및 급락이 지속될 가능성 매우 높으며, 음봉의 몸통 크기가 크면 클수록 하락 가능성이 높아짐

④ (거래량 적은) 음봉 → 매수세 없는 위험한 종목 : 거래량이 적은 장대음봉은 주로 주가 바닥기나 하락기에 주로 나타남(매수세가 거의 없어 소량의 매도만으로도 시세 급락하는 경우가 많으므로)

실전팁 적은 거래량으로 시세 급락이 이어지는 종목은 매수세가 거의 없는 위험한 종목임

물론, 봉 하나의 거래량만으로 주가를 예측한다는 것은 상당한 무리가 있지만 거래량 분석의 가장 중요한 기초가 된다는 점에서 상당한 의미가 있습니다.

실전 거래량 핵심 노하우 – 거래량을 이용한 세력매집 포착

가격이 상승할 때 거래량이 급증하고, 가격이 하락할 때는 거래량이 급감하는 형태는 세력들이 본격적으로 가격을 상승시키기 전 낮은 가격에 해당 종목을 집중 매수함.

차트의 주요 지표들이 가격을 활용하여 만든 지표로 세력들이 주가 조작을 통해 얼마든지 조작할 수 있습니다. 하지만, 거래량은 세력도 속일 수 없습니다. 왜냐하면, 거래량만큼은 수급을 보여주는 지표로 조작이 거의 불가능하기 때문입니다. 즉, 세력이 매집하면 매집한 흔적이 그대로 남을 수밖에 없는 것이 바로 거래량이기 때문에, 거래량을 잘 분석하면 세력의 매집 흔적을 어느 정도는 알아낼 수 있습니다. 따라서 공략 종목을 선별시 세력들이 매집한 흔적이 있는 종목들을 집중적으로 발굴하는 것이 바람직합니다.

① 가격이 상승할 때는 거래량이 급증하나 가격이 하락할 때는 거래량이 급감함 → 가격이 하락할 때 거래량이 급감한다는 것은 매집한 세력들이 물량을 털고 나가지 않았음을 의미함. 따라서 이 세력들이 본전뿐만 아니라 이익을 챙기기 위해서라도 가격을 급등시킬 수밖에 없음

② 위의 1번 같은 현상이 여러 번 반복해 발생함 → 매집이 장기간에 걸쳐 여러 번 일어날수록 강력한 급등이 수반됨. 그 이유는 장기간의 매집으로 유통물량 대부분을 세력이 가진 상태이므로 가격 상승 시 악성매물이 나올 가능성이 적어 세력의 마음대로 시세를 끌어올리기가 쉽기 때문임

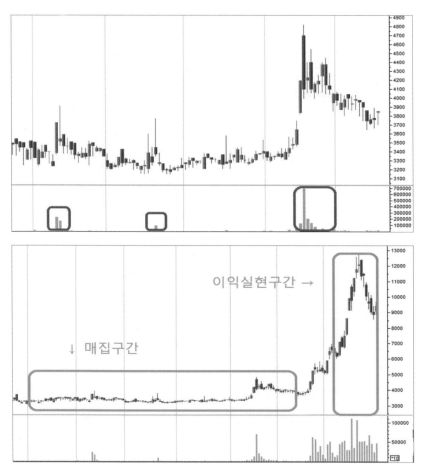

[그림] 거래량 매집과 이익실현(한국화장품제조)

이익실현구간 →

↓ 매집구간

▶ 상단 그림에서 보면, 상승 시 거래량이 대폭 증가했다가, 하락 시에는 거래량이 감소하는 모습을
여러 번 보임(상단 그림의 붉은 네모 부분) ➡ 즉, 상승할 때 매집한 세력들이 가격이 하락해도 가
진 물량을 내 놓지 않고 있다는 것을 의미함. 이후, 하단 그림에서와 같이, 매집을 끝낸 세력들은 시
세를 크게 폭등 시킨 후 고점에서 대거 물량을 처분하며 이익을 챙기고 떠나감.

주식 끝장 마스터

실전 거래량 핵심 노하우 - 거래량을 이용한 매수 시점 포착

실전에서 거래량을 이용해 매수 시점을 포착하는 매우 유용한 방법은 다음과 같습니다. 일단, 앞에서 설명한 대로 세력의 매집 흔적이 보이는 종목을 미리 관심종목에 편입시킵니다. 그 종목이 장기간의 고점(최근 60일 이상의 고점)을 돌파하는 모습을 확인합니다. 돌파 후 하락 조정시 거래량이 급감하는 모습을 보이면 돌파한 전고점 부근에서 세력의 재매수가 일어날 가능성이 높습니다. 이 경우, 전고점 부근에서 미리 매수 주문을 내어 놓고 기다리면 안전하게 수익 확보가 가능합니다. 세력의 재매수 시점 포착이 가능한 이유는 다음과 같습니다. 오랫동안의 뚫지 못했던 고점을 돌파시킨 세력들의 경우 가격이 이전 고점 밑으로 다시 하락하게 되면 손실을 입게 됩니다. 그것도 상당한 물량의 매집을 통하여 시세를 견인했던 터라 큰 손실을 입게 됩니다. 따라서 이전 고점까지 하락하게 되면, 세력들은 장이 최악의 상황이 아닌 경우 반드시 재매수를 통하여 시세를 다시 견인할 수 밖에 없습니다. 바로 이러한 이유 때문에 세력의 재매수 시점 포착이 가능한 것입니다.

> **끝장마스터 Q** 거래량을 이용한 매수 시점 포착 포인트는 다음의 3가지임
> ① 최근 60일 이상의 뚫지던 고점을 돌파
> ② 돌파 시 거래량 수반
> ③ 돌파 시 전고점 부근까지 거래량 감소하며 하락한 후, 다시 재상승

위의 세 가지를 확인하면 됩니다. 특히, 재하락 시 거래량 감소를 반드시 확인하여야 합니다. 만약, 재하락 시 거래량이 급증하면 이는 세력의 손절매

로 봐야 하므로 절대 매수하면 안됩니다.

[그림] 거래량 매수 시점포착(CJ 일봉차트)

▶ ① 최근 60일 이상의 고점(위의 수평선) 돌파 ② 돌파 후 재하락하면서 거래량이 급감(노란원 부분) ③ 이후 전고점을(녹색선) 돌파하며 다시 상승 전환(파란 네모 부분)

[그림] 거래량 매수 시점포착 (한국전자금융 일봉차트)

▶ ① 최근 60일 이상의 고점(위의 수평선) 돌파 ② 돌파 후 재하락하면서 거래량이 급감(노란원 부분) ③ 이후 전고점을(녹색선) 돌파하며 다시 상승 전환 (파란 네모 부분)

실전 거래량 핵심 노하우 – 폭락 징후 포착 방법

실전에서 보면 그 이유는 선도 세력이 고점에서 이익실현을 하기 위해 내놓는 엄청난 매도 물량으로 인해 거래가 폭증하며 동시에 가격이 급락하게 되는데, 이때 생기는 것이 바로 장대음봉입니다. 주로 연속상한가를 기록하며 폭등한 종목에서 뚜렷하게 나타나는 현상입니다. 이렇게 세력이 고점에서 대량 매도를 해가며 차익을 실현한 후 이탈한 종목의 경우 시세를 견인해 줄 주체가 없어졌기 때문에, 추가적인 엄청난 폭락이 수반되는 경우가 많습니다. 추가적인 반등을 기대하고 매도 시기를 늦추는 순간이 바로 절벽으로 떨어지기 직전의 순간이라는 점을 잊어서는 안됩니다.

[그림] 거래량 천장권에서의 폭락 징후(진양제약의 일봉차트)

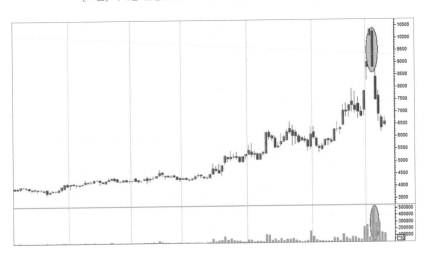

▶ 고점에서 대량의 거래를 수반한 장대음봉 이후(노란원 부분) 폭락이 이어짐.

실전 거래량 핵심 노하우 – 거래량 폭증 해석 노하우

차트 분석에서 가장 중요한 포인트는 거래 폭증 시점입니다. 실전에서 보면, 어느 날 갑자기 평소 거래량의 5배(보통은 10배 이상)가 넘는 거래량이 터지는 경우가 있습니다. 이럴 때는 반드시 관심종목에 편입시킨 후, 3개월 정도 그 흐름을 지켜봅니다. 왜냐하면, 대량 거래가 터진 종목은 보통 3달 안에 폭등이나 폭락을 시작하기 때문입니다. 5배가 넘는 대량 거래가 터졌다는 것은 2가지 의미가 있을 수 있습니다.

[그림] 대량 거래(오리온 일봉차트)

▶ 이전 거래량의 10배 넘는 거래량 폭증 이후 급등함.

첫 번째는 특정 세력이 대량 매집을 했다는 의미이며, 3달 정도 기간 안에 급등하는 경우가 일반적입니다.(위 그림) 특징은 대량 거래 시점 이후로 가격 하락이 거의 없다는 점입니다.(추가로 하락한다면 매집세력이 손해를 보므로!!!)

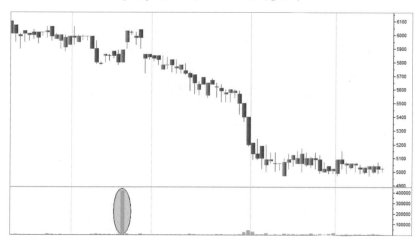

[그림] 대량 거래(YBM시사닷컴 일봉차트)

▶ 이전 거래량의 5배 넘는 거래량 급증 이후 바로 하락 시작

두 번째는 특정 세력이 대량의 매도를 통해 손절매하거나 이익실현을 했다는 의미일 수 있습니다. 무언가 기업의 결정적인 악재를(부도 소식, 신상품 개발 실패, 경영자의 횡령 등) 먼저 알거나 완전히 물량을 정리하고 이익을 챙기고 떠나기로 결심한 세력들이 팔아 치우는 과정 속에서 대량의 거래가 일어납니다. 보통, 이 경우 대량 거래 시점 이후 지속적인 하락이 이어지거나 어느 순간 폭락이 시작되는 경우가 일반적입니다.

끝장마스터 Q 대량 거래 판단법 - 매집의 경우는 대량 거래 시점보다 가격이 하락하지 않는 경우가 일반적이지만, 매도의 경우는 대량 거래 시점보다 하락한다는 것이 중요한 차이점임. 또한, 매집의 경우는 대량 거래 시점 이후 본격적인 상승까지 3개월 정도의 기간을 필요로 하는데 반해, 하락 시에는 일주일(늦어도 한 달)이내에 급락이 옴.

외국인/기관 신속파악 노하우

차트에서 한눈에 보는 외국인/기관 매매동향

[그림] 차트 화면(캔들차트 선택 화면)

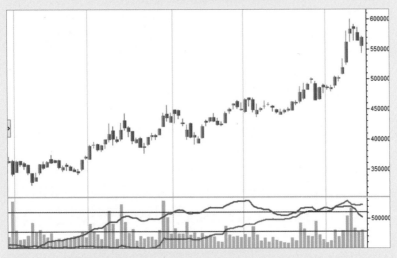

▶ 위의 거래량(그림 하단 초록색 막대) 부분에 표시된 파란색은 기관의 순매수, 빨간색은 외국인의 해당 기간 동안의 누적순매수를 차트에 표시한 것임.

외국인/기관의 순매수량을 차트에 표시하도록 하면 매우 유용합니다. 요즘 대부분 증권사의 HTS 차트에는 「외국인」과 「기관」의 해당 종목에 대한 순매수량을 주요 지표로 제공하고 있어, 차트의 지표검색창에서 「외국인」 또는 「기관」을 검색해 쉽게 해당 차트상에 표시할 수 있습니다. 외국인과 기관의 매매 정보를 확인하고 활용하는 노하우는 본 책의 해당 부분에서 보다 상세히 설명하고 있으니 참고하기 바랍니다.

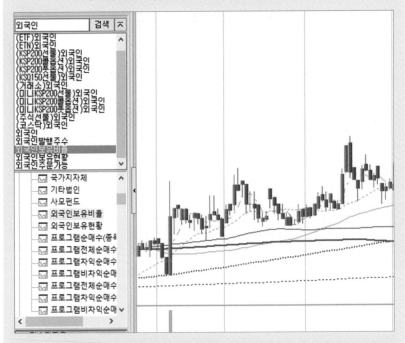

[그림] 차트 화면에서 「외국인/기관」 지표 추가하는 법

▶ 차트 화면에 있는 지표검색창에서 「외국인」 또는 「기관」을 입력하면 쉽게 「외국인/기관」
지표를 추가할 수 있습니다.

차트 세팅
실전 비법

캔들볼륨을 활용하자

앞에서 설명한 것처럼, 거래량과 캔들은 모든 차트 분석의 모든 것이라고 할 수 있습니다. 여기에 시세의 위치를 가늠할 수 있는 이평선과 외국인/기관의 지표만 추가 후 추세선만 그릴 수 있다면 차트 분석은 충분하게 됩니다. 여기에 필살기 하나를 더하면, 바로 「캔들볼륨(CANDLE VOLUME)」차트입니다. 캔들볼륨 차트는 캔들차트(봉차트)와 볼륨차트(거래량 차트)를 합한 차트로, 종목의 힘(시세의 힘과 종목에 개입된 세력의)을 직관적으로 확인할 수 있는 장점이 있어, 고수들 사이에서 이용되는 차트입니다. 참고로, 캔들볼륨의 분석 및 투자 활용 방법은 앞서 설명한 캔들차트와 동일합니다. 왜냐하면, 캔들(봉) 크기를 거래량의 크기에 비례해 그렸다는 차이만 있기 때문입니다.

[그림] 일봉 차트(캔들차트)

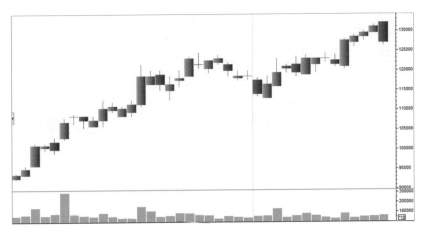

▶ 아래 하단의 거래량 표시로 거래량을 확인할 수 있으나, 직관적이지 못함.(가격과 거래량 모두 봐야 하므로, 직관력이 떨어지고 시세의 크기를 알기 어려움)

[그림] 일봉 차트(캔들볼륨 차트)

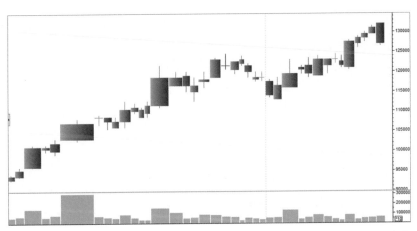

▶ 위의 차트는 캔들대신 「캔들볼륨」차트로 표현한 것이다. 거래량의 크기에 따라 봉크기가 같이 커지게 표시되어 있어, 한눈에 직관적으로 파악할 수 있으며 시세의 크기를 알기 쉽다. – 주가가 상승한 빨간 캔들의 크기가 주가가 하락한 적색봉보타 크게 그려저 상승한 날의 거래량과 매수세의 힘이 강했음을 직관적으로 파악할 수 있다.

「HTS사용법」 HTS에서 캔들볼륨 (Candlevolume) 차트 설정 방법

[그림] HTS에서 캔들볼륨 차트 설정 방법

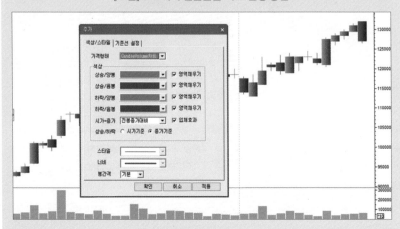

캔들볼륨(CandleVolume)차트를 선택하는 방법은 차트창에서 설정(버튼)을 선택하면 나타나는 설정창에서 캔들볼륨 차트를 선택합니다. 캔들차트 선택시 나오는 나머지 옵션 선택 부분은 무시해도 됩니다.(HTS가 익숙해질 때까지는 별도 설정할 필요없이 처음 자동으로 설정된 기본값 그대로 사용)

차트 최종 세팅하기

지금까지 배운 내용을 정리하면 다음과 같습니다.

① 캔들볼륨차트 선택

② 이동평균선 지표 추가 (5일-20일-60일-120일-240일-720일-1200일선)

③ 거래량 지표 추가

④ 기관/외국인 지표 추가

[그림] 일봉차트 최종 세팅 모습

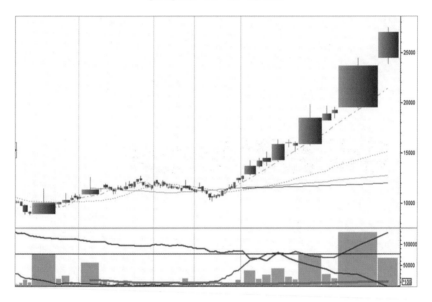

▶ ① 캔들볼륨차트(상단의 거래량과 비례해 표시된 봉차트) ② 거래량(하단의 녹색 막대) ③ 이동
평균선(상단 봉차트 부분에 그려진 여러 선들) ④ 외국인(하단 거래량 부분의 빨간선)과 기관(하단
거래량 부분의 파란선) 매매 동향

최종 세팅된 차트를 보면 ① 최근의 주가 상승을 주도한 매수 세력의 힘
이 상당히 큼을 알 수 있고 (아주 큰 양봉이 연속해서 나타남) ② 주가를 올리는
주매수 세력이 외국인(거래량 부분에 있는 빨간선이 높아짐)임을 알 수 있으며,
③ 최근 주가의 위치가 최근 시세흐름에 비해 너무 과도하게 상승했음을 알
수 있게 됩니다.(주가가 이동평균선들보다 대체로 위에 위치함) 지금까지 내용만
확실히 숙지하여도 실전 차트 분석으로 충분합니다.

PART 5

주식 끌장 마스터
진정 가치투자
준비 단계

주식투자의 최고의 매매법은 가치투자입니다.

직장을 다니면서도 성공할 수 있는 직장인 최고의 매매법이기도 합니다. 주식투자로 세계에서 손꼽히는 부자가 된 워렌버핏을 포함해 우리나라에서 주식투자로 큰 부를 쌓은 대부분의 주식투자 대가와 고수들이 궁극적으로 사용하는 주식투자 방법이 바로 가치투자입니다. 특히 개인들이 성공하기 위한 최적의 투자법은 본 책에서 집중 설명한 진정 가치투자입니다.

본 진징 가치투자의 특징은 다음과 같습니다.

❶ 인생을 바꿀 정도의 큰 돈을 벌 수 있는 투자법이다.

❷ 저평가 우량주만을 대상으로 한다.

❸ 다른 투자법과는 달리 나이가 들수록 유리하다.

❹ 투자 방법이 상식적이다.

❺ 전업투자자뿐만 아니라 직장인도 성공할 수 있는 매매법이다.

❻ 다른 투자법과 달리 시간의 자유를 얻을 수 있다.
   (장중에 시간에 얽매이지 않고 여행을 다니며 투자해도 된다.)

❼ 죽는 그 순간까지 영위할 수 있는 최고의 잡(직업)이다.
   (90세가 넘은 투자의 대가 워렌버핏도 왕성하게 활동 중이다.)

본 책에서 집중 설명하는 진정 가치투자는 일반 개인투자자들의 자금력과 정보력의 한계를 극복하고, 신속한 의사결정 등 개인투자자들의 장점을 극대화하여 가치투자에서 성공하기 위한 진정 가치투자입니다. 따라서 진정 가치투자는 직장인 최고의 투잡스이자, 갑작스런 퇴직과 풍요로운 노후를 위한 최선책이 될 것입니다.

은퇴 전에 준비하는 최고의 투자법

왜 가치투자인가?

여러 투자 매매법으로 10억 대의 자산을 이룬 경우는 있지만 100억 대 이상의 자산을 만든 경우는 대부분 가치투자입니다. 그 이유는 가치투자를 제외한 다른 매매법들은 투자 원금이 1억 원을 넘어가게 되면 본인의 매수 주문만으로도 시세가 변동되어 매매 방법이 맞지 않거나, 세력들에게 쉽게 노출되어 역공을 당하기 쉬운 반면에, 가치투자는 투자금액의 크기에 관계없이 고수익을 낼 수 있는 다음과 같은 장점을 가지고 있기 때문입니다.

「요행이나 운 또는 순발력」이 아닌, 「상식」에 근거한 매매법이다

「기업의 주가가 단기적으로는 기업의 실제 가치나 실적과 무관하게 변동될 수는 있지만 장기적으로 보면 거의 비슷하게 일치하게 됩니다. → 돈 잘 벌고, 재산 많은 기업의 주가가 오를 수밖에 없다.」는 상식에 근거한 매매법으로, 원칙에 의해 매매할 경우 수익을 낼 가능성이 높은 매우 정직한 매매법이기 때문입니다. 일반인이 알 수 없는 미공개 정보에 의존하거나 보다 빠른 체결 속도와 매매 순발력에 의존하는 투자가 아닌 충분한 시간을 가지고 공개된 객관적인 자료를 분석해 투자해 수익을 얻는 매매 방법입니다.

평균 수명 100세 시대에 적합한 매매법이다

장중 실시간으로 대응하는 빠른 순발력을 요구하는 다른 매매법과는 달리, 가치투자는 꾸준한 분석과 경험이 중시되는 매매로 나이가 들수록 유리한 매매법입니다. 데이트레이딩에서 주로 사용되는 단타 매매의 경우 30대 후반만 되어도 순발력 저하로 급격하게 수익률이 떨어지는 것이 일반적입니다. 따라서 순발력에 의존하는 단기 트레이딩의 경우, 40대 이후에는 사용하기 어려운 단점이 있습니다. 하지만, 가치투자는 충분한 시간을 가지고 객관적인 공표 자료를 분석해 수익을 내는 매매로, 다른 매매법과는 달리 투자경험과 연륜이 쌓일수록 경쟁력이 높아집니다. 우리나라에서 주식투자로 수백억 대의 돈을 벌어 슈퍼개미로 불리는 개인투자자들도 50대 이상인 경우가 많다는 점만 보아도 이를 확인할 수 있습니다.

수익률이 월등한 매매법이다

가치투자의 경우, 그로 인해 얻는 보상은 다른 어떤 투자법 못지 않게 매우 큽니다. 왜냐하면, 가치투자는 한 종목당 적게는 수십 퍼센트에서 수백 퍼센트가 넘는 이익을 목표로 하는 매매법으로, 종목당 목표수익률과 목표이익에 있어 다른 매매 방법을 압도합니다. 따라서 작은 이익에 만족하며 잦은 매매를 하게 되는 여타의 매매법과는 달리, 가치투자는 거래 횟수는 적은 반면 거래당 수익률은 월등히 높아, 수수료와 거래세 등 매매에 따르는 부대비용은 매우 낮은 반면, 이익은 상대적으로 아주 클 수밖에 없습니다.(시시하게 작은 이익을 보려고 한다면 아예 가치투자를 안 하는 것이 낫습니다.)

시간의 속박에서 자유로운 매매법이다

장중에 몰입해야 하는 다른 매매법과는 달리, 충분한 시간을 두고 분석하고 투자하여 이익을 내는 가치매매의 특성상 장중 시간에 얽매이지 않고 자유롭게 자신의 시간을 즐기며 수익을 낼 수 있는 장점이 있습니다. 그럼에도 불구하고 많은 투자자들이 선뜻 가치매매를 하지 못하는 이유는 자금 규모가 적고, 다른 매매법과는 달리 제대로 된 가치투자 매매 노하우가 부족하기 때문입니다. 또한, 회사의 상당 지분을 사들이는 기관투자자들은 해당 기업의 경영자를 만나 앞으로의 회사 업황에 대한 자세한 정보를 알아낼 수 있지만, 개인투자자들은 경영자의 얼굴조차 보기 힘든 현실 때문에 절대적으로 불리한 게임이 될 수 있기 때문입니다. 이러한 일반 투자자들의 기존 가치투자 한계를 극복하기 위해, 지금부터 제대로 된 가치투자인 「진정 가치투자」를 배워보기 바랍니다.

개인투자자의 한계를 극복하는 진정 가치투자법

진정 가치투자 핵심 마인드 1 -
「나의 재산은 나와 내 가족의 생명줄이다」

투자를 함에 있어 최우선적으로 고려해야 할 것은 '돈을 잃지 않을 자신이 있는가'입니다. 간단히, 특정 종목에 투자를 할 때는 그 회사에(종목) 돈을 빌려 준다는 마인드로 접근해야 합니다. 은행에서 대출을 해줄 때는 '돈을 잘 갚겠다.'는 대출자의 다짐만으로는 안됩니다. 집을 담보로 잡고 보증인을 추가로 요구하기도 합니다. 거기다, 담보와 보증인을 충분히 세워도 대출하려 하는 사람의 연소득의 일정 배율 이상은 해주지 않는 경우도 많습니다. 가치투자를 위해 종목을 선정할 때, 대출을 해주는 은행처럼 해야 합니다. 즉, 종목을 살 때 이 회사가 앞으로 얼마만큼의 이익을 벌겠다는 전망보다는 매년 이익을 얼마나 내어 왔는지, 보유하고 있는 부동산과 장비 등의 가치는 얼마나 되는지, 매년 얼마만큼의 배당금을 주주들에게 지급해 왔는지 등을 체크해야 합니다.(이 일은 초보자에게 매우 어렵게 느껴지겠지만, 본 책에서 설명하는 부분을 익히고 나면 빠른 시간에 쉽게 할 수 있습니다.) 그리고 나서야 그 종목에 대한 투자를 하는 것입니다. 따라서 이 기준에 의하면 이익도 못내는 주식, 이익을 내도 보유하고 있는 자산이 형편없는 주식 등은 자연스럽게 제외됩니다. 이 경우 주식시장에서 거래되는 2,000여 개 주식 종목 중 상당수가 투자할 종목에서 제외됩니다. 이에 반해, 일반 개인투자자들은 미래에 이익이 급등할 만한 주식만을 찾다가 손해를 보곤 합니다.

진정 가치투자 핵심 마인드 2 - 「나는 신이 아니다」

주식시장에서 거래되고 있는 2,000여 개가 넘는 종목 중에서 어떤 종목이 유망한지 정확히 알 수 없습니다. 각 회사의 경영자라면 자신이 경영하는 회사에 대해서는 어느 정도 예측이 가능할 수도 있습니다. 하지만, 현실적으로 2,000여 개 기업 모두의 경영자가 될 수 없고, 해당 기업의 경영자만큼 기업정보를 속속들이 알 수도 없습니다.(실제로 기업분석과 예측으로 밥을 먹고 사는 증권사의 애널리스트들이 쓴 기업실적 전망 보고서조차 틀릴 때가 맞을 때보다 훨씬 더 많습니다.) 또한, 기업 경영자들은 자신의 회사 전망에 대해 가급적 긍정적으로 발표하고, 부정적인 정보는 감추려고 하며, 소상한 기업계획을 알려 주려 하지 않다는 점에 주의해야 합니다. 따라서 가치투자를 하고 싶다면, 맨 먼저 한계를 명확히 알고 시작해야 합니다. 특정 기업의 미래를 예측할 수 있다는 환상을 버려야 합니다. 그런 예측은 해당 기업 경영자도 100% 자신 있게 할 수 없습니다. 하물며, 기관투자가도 아닌 경영자 면담조차도 불가능한 일개 개인투자자로서는 더더욱 불가능합니다. 은행이 대출을 결정하는 요소가 대출을 원하는 개인 자신들의 미래에 대한 확신보다는, 그 개인들이 제공할 부동산 담보와 보증인과 그들의 월수입이듯이, 가치투자에서는 기업들이 내세우는 미래에 대한 전망이 중요한 게 아니라(엄밀히 말하면 미래에 거두게 될 이익은 중요하지만, 전망 자체가 미래의 이익을 100% 담보하지를 못하므로), 실제 해당 기업들이 얼마나 벌어왔고, 이들이 보유하고 있는 자산의 가치가 어느 정도 되는지가 중요한 것입니다. '미래에 순익이 급등할 것 같은 기업을 골라내겠다는 욕심'을 버리는 순간 가치투자는 상당히 쉬워집니다.

진정 가치투자 핵심 마인드 3 - 「나는 기관투자자가 아니다」

일반 개인투자자가 많은 종목에 한 번에 투자해서는 돈을 벌기는 어렵습니다.(물론, 총 투자금이 10억을 넘어가면 그 때부터는 종목을 늘릴 수 있습니다.) 다수의 종목에 투자한다는 것은 그만큼 종목 선정에 자신이 없다는 것을 의미합니다. 종목이 많아질수록 수익을 내기가 어려워집니다. 자금력에 한계가 있는 일반 투자자들에게 여러 종목에 나누어 투자하는 「포트폴리오 이론(분산투자 이론)」은 맞지 않습니다. 10억 원 이상 돈을 벌어 투자금액이 10억 원을 넘기 전까지는 절대 한 번에 3종목보다 많은 종목을 매수해서는 안됩니다. 2~3종목이 적당합니다. 1종목에 올인하는 경우는, 그 종목이 만에 하나 잘못될 경우 위험부담이 너무 클 수 있기 때문에, 종목검색 결과에서 가장 매력도가 높은 상위 3개 종목(1등, 2등, 3등 종목) 중에서 투자하는 것이 좋습니다. 그리고 중요한 것은 종목을 매수할 때 절대 한 번에 매수하지 말아야 한다는 점입니다. 가치투자는 여러 번에 걸쳐 꾸준히 사들이는 것이 바람직합니다. 조급하게 한 번에 모두 매수하는 경우 필연적으로 조급증이 일어나고, 결국 손절의 유혹에 견디지 못하여 급등의 수익을 누리지 못한채 중간에 주식을 팔게 되기 때문입니다.

진정 가치투자 핵심 마인드 4 -「현금은 투자 기회를 확보하고, 투자마인드를 안정시키는 최고의 종목이다」

아무리 좋은 종목을 가지고 있어도 주머니에 현금이 하나도 없으면, 결국은 눈물을 머금고 처분해야 할 가능성이 높아집니다. 따라서 어떠한 경우에도 전체 투자자금의 10% 이상은 현금으로 보유하고 있어야 합니다. 그렇지 않을 경우, 주식이 급등하기 시작하면 팔고 싶은 욕구를 견딜 수 없어 결국 더 오를 수 있는 주식을 매도할 가능성이 커지고(현금이 한 푼도 없으므로), 주식이 산 가격보다 조금이라도 하락하게 되는 경우 심리적으로 매우 불안정해서 불필요한 손절매를 할 가능성이 커지기 때문입니다.

진정 가치투자 핵심 마인드 5 -「우리의 목표는 재무학 교수나 회계학 교수, 또는 공인회계사가 되려는 것이 아니라, 성공적인 가치투자자가 되는 것이다」

일반 투자자들의 경우 상당한 분량의 사업보고서와 재무 관련 자료들로 인하여 분석하기도 전에 질리고, 심지어 매매 성공을 위해 중요한 것이 무엇인지 알지조차 못합니다. 이에 반해, 진정 가치투자는 기존의 재무정보 및 기업 실적과 주가와의 관련성이 높은 핵심 항목에 집중함으로써 노력대비 성과가 일반 가치투자보다 뛰어날 수밖에 없습니다.

진정 가치투자 핵심 마인드 6 –
「비밀 정보는 주식투자를 실패로 이끄는 지름길이다」

일반적으로 개인투자자들은 가치투자를 할 때에도 이번에 엄청난 실적 개선 발표가 있을 거야 등등 무언가 비밀스러운 미공개 정보를 갈구하고 그것에 의존해 충동 매매를 하기도 합니다.(실제로 이러한 충동 매매를 매우 자주합니다.) 일반 투자자에게 오는 미공개 정보는 주식작전인 역정보(거짓 정보)인 경우가 대부분입니다. 반면에, 진정 가치투자는 철저하게 공개된 객관적인 정보를 이용합니다. 진정 가치투자의 장점이 바로 여기에 있습니다. 진정 가치투자의 가장 큰 장점이 바로 일반인도 쉽게 구할 수 있는 정보(증권사에서 제공하는 HTS 화면의 기업정보나 금감원에서 제공하는 내용 등)만을 이용해도 충분히 수익을 올릴 수 있다는 점입니다.

본 책의 실전 사례 종목들을 보면 미공개 정보를 이용하지 않고도, 공개된 객관적인 자료만을 이용해 놀라운 수익률을 얻는 진정 가치투자 종목들을 확인할 수 있습니다. 다시 한 번 강조하는데, 진정 가치투자는 미공개 정보 등이 아닌 일반인도 쉽게 볼 수 있는 공개된 객관적인 정보만을 이용한다는 점을 잊어서는 안됩니다.

이와 같이 「진정 가치투자」야말로, 인생 2막 성공을 위한 최선의 사업이자 죽는 순간까지 평생 영위할 수 있는 최고의 직업입니다. 주식을 업으로 하는 전업투자자는 물론, 시간이 없는 직장인들도 퇴근 후나 주말들을 이용해 충분히 익힐 수 있습니다. 무엇보다도, 갑작스런 퇴직 대비와 풍요로운 노후를 위한 최선의 대비책이자 가장 매력적인 고부가가치 사업이자, 가장 효과적인 미래 대비책이기도 합니다.

다음의 진정 가치투자 종목의 실전 사례를 보면, 수많은 자영업자들이 망해 나가고 많은 기업체들이 고전하고 있는 저성장 시대에서 진정 가치투자가 얼마나 고부가가치 사업인지 체감할 수 있을 것입니다.

[그림] 진정 가치투자 실전 사례 : 에스모 일봉차트(9.6배 상승)

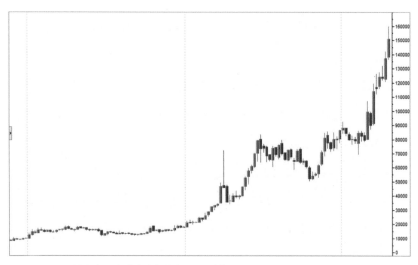

(종목발굴 및 이익실현 방법 : 본 책의 「진정 가치투자」 설명 부분 참고)

[그림] 진정 가치투자 실전 사례 : 비에이치 일봉차트(15배 상승)

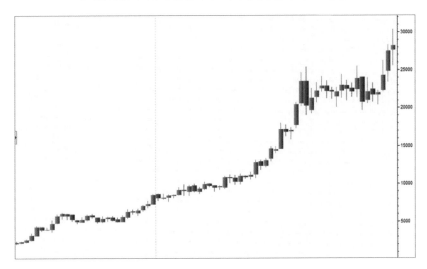

(종목발굴 및 이익실현 방법 : 본 책의 「진정 가치투자」 설명 부분 참고)

[그림] 진정 가치투자 실전 사례 : 일진머티리얼즈 일봉차트(10배 상승)

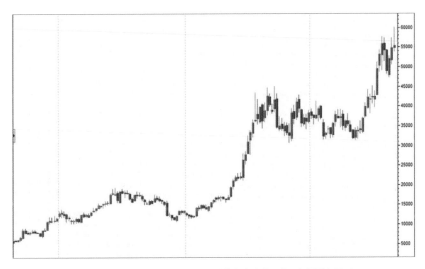

(종목발굴 및 이익실현 방법 : 본 책의 「진정 가치투자」 설명 부분 참고)

[그림] 진정 가치투자 실전 사례 : 미래컴퍼니 일봉차트(27배 상승)

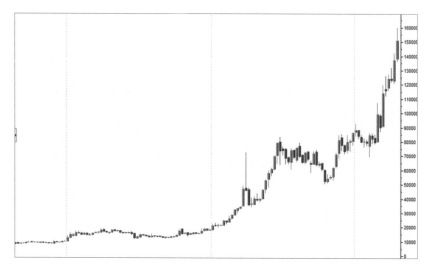

(종목발굴 및 이익실현 방법 : 본 책의 「진정 가치투자」 설명 부분 참고)

[그림] 진정 가치투자 실전 사례 : 삼일제약 일봉차트(9.1배 상승)

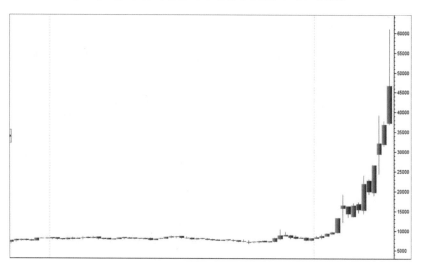

(종목발굴 및 이익실현 방법 : 본 책의 「진정 가치투자」 설명 부분 참고)

주식 끝장 마스터

[그림] 진정 가치투자 실전 사례 : 삼화콘덴서 일봉차트(24배 폭등)

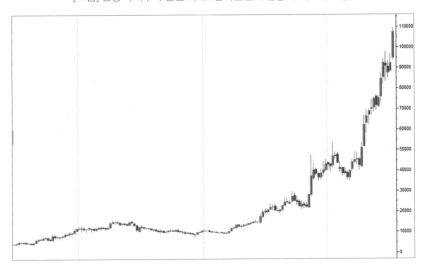

(종목발굴 및 이익실현 방법 : 본 책의 「진정 가치투자」 설명 부분 참고)

[그림] 진정 가치투자 실전 사례 : F&F 일봉차트(7.6배 폭등)

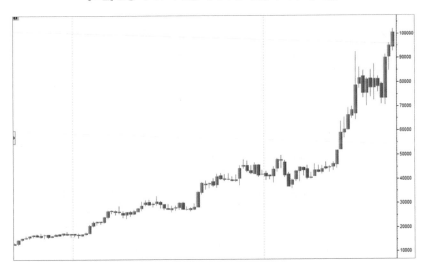

(종목발굴 및 이익실현 방법 : 본 책의 「진정 가치투자」 설명 부분 참고)

[그림] 진정 가치투자 실전 사례 : 필룩스 일봉차트(12배 폭등)

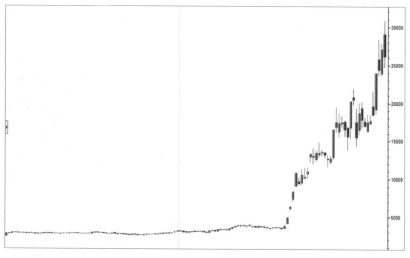

(종목발굴 및 이익실현 방법 : 본 책의 「진정 가치투자」 설명 부분 참고)

　　지금까지 진정 가치투자의 특징과 실전 사례 종목 등을 통해 진정 가치
투자의 고수익성에 대해 알아보았습니다. 다음 장부터는 본격적으로 「종목
발굴 → 종목선정 → 실전매매」 등 실전 진정 가치투자 성공 노하우에 대해
집중적으로 설명하고자 합니다.

기업정보 습득 비법

진정 가치투자는 실제 가치보다 주가가 저평가된 기업을 발굴 투자하여 수익을 얻는 투자 방법입니다. 이를 위해 가장 필요한 것이, 기업의 가치를 파악하기 위해 기업에 대한 정보를 파악하는 것인데, 가치투자 성공을 위해 필요한 기업에 대한 핵심 정보(재무정보 등)를 습득하는 방법은 크게 다음의 2가지로 나눌 수 있습니다.

1. 기업정보 전문제공 회사에서 제공되는 정보

투자할 기업의 정보를 얻는 첫 번째 방법은 기업정보 전문제공 회사들이(FNGUIDE, NICE 신용평가정보, WISEFN 등의 기업정보 전문제공 회사들이 있음) 중요한 핵심 정보를 분석하기 쉽게 가공하여 제공하는 정보를 이용하는 방법이 있습니다. 증권사에서 제공되는 HTS 안에 있는, 「상장기업분석」화면이나 「기업정보」화면 등이 그것입니다. 네이버 등에서도 제공되는 기업정보 역시 이들 회사에서 제공되므로 동일합니다. 실제로, 각 증권사의 HTS에서 제공하는 기업정보 관련 화면은 증권사가 달라도 제휴한 기업정보 회사가 같은 경우는 제공 화면의 구성과 화면 안에서 제공되는 정보가 비슷한 경우가 대부분입니다.

[그림] HTS 기업정보 화면의 예(기업정보 전문제공 회사들이 제공)

개요 및 현황

개요 : 글로벌 스마트폰 판매 점유율 1위 업체

- 동사의 사업부문은 CE(TV, 모니터, 에어컨, 냉장고 등), IM(휴대폰, 통신 시스템, 컴퓨터), DS(메모리 반도체, 시스템LSI), Harman 부문으로 구성되어 있음.
- 글로벌 경쟁력을 갖춘 IT기업으로, 삼성물산, 삼성에스디아이 등 상장 16개사, 비상장 46개사의 계열회사를 보유하고 있음.
- TV, 스마트폰, 반도체 및 디스플레이 패널 부문 등에서 글로벌 우위의 경쟁력을 확보한바 양호한 사업 포트폴리오로 안정적 이익창출력 확보하고 있음.

현황 : 매출 소폭 증가에 그쳤으나 양호한 수익성 견지

- 반도체 부문의 여전한 성장세와 하만 부문의 성장이 가전 및 디스플레이, 휴대폰 부문의 부진으로 매출 규모는 소폭 증가에 그침.
- 원가율 상승에도 판관비 부담 완화로 영업이익 전년대비 상승. 법인세 증가에도 순이익률 상승. 양호한 수익구조 견지.
- IM 부문의 신제품 출시에도, 가전 및 디스플레이 부문의 부진이 이어지는 가운데 반도체 부문의 성장 둔화 및 가격 하락 등으로 매출 성장은 제한적일 듯.

Financial Summary K-IFRS 연결기준 기업 (최근 분, 반기 공시 기준)   K-IFRS 연결 ▼

	연간재무제표(Annual)				기간재무제표(Net Quarter)				
매출액(억원)	2,395,754	2,437,714	523,855	2,259,858	605,637	584,827	654,600	592,651	523,855
영업이익(억원)	536,450	588,867	62,333	276,300	156,422	148,690	175,749	108,006	62,333
영업이익률(%)	22.39	24.16	11.9	12.23	25.83	25.42	26.85	18.22	11.9
당기순이익(억원)	413,446	438,909	51,075	216,294	116,118	109,815	129,674	83,301	51,075
순이익률(%)	17.26	18	9.75	9.57	19.3	18.88	20.09	0	9.63
자산총계(억원)	3,017,521	3,393,572	3,450,679	-	3,124,731	3,186,884	3,371,958	3,393,572	3,450,679
부채총계(억원)	872,607	916,041	918,527	-	892,132	855,635	950,926	916,041	918,527
자본총계(억원)	2,144,914	2,477,532	2,532,152	-	2,232,599	2,331,248	2,421,032	2,477,532	2,532,152
유보율(%)	23,681.42	26,648.22	27,253.31	-	24,496.79	25,587.24	26,568.28	0	27,253.31
ROE	21.01	19.63	8.41	8.89	21.96	19.9	22.54	0	8.41
PER	8.5	5.99	14.64	13.7	28.81	28.05	24.33	0	59.38
PBR	0.04	1.1	1.24	1.21	1.67	1.51	1.45	1.1	1.24
PSR	1.29	1.01	1.45	-	5.59	5.13	4.88	0	5.79
EPS(원)	5,997	6,461	3,008	3,395.55	85,435	1,617	1,908	0	752
BPS(원)	1,406,275.66	35,342.36	36,141.88	35,668.26	1,474,026	30,817	32,019	35,342	36,142
SPS(원)	39,429.8	38,142.82	30,848.28	-	440,106	9,094	9,524	0	7,712
EBITDA(억원)	-	-	-	-	-	-	-	-	-
EV/EBITDA	-	-	-	-	-	-	-	-	-

주식 끝장 마스터

[그림] HTS 기업정보 화면의 예(기업정보 전문제공 회사들이 제공)

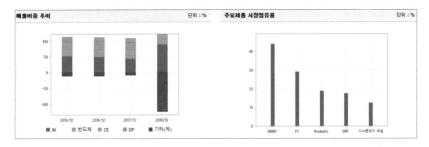

[그림] HTS 기업정보 화면의 예(기업정보 전문제공 회사들이 제공)

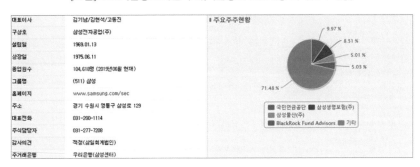

[그림] HTS 기업정보 화면의 예(기업정보 전문제공 회사들이 제공)

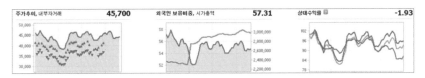

기업정보 전문제공 회사들의 경우, 다음에 설명하는 다트(DART)에 공개된 자료를 가공하여, 일반 투자자들이 중요한 정보를 쉽게 파악할 수 있도록 특정 기업에 대해 효율적으로 비교/ 분석할 수 있도록 제공하고 있습니다.

2. 다트(DART)

[그림] DART 사업보고서 정보 화면

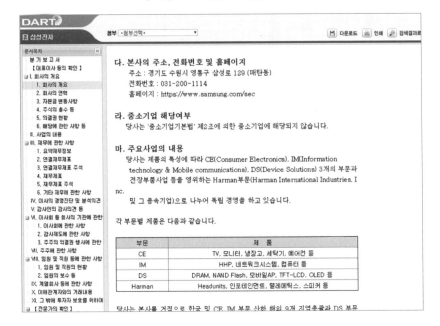

진정 가치투자를 위해 자료를 구하는 두 번째 방법은 가치투자의 보물창고라고 불리는 금감원의 전자공시시스템인 「다트(DART)」(검색창에서 DART라고 입력)를 이용하는 방법입니다. 해당 기업에 대한 가장 핵심적인 보고서인 사업보고서뿐 아니라, 해당 기업의 주가에 영향을 주는 공시(증권거래소가 주가에 영향을 줄 만한 기업 내용이 발생하면, 신속하게 투자자가 알 수 있도록 공개하는 정보) 내용도 파악할 수 있습니다. 다트에서 제공되지 않는 시중의 정보나 루머는 무시하는 것이 바람직합니다. 그러한 정보들은 작전세력들이 자신들의 이익을 위하여 조직적으로 퍼뜨리는 악의적 정보가 대부분이기 때문입니다.

주식 끝장 마스터

현실적으로, 다트에 있는 정보를 이용해 모든 기업을 분석하는 것은 거의 불가능합니다. 왜냐하면, 다트를 이용해 전 종목을 분석하는 데는 적지 않은 시간과 노력이 들어가기 때문입니다. 따라서 다트의 내용은 최종 선택된 종목에 대한 추가 심층 분석이 필요한 경우에 이용하게 됩니다. 이 때문에 심층 분석을 제외한 대부분의 분석에는 기업정보 전문제공 회사에서 제공하는 가공 정보를 이용하는 것이 훨씬 더 효과적입니다. 특히 직장인 투자자의 경우 지나치게 많은 정보를 모두 분석할 시간도 없으며, 분석하는 정보양에 정비례해서 수익률이 높아지지 않기 때문입니다. 오히려 과다한 정보에 묻혀 시간만 낭비할 가능성이 높습니다. 따라서 주가와 연관성이 높은 핵심 포인트와 그 핵심 포인트에 대한 최적의 투자 분석 노하우를 알아야 합니다.

대부분의 개인투자자들은 기업분석을 하지 않거나 너무나 많은 항목을 분석하느라 핵심을 놓쳐 포기합니다. 따라서 개인투자자가 특히 시간이 자유롭지 않은 일반적인 직장인이 가치투자에서 성공하기 위해서는 핵심에 집중하여 성과를 높여야 합니다. 많은 초보 투자자들이 상당한 분량의 사업보고서와 재무관련 자료들로 인하여 분석하기도 전에 질리고, 심지어 매매에서 중요한 것이 무엇인지 알지조차 못해 포기하고 정보매매에 쏠려가 작전세력의 먹잇감으로 전락합니다. 진정 가치투자는 기존의 재무 정보와 기업 실적이 주가와의 관련성이 높은 핵심 항목에 집중함으로써 노력대비 성과를 높여줍니다. 고시가 오래 공부한 사람이 합격하는 것이 아니듯, 투자도 많이 분석한 사람이 돈을 버는 게 아니라, 핵심을 분석한 사람이 돈을 벌게 됩니다.

진정 가치투자
실전 필수 지식

진정 가치투자를 위한 실전 재무제표 핵심 내용

　재무제표는 해당 기업의 이해관계자들(경영자/주주/채권자/종업원/감독관청 등)이 경영활동의 내용을 파악하고 판단할 수 있도록 기업의 재정상태와 경영성적 등을 계산하여 정리 기록한 장부로, 「재무상태표, (포괄)손익계산서, 현금흐름표, 자본변동표, 주석 등」이 있습니다. 재무제표는 간단히 해당 기업의 살림살이를 계산하여 정리 기록한 장부라고 보면 됩니다.

　현실적으로 일반 개인투자자들이 일일이 모든 종목의 사업보고서에 있는 재무제표의 모든 항목을 분석하는 것은 거의 불가능에 가깝습니다. 또한, 모든 항목을 분석한다고 투자에 훨씬 유리한 것도 아닙니다.(재무제표 분석이 직업인 공인회계사들의 투자수익률이 의외로 높지 않은 것도 바로 이러한 이유 때문입니다.) 중요한 것은 많은 항목을 분석하는 것이 아니라 기업의 재무 핵심을 분석하고 투자에 활용하는 노하우인 것입니다. 즉, 주식투자 성공을 위해 필요한 재무제표의 핵심 내용을 분석하는 것입니다. 앞서 설명했던 기업정보 전문 회사에서 제공하는 요약 재무제표의 내용을 확실히 아는 것이, 쓸데없이 많은 항목을 아는 것보다 투자수익 확보에 있어 훨씬 더 효과적입니다.

다음은 대부분의 증권사 HTS에서 제공하는 요약 재무제표 화면입니다. (실제로는 기업정보 회사인 FNGUIDE에서 만든 정보를 증권사에서 일반 개인투자자에게 제공)

[그림] 핵심 재무제표(FNGUIDE 제공)

구분	연간재무제표(Annual)			
매출액(억원)	2,395,754	2,437,714	1,085,127	2,274,213
영업이익(억원)	536,450	588,867	128,303	272,740
영업이익률(%)	22.39	24.16	11.82	11.99
당기순이익(억원)	413,446	438,909	101,720	212,379
순이익률(%)	17.26	18	9.37	9.34
자산총계(억원)	3,017,521	3,393,572	3,429,401	-
부채총계(억원)	872,607	916,041	851,931	-
자본총계(억원)	2,144,914	2,477,532	2,577,470	-
유보율(%)	23,681.42	26,648.22	27,742.76	-
ROE	21.01	19.63	8.3	8.81
PER	8.5	5.99	15.7	13.84
PBR	0.04	1.1	1.28	1.22
PSR	1.29	1.01	1.47	-
EPS(원)	5,997	6,461	2,994	3,305.77
BPS(원)	1,406,275.66	35,342.36	36,788.58	35,088.85
SPS(원)	39,429.8	38,142.82	31,949.92	-
EBITDA(억원)	-	-	-	-
EV/EBITDA	-	-	-	-

지금부터 재무제표의 핵심 항목과 주의사항을 설명하고자 합니다.

매출액

매출액은 상품의 매출 또는 서비스의 제공에 대한 수입 금액을 말합니다. 간단히, 일정 기간 동안 기업이 판매한 금액이라고 생각하면 됩니다.

끝장마스터 Q 투자종목 선택 시 매출액은 연간 400억 대 이상 기업에서 고르는 것이 안전함. → 1년 매출액이 400억이 안 되는 회사의 경우, 회사가 시스템에 의해 움직이기보다는 오너 1인의 독단적 의사에 의해 움직일 가능성이 큰 만큼 회사의 존립이 불안해질 가능성이 높기 때문임.

끝장마스터 Q 사람의 키가 멈추면 성장기가 끝나듯, 기업의 매출이 감소하거나 정체하면 기업의 성장이 끝난다고 보면 됨. 따라서 같은 조건의 기업이라면 매출액이 증가하는 기업을 선택하는 것이 유리함.

영업이익

영업이익은 매출액에서 매출원가와(재료값 등) 판매관리비(인건비 등)를 뺀 금액을 말합니다. 간단히, 기업이 실제로 기업의 영업활동에서 벌어들인 이익을 말합니다. 일반적으로 이익이 나는 경우를 흑자, 손해가 나는 경우를 적자라고 합니다.

끝장마스터 Q 기업의 이익 항목 중 가장 중요한 항목으로 영업이익의 증감으로 기업의 주된 영업의 건전성을 나타내는 지표로 손익계산서 항목 중 가장 중요함. → 기업의 실질적인 영업능력 판단 시 순이익보다도 더 중요한 기준으로 작용함.

영업이익률

영업이익률은 영업이익을 매출액으로 나눈 값을 말합니다. 예를 들어, 영업이익이 10억이고 매출액이 100억이라면 영업이익률은 10%(10억/100억)가 됩니다. 영업이익률이 높은 기업일수록 좋은 기업입니다. 게임/바이오 업체들의 영업이익률은 높은 편이고, 제조업체의 영업이익률은 낮은 것이 일반적입니다. 따라서 영업이익률을 판단할 때 해당 기업이 속한 업종의 평균 영업이익률과 비교하는 것이 바람직합니다.

당기순이익

당기순이익은 영업이익에서 영업외손익(주된 영업활동 이외의 활동으로 생긴 비용과 이익)과 법인세를 뺀 금액을 말합니다. 영업외손익은 기업의 주된 영업활동과 무관하게 생긴 이익과 비용으로, 예를 들어 물건을 파는 기업이 물건 판매와 무관하게 기업이 보유한 땅을 팔아 이익이 생길 경우 이를 영업외이익이라하고, 반대로 땅을 파는 과정에서 생긴 손실처럼 주된 영업활동과 무관하게 발생한 비용을 영업외비용이라고 합니다. 법인세는 기업의 소득에 따라 나라에 내는 세금을 말합니다. 간단히 당기순이익은 기업이 번 모든 돈에서 각종 비용과 세금을 제외하고 남은 실제로 번 돈이라고 생각하면 쉽습니다. 기업의 당기순이익을 주식수로 나눈 값을 「주당순이익」이라고 하며, 주가를 판단하는 주요 기준으로 사용됩니다. A라는 기업의 당기순익이 100억이고 주식총수가 100주라면, A기업의 주당순이익은 1억(100억/100주)이 됩니다. B라는 기업의 당기순이익이 50억이고 주식총수가 10주라면, B기업의 주당순이익은 5억(50억/10주)이 됩니다.

주당순이익이 꾸준히 증가하는 기업이 증가하는 기업이 좋음.

순이익률

순이익률은 순이익을 매출액으로 나눈 값을 말합니다. 예를 들어, 순이익이 10억이고 매출액이 100억이라면 순이익률은 10%(10억/100억)가 됩니다. 순이익률이 높은 기업일수록 좋은 기업입니다. 하지만, 순이익은 영업이익과는 달리 변동 가능성이 크기 때문에(영업과 무관하게 건물을 팔거나 땅을 파는 방법 등으로 일시적으로 이익 또는 손실이 크게 증가 또는 감소가 가능하므로), 순이익률보다는 영업이익률이 훨씬 더 중요한 정보입니다.

「영업이익률은 높으나 순이익률이 낮은 기업」이 「영업이익률은 낮으나 순이익률이 높은 기업」보다 좋은 종목임.

자산(총계)

자산이란 「과거의 거래나 사건의 결과로서 현재 기업에 의해 지배되고, 미래에 경제적 이익을 창출해 줄 것으로 기대되는 자원」을 의미합니다. 간단히, 기업이 보유한 재산이라고 보면 됩니다. 주의할 점은 빚도 자산에 포함된다는 점입니다. 예를 들어 200억짜리 건물을 구입할 때 회사가 가지고 있는 돈 100억(순수한 내 돈을 자본금이라고 함)과, 부족한 100억을 은행에서 빌려 구입하였다면(은행 등 남에게 빌린 돈을 부채라고 함), 이때 이 회사의 '자산은 200억, 자본금 100억, 부채는 100억'이 됩니다. 중요한 것은 자산이 많다고 우량

회사라고 할 수는 없습니다. 왜냐하면, 자산에는 부채(남에게 빌린 돈)도 포함되기 때문입니다.

부채(총계), 부채비율

부채는 간단히 회사가 갚아야 할 빚이라고 생각하면 됩니다. 회사의 우량여부를 판단하는 기준 중 하나로 부채비율이 있는데, 부채비율은 부채(총계)를 자본(총계)로 나눈 금액을 의미합니다. 예를 들어, 기업의 자산이 100억인데 그 중에 자기 돈(자본)이 20억, 빌린 돈이 80억이라면 부채비율은 400%(80억/20억)가 됩니다. 당연히, 부채비율이 높을수록 위험한 기업이며 일반적으로 부채비율이 100% 넘은 기업에는 가급적 투자하지 않는 것이 좋습니다. 개인이든 가정이든 기업이든 간에 남에게 빌린 돈이(부채) 많으면 이자도 내야하고, 빌린 돈도 갚아야하기 때문입니다.

자본(총계)

자본은 자산에서 부채를 뺀 금액으로, 회사가 회사의 주인인 주주가 회사에 가지는 몫이라고 생각하면 됩니다. 자본은 크게 「자본금, 자본잉여금, 자본조정, 기타포괄손익누계액, 이익잉여금 등」으로 분류합니다. 간단히, 자본은 회사의 전체 자산에서 부채를 차감하고 남은 돈으로, 회사 주인인 주주 몫의 돈이라고 생각하면 됩니다. 자본에서 중요한 항목인 「자본금」은 '발행주식수×액면가액'을 의미합니다. 이에 반해 「시가총액」은 '발행주식수×주가'를 의미합니다. 예를 들어 어떤 기업의 주당 액면가액이 1천 원, 발행주식총수가 10주, 주가가 1만 원이면, 이 기업의 자본금은 1만 원(1천원×10주), 시가총액은 10만 원(1만 원×10주)이 됩니다.

유보율

유보율은 잉여금을 자본금으로 나눈 금액을 말합니다. 여태까지 회사가 벌어들여 모은 재산이 자본금의 몇 배인지를 나타냅니다. 자본금이 100억이고 잉여금이 1,000억이라면 유보율은 100%(1,000억/100억)가 됩니다.

끝장마스터 🔍 일반적으로 유보율이 높을수록 우량한 기업임. 일반적으로, 돈을 쌓아두기 보다는 그 돈을 투자해 더 큰 돈을 벌 수 있는 곳에 투자하는 것이 좋을 수 있다고 생각할 수 있지만, 가정뿐 아니라 기업도 빚보다는 저축이 많을수록 갑작스러운 상황 변화시 무너지지 않을 가능성이 높음.(특히, 저성장 기조로 접어든 우리나라의 주식투자 환경에서 가치투자시 유보율만큼 안정성을 판단하기 좋은 지표는 찾기 어려움)

주식투자에서 이용되는 각 종 지표 (ROE, PER, PBR 등) 읽는 방법

주식투자에서 사용하는 지표는 대부분 철자를 그대로 읽으면 됩니다. 예를 들어, PER은 "피이알", PBR은 "피비알"이라고 읽으면 됩니다. 단, PER와 같은 일부 지표의 경우 발음 그대로 「퍼」라고 읽기도 합니다. 헷갈릴 경우 철자 그대로 읽으면 됩니다. 중요한 것은 항목의 어원이나 사전적 의미보다는 실제 투자에서 수익을 얻기 위해 어떻게 활용하고 해석해야 하는 지입니다. 주식투자를 하는 목적은 회계사나 경영학박사가 되는 것이 아니라, 수익을 내는 것입니다.

ROE (자기자본이익율)

ROE는 순이익을 자본으로 나눈 값을 말합니다. 만약, 순이익이 100억, 자본이 1,000억이라면 ROE는 10%(1,000억/100억)이 됩니다.

끝장마스터 Q ROE(자기자본이익률)과 ROA(총자산이익률)

ROE가 기업의 순이익을 자본으로 나눈 값인데 반해, ROA는 기업의 순이익을 자산(부채와 자본을 합한 값)으로 나눈 값임. 어느 기업의 자본이 50억, 부채가 50억, 순이익이 100억이라면, ROA는 1(100억/(50억+50억))이 됨. 이때 ROE는 2(100억/50억)가 됩니다. ROE가 높을수록 좋은 회사일 수 있으나, 동시에 부채(빚)를 많이 이용하는 위험한 회사일수도 있으니 주의해야 함.(자기 돈 3억과 빌린 돈 3억으로 집을 산 경우, 집값이 두 배로 올라 12억이 되면 큰 이익을 보겠지만 집값이 2억으로 폭락한다면 집을 팔아도 빚을 다 못 갚는 상황이 됨)

끝장마스터 Q 투자 기업을 선정시에는 ROA도 함께 확인하는 것이 바람직함.

ROE와 ROA의 차이가 클수록, 지나치게 많은 빚을 내어 투자하고 있을 가능성이 높다고 판단하고 투자 대상에서 제외하는 것이 바람직함.

EPS (주당순이익)과 PER (주가수익배율)

EPS(주당순이익)는 당기순이익을 주식총수로 나눈 값입니다. 순이익 100억이고 주식수가 100주라면 주당순이익은 1억(100억/100주)이 됩니다. PER(주가수익배율)는 주가가 주당순이익의 몇 배인가를 나타내는지를 나타냅니다.(주가/주당순이익) 주가 1만 원이 주당순이익 5,000원이라면 PER는 2(1만 원/5천 원)가 됩니다.

끝장마스터 🔍 두 회사의 주가가 같다면, 당연히 주당순이익 큰 회사가 더 좋은 회사임.(주가가 다를 때 비교를 위해 PER 이용) 일반적으로 PER가 낮을수록 순이익에 비해 주가가 낮으므로, 저평가 가능성 높음. 진정 가치투자에서는 PBR, PSR 등의 지표와 함께 저평가 분석시 유용한 핵심 지표임.

BPS (주당순자산)과 PBR (주가자산비율)

BPS(주당순자산)은 자본을 주식총수로 나눈 값입니다. 만약, 자본이 100억이고 주식수가 100주라면 주당순자산(BPS)은 1억(100억/100주)이 됩니다.

끝장마스터 🔍 두 회사의 주가가 같다면, 당연히 주당순자산이 큰 회사가 더 좋은 회사임. 주가가 다를 때 비교하기 위해서는 PBR을 이용. 가치투자시 최우선적으로 살펴보는 값이 바로 주당순자산임. 주당순자산은 흔히 청산가치라고도 하는데, 회사가 최악의 경우 더 이상 영업을 하지 않고, 회사의 자산을 모두 팔아 빚을 갚은 후의 남은 금액을 주주에게 나누어 줄 때(=이를 기업청산이라고 함), 주식 한 주당 받을 수 있는 금액이기 때문임.(하지만, 실제 장부에 기록된 재산의 가격과 실제 시장에서 거래되는 가격에 차이가 있을 수 있기 때문에 100% 일치하지는 않음)

PBR(주가자산배율)은 주가가 주당순자산의 몇 배인가를 나타냅니다. 주가 1만 원이 주당순이익 2만 원이라면 PBR은 2(2만 원/1만 원)가 됩니다.

끝장마스터 🔍 PBR이 낮을수록 주당순자산에 비해 주가가 낮으므로, 저평가 가능성 높음. PBR은 가치투자에서 매우 중요한 지표임. 가치투자에서 높은 수익을 준 종목들의 급등 전 PBR은 1보다 작았음.

SPS (주당매출액)과 PSR (주가매출비율)

SPS(주당순매출액)은 매출액을 주식수로 나눈 값입니다. 매출액이 100억 이고 주식수가 100주라면 주당순매출액(SPS)은 1억(100억/100주)이 됩니다.

끝장마스터 🔍 두 회사의 주가가 같다면, 당연히 주당순자산이 큰 회사가 더 좋은 회사임.(주가가 다를 때 비교하기 위해서는 PSR을 이용)

PSR (주가매출비율)은 주가가 주당매출액의 몇 배인가를 나타냅니다. 주가 1만 원이 주당매출액 2만 원이라면 PSR은 2(2만 원/1만 원)가 됩니다.

끝장마스터 🔍 PSR이 낮을수록 주당순매출액에 비해 주가가 낮으므로, 저평가 가능성 높음. PSR은 PER와 PBR과 함께 가치투자에서 매우 중요한 지표임. 실제로, 일반인에게 많이 알려진 PER보다도 실전에서 더 유용한 경우가 많음. 가치투자에서 높은 수익을 준 종목들의 급등 전 PSR은 0.8보다 작았음.

EV (기업가치)

EV는 해당 기업을 매수할 때 기업을 매수하는 사람이 지급해야 하는 현금액입니다. A 회사의 시장 가격이 100억이고 이 회사가 보유한 현금이 20억이라면, A 회사를 매수하기 위해 실제 필요한 돈은 80억만 있으면 되므로, 이때의 EV는 80억이 됩니다. 100억 주고 A 회사를 사면 A 회사의 현금 20억을 가질 수 있기 때문입니다.

끝장마스터 🔍 EV는 다음에 설명할 에비타(EBITDA)와 함께 사용하는 지표인 EV/EVITDA로 사용되어, 기업의 인수합병시(M&A) 기업 가치 계산시 이용.

EBITDA

(에비타 : 세금을 내기 전 영업이익에 감가상각비 등을 합한 금액)

EBITDA(에비타)는 세금을 내기 전 영업이익에 감가상각비 등을 합한 금액으로, 간단히 기업이 영업활동을 통해 현금을 얼마나 벌어들이는 지 알려주는 지표라고 보면 쉽습니다. 앞서 설명한 EV와 함께 사용되며 주로 인수합병시 기업의 가치를 설명할 때 주로 사용합니다.

끝장마스터 🔍 에비타(EBITDA)는 앞에서 설명한 EV와 함께 사용하는 지표인 EV/EVITDA로 사용되어, 기업의 인수합병시(M&A) 기업 가치 계산시 주로 이용됨. EBITDA는 국가간 또는 기업간의 순이익이 상이하게 계산되는 요인(세금 제도 및 감가상각 제도 등)을 제거한 후, 순수하게 기업의 수익력이(특히, 현금창출 능력) 얼마나 되는 지 비교할 때 사용. 특히, 기업 인수합병시 유용하게 사용되며 실전에서는 「EV/EBITDA」를 이용하게 됨.

EV/EBITDA (이브이에비타)

EV/EBITDA는 EV를 EBITDA로 나눈 값으로, 기업 인수합병시 사용한 현금을 회수하기 위해 필요한 기간을 의미한다는 점만 기억합니다. A 기업의 EV가 80억 EBITDA는 20억이라면, EV/EBITDA는 4가 됩니다.(80억/20억) 어느 회사의 EV/EBITDA가 4라는 의미는 회사 구입시 쓴 현금을 A 회사가 벌어들이는 데 4년이면 된다는 의미입니다. 따라서 회사를 구입하는 입장에서는 가급적 EV/EBITDA가 낮은 기업이 유리합니다.(낮은 기업일수록 실제 그 기업이 벌어들이는 돈-현금-에 비해 저평가 되었다는 것을 의미합니다.)

끝장마스터 Q EV/EBITDA 값이 작을수록 좋은 기업. 왜냐하면, 작을수록 기업을 인수하기 위해 사용한 현금을 더 짧은 기간에 회수할 수 있기 때문임.

DPS (주당배당금)과 배당수익률, 배당률, 배당성향

DPS(주당배당금)은 배당금을 주식수로 나눈 값입니다. 배당금이 100억이고 주식수가 100주라면 주당배당액(DPS)은 1억(100억/100주)이 됩니다.

끝장마스터 Q 주가가 동일하다면, 주당배당금이 높을수록 바람직함. 참고로, 성장성이 높은 기업에 대한 투자시에는 배당 대신 고수익을 내는 분야에 재투자하는 것을 선호하기도 함. 주가가 다른 종목간 비교는 배당수익률 이용해 비교해야 함.

배당수익률은 주당배당액을 주가로 나눈 값이고, 배당률은 주당배당액을 액면가로 나눈 값입니다. 어느 회사의 주가가 1만 원이고 액면가가 1천 원이고 주당배당액 1천 원이라면, 그 회사의 배당수익률은 10%(1천 원/1만 원)

이고 배당률은 100%(1천 원/1천 원)가 됩니다. 배당 성향은 순이익 중에서 얼마만큼을 배당하는지를 나타내는 값으로, 배당액을 순이익으로 나눈 값입니다. 어느 회사의 순이익이 10어이고 배딩액은 5억이라면, 회사의 배당성향은 50%(5억/10억)가 됩니다. 배당 관련 가장 중요한 지표는 은행이자율과 비교해 투자수익률을 비교하기 쉬운 「배당수익률」입니다. 왜냐하면, 은행에서 받을 수 있는 이자율과 쉽게 비교가 가능하기 때문입니다. 은행이자율이 2%라면 100만 원을 은행에 맡기면 1년에 2만 원의 이자를 받게 되는데, 만약 어느 회사의 배당수익률이 5%라면 1년에 5만 원의 배당금을 받게 됩니다.

> **끝장마스터 Q** 주가가 동일하다면, 주당배당금이 높을수록 바람직함.(주의할 점은 성장성이 높은 벤처 기업이나 바이오 기업 등에 대한 투자시에는 주주에게 배당금을 나눠주는 대신 더 수익성이 높은 분야에 투자해 더 많은 이익을 내기 바라는 기대감으로 성장성을 중시하는 기업의 경우 배당액이 주가에 큰 영향을 주지는 못함)

재무제표

현실적으로 개인투자자들이 투자하는 기업에 대한 재무제표의 모든 항목을 분석하는 것은 불가능하며, 설사 모든 항목을 분석한다고 투자에 훨씬 유리한 것도 아닙니다.(재무제표 분석이 직업인 공인회계사들의 주식투자수익률이 의외로 높지 않은 것도 바로 이러한 이유임) 중요한 것은 많은 항목을 분석하는 것이 아니라, 기업의 재무 핵심을 분석하고 투자에 활용하는 노하우입니다. 재무제표는 해당 기업의 이해관계자들(경영자/주주/채권자/종업원/감독 관청 등)이 경영활동의 내용을 파악하고 판단할 수 있도록 기업의 재정상태와 경영성적 등을 계산하여 정리 기록한 장부로, 「재무상태표, (포괄)손익계산서, 현금흐름표, 자본변동표, 주석 등」이 있습니다.

재무제표는, 간단히 해당 기업의 살림살이를 계산하여 정리 기록한 장부라고 보면 됩니다.

① 재무상태표 : 일정 시점 현재 기업이 보유하고 있는 경제적 자원인 자산과 경제적 의무인 부채, 그리고 자본에 대한 정보를 제공하는 보고서로, 재무상태표를 통해, 정보이용자들은 기업의 유동성, 재무적 탄력성, 수익성과 위험 등의 평가에 유용한 정보를 얻을 수 있습니다. 심하게 말하면, 재무상태표는 기업이 모두 사업을 중지하고 빚 잔치를 할 경우, 얼마나 건질 수 있을지 알려주는 가장 확실한 장부입니다. 간단히, 특정 시점의 기업의 재산이나 부채 등의 재산 상태를 나타낸 표라고 생각하면 됩니다.

② 포괄손익계산서 : 기업의 경영성과를 명확히 하기 위해 해당 영업기간 중 발생한 모든 수익과 이에 대응한 비용, 순이익 등을 기록한 계산서로 다음과 같은 항목으로 이루어집니다. 간단히, 일정기간 동안 돈을 얼마나 많이 벌었는지를 (또는 손해를 봤는지) 적어 놓은 장부라고 생각하면 됩니다.

③ 현금흐름표 : 일정기간 동안 기업의 현금흐름을 나타낸 표로, 철저히 현금의 유입과 유출에 초점을 맞추어 작성된 재무제표. 현금흐름표는 크게 영업활동으로 인한 현금흐름, 투자활동으로 인한 현금흐름, 재무활동으로 인한 현금흐름으로 구분됩니다. 간단히, 기업에 실제 현금이 얼마만큼 들어오고 나갔고, 남아 있는지를 기록한 장부라고 생각하면 쉽습니다.

④ 주석 : 주석은 사업보고서 맨 마지막에 위치하는 것으로, 주석이 필요한 이유는 재무상태표 등 다른 재무제표만으로는 회사의 재무에 관한 정보를 모두 나타낼 수 없기 때문입니다. 의외로 주석에는 투자에 중요한 내용들이 숨어 있는 경우가 많습니다. 따라서 모든 종목의 주석을 확인하기는 어렵더라도, 최종적으로 가치투자를 위해 선정한 종목의 주석을 확인하면 좋습니다. 자세한 분석포인트 및 핵심 부분에 대해서는 본 책의 「사업보고서 분석」에서 자세히 설명하고 있으니 참고하기 바랍니다.

PART 6

주식 끌장 마스터

진정 가치투자 활용 단계

3분 안에 골라내는 급등주
자동검색 비법

> ## 급등주 발굴의 성공적인 출발은 먼저 종목 선택이 아니라,
> ## 적합하지 않은 종목을 제외하는 것이다

주식시장에는 약 2천 개 내외의 종목이 상장되어 있으며, 이 종목들을 모두 분석하는 것은 현실적으로 너무나 비효율적입니다. 한 종목당 10분씩 해당 기업의 기본적인 내용만 확인한다고 해도 무려 330시간이 소요되기 때문입니다. 가뜩이나 시간이 부족한 일반 투자자들이 전 종목을 분석하는 것은 거의 불가능합니다. 심지어, 시간과 인력이 많은 전문 기관투자자들도 주식시장에 상장된 전 종목을 분석하는 무식한 짓은 하지 않습니다. 왜냐하면, 투입한 노력과 시간대비 성과가 너무 낮고, 무엇보다도 주식시장에 상장된 종목 중 가치투자 대상 자격이 되는 종목은, 대체로 200종목 내외에 불과하기 때문입니다.(가치투자에서 수익을 낼 수 있는 급등 가능성이 높은 종목은 대체로 주요한 핵심 특징을 가지고 있고, 그러한 특징들을 지닌 종목을 추려 집중적으로 분석하는 것

이 훨씬 효과적이므로!!!)

종목검색시 가장 주의해야 할 것이 최적화의 함정이다

지나치게 많고 까다로운 조건으로 검색시 종목이 전혀 검색되지 않거나 과도하게 엄격한 검색조건으로 인해 좋은 종목이 제외되기도 하기 때문입니다. 바로 이 점 때문에 검색 항목을 최대한 엄선해 최적으로 제한하는 것이 중요합니다. 실제로, 종목검색 화면을 처음 사용하거나 사용한지 얼마 안 되는 투자자일수록 지나치게 많은 검색 항목 설정이나 과도한 옵션 설정을 해 좋은 종목을 놓치는 잘못을 범하게 되는 경우가 많습니다.

「HTS사용법」
HTS 종목검색 기능 실전 활용 방법

가치투자를 위해 종목을 발굴하기 위해 가장 먼저 효과적으로 사용하는 것이 바로 「종목검색」 기능입니다. 모든 증권사에서 제공하는 증권거래 프로그램(HTS)은 종목검색 기능을 제공하고 있습니다.

이 종목검색 기능을 이용하면 주식시장에 상장된 2천 개 내외의 종목 중 가치투자로 큰 수익을 줄 가능성이 높은 종목을 10분 안에 골라낼 수 있습니다. 참고로, 검색화면은 각 증권사에서 제공하는 HTS마다 조금씩 다를 수는 있지만, 대부분 비슷한 기능을 제공하므로 여기서 설명하는 내용을 쉽게 적용할 수 있습니다.

[그림] 종목검색 화면

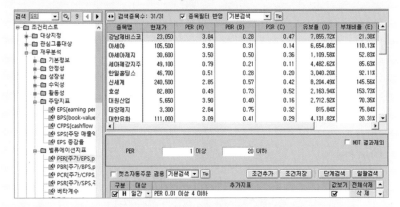

종목검색 기능에서 핵심 항목을 이용헤 검색하는 방법은 다음과 같습니다.

1) 단계 : 종목검색 화면에 있는 지표검색창에서 검색하고자 하는 항목명을 입력

[그림] 조건검색 화면 설정 1단계 – 검색 항목 추가

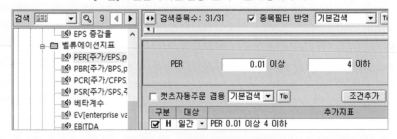

앞의 화면처럼, 검색 화면의 지표검색창에서 추가하고자 하는 검색항목(위의 그림에서는 PER)을 입력하면 일일이 찾지 않아도 자동으로 찾아줌)

[그림] 조건검색 화면 설정 2단계 – 검색 항목의 조건값 입력

검색항목을 추가하면 앞의 화면처럼, 검색항목의 조건을 설정하는 화면이 나옵니다. 앞의 예에서는 PER 항목을 선택하면 나타나는 항목 조건 입력창에서 PER가 4이하인 종목을 찾기 위해 빈칸에 0과 4를 입력한 화면입니다. 만약, PER가 5이상 10이하인 종목을 검색하고자 한다면 하얀 빈칸에 5와 10을 입력하면 됩니다.

절대 저평가 7가지 핵심조건

절대 저평가 가치주는 가치주의 기본에 충실한 종목으로, 가치주의 가장 기본인 해당 기업의 이익과 자산 대비 가격이 저평가된 가치주로, 다음의 조건을 일단은 모두 만족시켜야 합니다. 다음의 7가지 조건을 모두 만족함과 동시에 그 다음에 설명하는 진정 가치투자 「최종 선정조건」 역시 함께 만족해야 진정한 절대 저평가 종목에 부합됩니다.

「 제1조건 : PER 4 이하 」
→ 불과 4년 안에 주가만큼 순이익을 벌 정도로 수익성 좋은 종목 찾기

[참고] EPS와 PER는 앞에서 상세히 설명하고 있으니 해당 부분 참고

PER는 주가를 주당순이익으로 나눈 값입니다. 따라서 「PER 4 이하」 조건의 의미는 불과 4년 안에 주가만큼 순이익을 벌 수 있을 정도로 수익성이 좋은 종목을 선택한다는 의미가 됩니다. 하지만, 실전에서 보면 PER의 경우 뒤

에서 설명할 PBR이나 PSR 등의 다른 지표보다는 유용성이 떨어지는 편입니다. 그 이유는 PER가 높은 종목에서도 종종 급등 종목이 나타나고, PER가 낮은 종목에서도 오히려 급락 종목이 나오기 때문입니다. 하지만, 실전에서 보면 PER가 8이상인 종목에서는 급등 가능성이 낮고, PER가 4이하인 종목에서는 급등 가능성이 높습니다.

끝장마스터 🔍

- PER의 경우 PBR이나 PSR 등의 지표보다는 실전에서 유용성이 낮음.
- PER가 8이상인 경우 급등 가능성이 낮음.
- PER가 4이하인 경우 급등 가능성이 높음.

「제2조건 : PBR 1 이하」

→ 지금 당장 회사를 팔아도 회사를 산 가격보다 더 많은 돈을 받을 수 있을 정도로 주가가 순자산에 비해 저평가된 종목 찾기

[참고] BPS와 PBR은 앞에서 상세히 설명하고 있으니 해당 부분 참고

PBR은 주가가 주당순자산의 몇 배인가를 나타내는 값입니다. 가치투자는 저평가된 종목을 매수해, 해당 종목이 제대로 된 평가를 받으며 상승하면 팔아 수익을 내는 투자법입니다. 이때 저평가 여부를 확인할 수 있는 가장 기초적인 방법이 바로 PBR입니다. PBR이 1이하라면, 주가가 주당순자산보다 적다는 의미가 됩니다. 그만큼 주가가 주당순자산가치보다 저평가되었음을 의미합니다. 실전 가치투자에서 큰 수익을 내주는 종목들은 PBR이 1이하, 그

중에서도 0.5이하인 종목에서 월등하게 높았다는 점을 잊지 말아야 합니다. 단, 공장이나 기계설비 토지 등의 유형의 자산보다는 「특허권이나 신기술」 등 무형의 자산이 중요한 게임/컨텐츠제작/바이오/제약기업들에 대한 투자시에는 PBR 조건은 적합하지 않습니다. (→ 회사가 보유한 자산보다는 회사가 보유한 기술력이 중요하므로, 이러한 기업들에 투자시에는 PBR 조건을 적용하지 않거나 PBR 조건을 완화해야 함)

끌장마스터 🔍

- 가치투자로 대박을 준 본 종목의 다수는 급등 전 PBR이 0.1 이하인 종목이었음.
- 특허권이나 신기술 등 무형의 자산이 중요한 게임/바이오/테크 기업들의 경우는 PBR 기준을 완화하거나 적용하지 않아야 함.

「 제3조건 : PSR 0.7 이하 」
→ 주가가 매출액의 0.7배에 불과할 정도로 매출 규모에 비해 주가가 저평가된 종목 찾기

[참고] SPS와 PSR은 앞에서 상세히 설명하고 있으니 해당 부분 참고

7대 핵심 검색조건 중 세 번째는 PSR입니다. PSR(주가매출비율)은 주가를 주당매출액으로 나눈 값으로, 주가가 주당매출액의 몇 배인가를 나타냅니다. 만약, 주당순매출액이 100억이고 주식총수가 100주라면 PSR은 1(100억/100주)이 됩니다. 실전에서 보면 PSR이 2가 넘어가는 종목의 경우, 조만간 주가가 하락하는 경우가 훨씬 많았습니다. 따라서 보유한 종목의 주가가 상

승해 PSR이 2가 넘어가게 되면 매도를 심각하게 고려하여야 합니다. PSR은 종목검색과 가치주 투자시 PBR과 PER 못지 않게 중요한, 오히려 실전에서 수익을 내기 위해서는 더 중요한 핵심 지표입니다. 특히, 100% 이상의 수익을 주었던 상당수 종목들의 급등 전 PSR이 0.8 미만이었습니다. PSR을 빼고 나머지 조건들이 더 좋은 종목보다 다른 조건이 모자라도 PSR이 우수했던 (값이 낮았던) 종목들의 급등 확률이 더 높았습니다. 다른 조건이 부족하더라도 PSR이 0.7 이하-작을수록 좋음-이면 투자 후보에 우선적으로 올려놓아야 합니다. 특히, 매출액이 큰 대규모 기업일수록 PSR이 0.7이하인 경우 투자 수익률이 높습니다.

끝장마스터 🔍

- PSR의 경우 PER이나 PBR 등의 지표보다는 실전에서 유용성이 높음.
- 가치투자로 대박을 준 종목 절대 다수가 급등 전 PSR이 0.7이하인 종목이었음.

「 제4조건 : 유보율 500% 이상 」
그 동알 벌어 놓은 재산이 많아 갑작스러운 불황이 와도
망하지 않고 잘 버틸 수 있는 종목 찾기

> [참고] 유보율은 앞에서 상세히 설명하고 있으니 해당 부분 참고

유보율은 기업의 이익잉여금과 자본잉여금의 합계를 자본금으로 나눈 금액을 의미합니다. 쉽게 설명하면, 해당 기업이 벌어들여 쓰지 않고 모아둔 돈을 자본금으로 나눈 값을 의미하는데, 유보율이 높을수록 저축한 재산이

많음을 의미합니다. 일반 가정뿐만 아니라 기업도 빚보다는 저축이 많을수록 갑작스러운 상황 변화시 흔들리지 않을 가능성이 높습니다.

이러한 이유 때문에, 확률적으로 볼 때 유보율은 다른 어떤 조건보다도 안정성 확보 측면에서는 매우 효과적인 조건이 됩니다. 경험적으로 볼 때 실전에서 보면 유보율이 500% 이상인 기업에서 고르면 상당수의 부실한 기업들을 제외시킬 수 있습니다. 일반적으로, 돈을 쌓아두기 보다는 더 큰 돈을 벌 수 있는 곳에 투자하는 것이 좋다고 생각할 수 있지만, 저성장 시대에 진입한 우리나라의 현실을 고려할 때, 유보율은 재무적으로 부실한 종목을 걸러 내는 매우 좋은 수단이 됩니다.

끌장마스터 유보율 500% 이상인 종목을 선택하는 것이 안전함.

「제5조건 : 부채비율 100% 이하」
빚이 적어 불황해도 잘 버틸 수 있는 종목 찾기

[참고] 부채비율은 앞에서 상세히 설명하고 있으니 해당 부분 참고

부채비율은 부채총액을 자기자본으로 나눈 값을 의미합니다. 간단히, 빌린 돈이 자본의 몇 배인지를 나타내는 값입니다. 만약, 부채비율이 200%라면 빚이 내 돈보다 2배나 많다는 의미가 됩니다. 일반적으로 부채비율이 100%가 넘어가면 재무적으로 위험해질 가능성이 높아집니다. 즉, 부채비율이 높을수록 갑작스러운 불경기나 경기 침체가 올 경우 망할 가능성이 그만큼 높아집니다. 아직까지도 일부 부실 기업들의 경우 재무제표를 가지고 장

난치는 경우가 많이 있어 「유보율」만으로는 재무적으로 부실한 기업을 걸러 내기는 쉽지 않습니다. 워렌버핏은 주식투자에서 돈을 벌기 위해 가장 중요한 제1원칙이 「돈을 잃지 않는 것」이라고 했고, 제2원칙이 「제1원칙을 잊지 않는 것」이라고 했을 만큼 가치투자에 있어 매우 중요한 부분이 기업의 안정성입니다. (→ 안정성이 높은 기업일수록 망할 가능성이 적음) 이러한 안정성 확보를 위해 유보율이라는 조건을 두었지만, 이것만으로는 부족할 수 있습니다. 이를 보완하는 것이 바로 부채비율입니다. 앞서 설명한 것처럼, 부채비율이 100% 이상인 기업의 경우, 갑작스런 부도나 심한 경우 상장폐지되기도 합니다. 기업이나 가계나 자기 돈보다 빚이 많으면 조그만 외풍에도 쉽게 무너질 수 있기 때문입니다. 따라서 투자할 기업을 고를 때는 부채비율이 100%이하인 종목에서 고르는 것이 바람직합니다.

끝장마스터 🔍 부채비율 100% 이하인 종목을 선택하는 것이 안전함.

「 **제6조건 : 배당수익률 1% 이상** 」

매년 현금 배당을 통해 주주의 자산을 불려주는 종목 찾기

[참고] 배당수익률은 앞에서 상세히 설명하고 있으니 해당 부분 참고

배당수익률은 1주당 배당금을 주가로 나눈 값입니다. 예를 들어, 주가가 100만 원이고 1주당 배당금이 5만 원이라면 배당수익률은 5%(5만 원/100만 원)가 됩니다. 배당수익률이 시장금리보다 높으면 좋겠지만, 일부 우량 종목의 경우 배당을 매우 적게 하는 경우도 많으므로 가혹하게 기준을 적용하기

는 어렵습니다. 그러나 경제성장률이 낮아질수록 가급적 배당수익률이 높은 종목 위주로 투자하는 것이 좋습니다. 왜냐하면, 적어도 매년 현금 배당금을 받게 되면, 주주의 입장에서 주가가 오르지 않고 지루하게 등락을 반복하며 횡보하는 구간에서도 버티기 유리하기 때문입니다. 또한 앞서 설명한 것처럼, 저성장이 고착화되는 경향이 심할수록 배당수익률이 높은 종목일수록 주가 상승 가능성이 높아지기 때문입니다. 성장률이 낮은 기업의 경우는 배당 성향이 높을수록 바람직하며, 벤처기업과 같은 성장률이 높은 종목은 배당 성향이 낮아도 좋습니다. 왜냐하면, 성장이 높을 경우는 배당보다는 투자를 통해 기업가치를 높이는 것이 바람직하기 때문입니다.

끝장마스터 🔍 배당수익률이 은행이자율보다 높은 종목을 선택하는 것이 좋음.
(단, 배당액이 매년 불규칙한 종목보다는 일정하거나 증가하는 기업이 좋음)

「 제7조건 : ROE 10% 이상 」
주주들이 투자한 돈으로 높은 수익을 내는 종목 찾기

[참고] ROE는 앞에서 상세히 설명하고 있으니 해당 부분 참고

ROE(자기자본이익률)는 순이익을 자본으로 나눈 값을 말합니다. 예를 들어 어느 기업의 순이익이 50억이고, 자본이 50억이면 ROE는 1(50억/50억)이 됩니다. 간단히, ROE는 주주들이 투자한 돈(자본금)을 얼마나 잘 굴려서 효과적으로 돈을 버는지를 알려주는 값입니다. 주의할 점은 ROE가 높은 회사일수록 좋은 회사일 수 있으나, 동시에 부채를 이용하는 위험한 회사일 수도 있

으니 조심해야 합니다. (그 이유는 본 책의 ROE 부분 참고) ROE 10% 이상은 매년 투자한 돈의 10% 이상의 돈을 번다는 의미입니다. 보통 실질 은행이자율의 5배 이상이면 괜찮은 것으로 여겨집니다. 간단히, 해당 기업이 돈을 은행에 맡겨 두는 것보다 5배 이상 높은 수익을 내는 사업을 하고 있다는 의미가 되기 때문입니다.

끝장마스터 Q

- ROE가 10% 이상인 종목을 선택하는 것이 바람직함.
- 투자할 종목을 최종적으로 선택시 ROA도 확인하여야 함.(ROA 설명 부분 참고)

실전 절대 저평가 종목 사례와 주의사항

지금까지 HTS의 종목검색 기능을 이용해 절대 저평가 가능성이 높은 종목을 빠른 시간에 검색하는 방법에 대해 배웠습니다. 여기서 중요한 점은 지금까지 설명한「절대 저평가 7대 조건」만으로는 안 되고, 다음 장에서 설명하는 진정 가치투자「최종 선정조건」역시 반드시 함께 만족해야 한다는 점입니다. 7대 검색 조건을 이용해 검색된 종목을 대상으로 뒤에서 설명하고 있는 최종 선정조건을 추가로 만족하는지 확인하는 작업을 거쳐 종목을 선정하여야 합니다. 또한, 공개된 정보 중 가급적 최신의 정보를 이용하는 것이 바람직합니다.(미공개 정보를 이용하라는 말은 아닙니다. 만약, 올해 어느 기업의 실적이 1분기, 2분기, 3분기까지 공개되었다면 가급적 최신 분기 자료인 3분기 자료를 이용하라는 의미입니다.)

　종목을 검색하다 보면, 이해가 안 갈 정도로 저평가된 종목들이 발굴됩니다. 이러한 종목들은 대체로 중소형주인 경우가 많은데, 시장의 관심에서 소외되어 있어 제대로 된 평가를 받지 못하다가 어느 순간 주가가 급등하며 원래의 가치 이상으로 큰 수익을 가져다주는 경우가 많습니다. 이러한 가치주들이 급등할 때는 절대로 저평가를 이유로 급등하는 것이 아니라, 해당 시점의 테마주로 분류되며 급등하는 것이 대부분입니다. 다음 그림에서 보는 급등하기 전 한진의 경우 PER는 3, PBR은 0.3, 유보율은 1,000%가 넘었습니다.

　이 기업을 당장 청산한다고 해도 3배가 넘는 돈을 벌 수 있고(PBR 0.3), 3년 만에 회사가 내는 순이익만으로도 주식을 사기 위해 투자한 돈을 모두 회수할 수 있을 정도로(PER 3) 저평가 상태였고, 배당도 꾸준히 지급되고 있었습니다. 물론 급등시에는 경영권 분쟁을 이유로 1개월도 안 되는 기간에 2배 가까이 상승하였지만, 그 상승의 근본적인 이유는 '절대 저평가'였습니다. 다음은 절대 저평가 종목의 실전 사례들이므로 참고하기 바랍니다.

■ 진정 가치투자 실전 사례 : 「절대 저평가+최종 선정조건」
[그림] 한진 일봉차트(251% 상승)

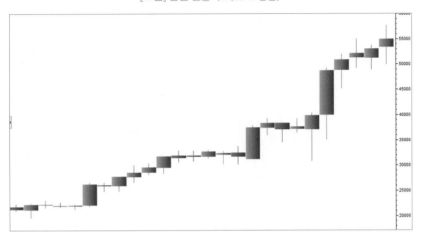

(자세한 발굴 및 매매방법은 본 책의 발굴비법과 매매비법 부분 설명 참고)

■ 진정 가치투자 실전 사례 : 「절대 저평가+최종 선정조건」
[그림] 하나머티리얼즈 일봉차트(301% 상승)

(자세한 발굴 및 매매방법은 본 책의 발굴비법과 매매비법 부분 설명 참고)

■ 진정 가치투자 실전 사례 : 「절대 저평가+최종 선정조건」
[그림] 다나와 일봉차트(306% 상승)

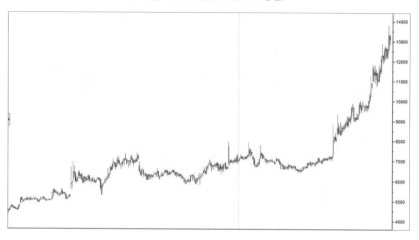

(자세한 발굴 및 매매방법은 본 책의 발굴비법과 매매비법 부분 설명 참고)

■ 진정 가치투자 실전 사례 : 「절대 저평가+최종 선정조건」
[그림] 장원테크 일봉차트(398% 상승)

(자세한 발굴 및 매매방법은 본 책의 발굴비법과 매매비법 부분 설명 참고)

■ 진정 가치투자 실전 사례 : 「절대 저평가+최종 선정조건」

[그림] 인지컨트롤스 일봉차트(273% 상승)

(자세한 발굴 및 매매방법은 본 책의 발굴비법과 매매비법 부분 설명 참고)

■ 진정 가치투자 실전 사례 : 「절대 저평가+최종 선정조건」

[그림] 동양피엔에프 일봉차트(307% 상승)

(자세한 발굴 및 매매방법은 본 책의 발굴비법과 매매비법 부분 설명 참고)

주가 급등을 부르는
7가지 절대 호재

　　지금까지 종목검색 기능을 이용해 절대 저평가 종목을 찾는 방법에 대해 설명하였습니다. 지금부터는 주가 급등과 매우 관련성이 높은 절대 호재와 그 절대 호재를 보유한 종목을 발굴하는 방법에 대해 설명합니다. 중요한 것은 호재 종목으로 발굴되더라도 투자 대상으로 선택되기 위해서는 뒤에서 설명할 '최종 종목 선정조건'을 추가로 만족해야 합니다. 호재는 인터넷에서 검색하는 방법을 이용할 수도 있으나, HTS에서 제공하는 뉴스정보 화면을 이용하면 훨씬 더 효과적으로 발굴할 수 있습니다.

「HTS 사용법」
HTS 호재 종목발굴을 위한
뉴스정보 화면 활용 방법

진정 가치투자의 종목검색을 위해서는 증권사에서 제공하는 종목검색 기능을 이용하면 효과적이듯이, 호재 종목 발굴을 위해서는 증권사의 HTS(증권거래프로그램)의 뉴스정보 화면을 이용하면 효과적입니다.

[그림] 뉴스정보 화면

					전체	검색	검색어를		/ /	그룹	

이마트 에브리데이, 데이즈 브라탑 출시기념 9980원 판매
제주항공, 2분기 영업손실 274억…20분기 만에 적자전환
서희건설, '개포 상록아파트' 재건축 수주…2300억 규모
안산시, 일본 무역보복 대응 합동대책본부 설치 운영
잘나가던 임블리, 매출보다 비용 더 커..백화점서 단계적 철수
일할 사람 구하기 힘든 중소기업계 "산업기능요원 존치 필요"
[연합시론] 中 환율조작국 지정, 우리경제 펀더멘털에 영향없다(종합)
심텍, 2분기 82억 영업손실…적자전환
[레이더P] [영상] 확산되는 日 불매운동 현장 가보니…
박영선 장관 "日 보복은 한국 경제 체질 바뀌는 계기"…대·중기 협력 중요
 美 에듀테크 시장 '구글 천하'
서희건설, '개포 상록아파트' 재건축 수주…2300억 규모
한밭대, 충남대와 '캠퍼스 혁신파크 조성 MOU'
에이아이비트, 10억 규모 CB 만기 전 사채취득
[포토] 서대문구, 일제 사무용품 사용금지 결의
국토부 "분양가 상한제 내주초 당정협의 거쳐 발표"

[그림] 뉴스정보 화면 검색창 (검색창에 검색어 입력)

⊙ 전체 ○					전체	검색	증여	

▶ 뉴스정보 화면 상단에 있는 검색창에 검색어를 입력(「증여」 등)하면, 검색어에 해당하는 종목을 쉽게 찾아낼 수 있다.

뉴스검색 기능 역시 각 증권사에서 제공하는 HTS마다 조금씩 다를 수는 있지만, 대부분 비슷한 기능을 제공하므로 여기서 설명하는 내용을 쉽게 적용할 수 있습니다. 대부분의 보통 뉴스정보 화면의 상단에는 위와 같은 검색 화면을 제공하고 있습니다. 이 검색 화면에서 다음에 설명할 호재 이름을 적으면 됩니다.

예제에서는 주가 급등과 매우 관련 높은 호재중 하나인 '증여'한 종목을 찾기 위해 검색 화면에서 증여를 입력한 화면입니다. 아래 그림은 증여를 입력하여 검색된 「증여」 관련 뉴스가 검색된 화면입니다. 검색 화면을 통해 「한샘」 종목이 증여와 관련된 종목임을 찾아낼 수 있습니다. 「증여」 호재와 관련된 본 책의 해당 부분에서 상세히 설명되니 참고하기 바랍니다.

[그림] 뉴스정보 화면 검색창 (검색창에 검색어 입력)

| | | | | 전체 | 검색 | 증여 | | / / | 그룹 | |

삼정KPMG · 삼정誼, 中企 M&A, 프리IPO 원스톱지원
[시그널] 삼정KPMG · 삼성증권, 중견기업 M&A 활성화 위해 업무 협약
최양하 한샘 회장, 부인, 장 · 차남에 40억씩 주식증여
최양하 한샘 회장, 부인 · 아들에게 주식 15만주 증여
삼정KPMG-삼성증권, 중견기업 M&A 활성화 위한 업무 협약
최양하 한샘 회장, 부인 · 장남 · 차남에 15만주 증여
최양하 한샘 회장, 부인 · 아들에게 주식 15만주 증여
[공시]최양하 한샘 회장, 부인 · 아들에게 주식 15만주 증여
[공시]최양하 한샘 회장, 부인 · 아들에게 주식 15만주 증여
최양하 한샘 회장, 부인-아들에게 주식 15만주 증여
최양하 한샘 회장, 부인 · 장남 · 차남에 총 15만주 증여
삼정KPMG-삼성증권, 중견기업 M&A 활성화 업무협약
[fn마켓워치] 삼정KPMG-삼성증권, 중견기업 M&A 활성화 업무 협약
제이에스티나 김기문 회장 일가, 실적발표 전 주식 매도…금융당국, 불공정거래 의혹 모니터링 착수

주식 끝장 마스터

주가 급등을 부르는 절대 호재 발굴비법 (1)
증여/상속

삼일제약, 한국석유, 신세계인터내셔날 등과 같이 일반적으로 대주주의 자녀에게 지분이 증여(또는 상속)되어 자녀가 해당 회사의 최대주주로 등극하는 경우 얼마되지 않아 주가가 갑자기 큰 폭으로 상승하는 경우가 많습니다. 반대로, 대주주가 고령인데도 불구하고 아직 자녀에게 증여가 완료되지 않은 경우, 알짜 우량 회사임에도 불구하고 이상하게 기업의 가치에 비해 과도하게 주가가 낮은 경우 역시 흔히 나타납니다. 왜냐하면, 과도한 증여세의 부담 때문에, 대주주의 자녀에게 증여나 상속 전에는 일부러 주가가 높아지지 않게 관리하는 경우가 적지 않기 때문입니다.

하지만 일단 증여나 상속이 이루어지면, 상황이 완전히 반전되는 것이 일반적입니다. 증여세 납부를 위한 돈 마련을 위해 배당이 갑자기 증가하고, 대주주의 입장에서는 더 이상 기업의 주가 상승을 막을 이유가 없어지기 때문입니다. 증여나 상속 이후 대주주가 부모에서 자녀로 변경된 이후부터는, 배당을 안 하던 기업이 갑자기 고액의 배당을 하고, 기업의 각종 호재가 발표되기 시작하면서, 주가가 상승하기 시작해 기업의 가치에 맞게 상승하는 것은 물론 그 몇 배로 폭등하는 경우도 흔히 발생합니다. 따라서 지분 증여나 상속이 이루어지는 기업에 주목해야 합니다. 자녀에게 기업에 대한 증여가 완료되거나 자녀의 지분이 더 많아지는 시점부터 주가가 급등할 가능성이 높아지기 때문입니다.

끌장마스터 🔍 증여나 상속이 이루어지는 기업에 주목 → 대주주가 부모에서 자녀로 변경되는 기업의 경우 주가 급등 가능성 높음.(실전에서는 뉴스정보창에서 증여 또는 상속으로 검색하면 해당하는 종목을 효과적으로 찾아낼 수 있음)

■ **진정 가치투자 실전 사례 : 「증여/상속+최종 선정조건」**
[그림] 삼일제약 일봉차트(850% 상승)

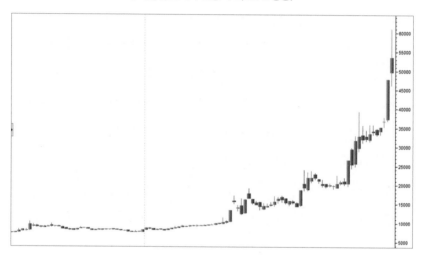

■ **진정 가치투자 실전 사례 : 「증여/2세/상속+최종 선정조건」**
[그림] 신세계인터내셔날 일봉차트(393% 상승)

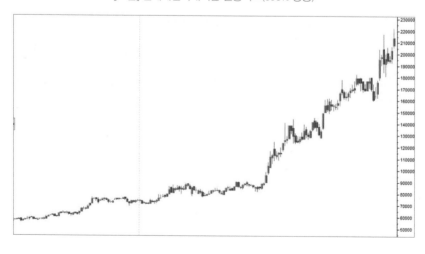

주가 급등을 부르는 절대 호재 발굴비법 (2)
지분 경쟁

재무 상태가 아무리 부실한 기업일 경우에도 지분 경쟁이 붙을 경우 급등하는 사례가 많습니다. 하물며, 재무 상태가 우수한 기업의 경우는 더할 나위 없습니다. 특히, 대주주 일가간의(가족 또는 친인척) 지분 싸움일 경우 주가 상승 가능성이 매우 큽니다. 동아제약, 두산, 금호, 삼화페인트 등의 급등도 바로 지분 싸움 때문이었습니다. 왜냐하면, 이 경우 지분 경쟁자 서로가 상당한 지분을 보유하고 있어 약간의 추가적인 지분 확보만으로도 대주주가 변경되기 때문에 더욱 치열한 지분 싸움이 일어납니다. 또한, 외부 세력에 의한 지분 획득의 경우도 장기적으로(지속적으로) 호재로 작용하는 경우가 많습니다. 보통 외부 세력이 대주주를 위협할 정도의 지분을 획득하는 회사들의 경우는 대주주의 전횡으로 저평가된 경우가 많기 때문에 이들의 지분 획득을 통한 경영 참여가 주가 상승의 기폭제로 작용하는 경우가 많기 때문입니다. 대표적으로 한진칼의 경우도 KCGI펀드와 지분 경쟁이 붙으며 급등하기 시작했습니다.

끝장마스터 🔍 지분 경쟁이 이루어지는 기업에 주목 → 특히, 가족이나 친인척간에 지분 경쟁이 이루어지는 경우 주가 급등 가능성 높음.(실전에서는 뉴스정보창에서 지분 경쟁 또는 지분으로 검색하면 해당하는 종목 효과적으로 찾아낼 수 있음)

■ 진정 가치투자 실전 사례 : 「지분 경쟁+최종선정조건」
[그림] 한진칼 일봉차트(270% 상승)

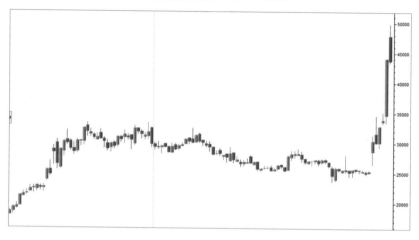

(자세한 발굴 및 매매방법은 본 책의 발굴비법과 매매비법 부분 설명 참고)

■ 진정 가치투자 실전 사례 : 「지분 경쟁+최종선정조건」
[그림] 한신기계 일봉차트(215% 상승)

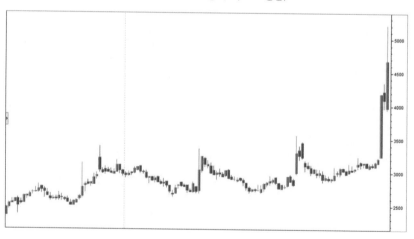

(자세한 발굴 및 매매방법은 본 책의 발굴비법과 매매비법 부분 설명 참고)

주가 급등을 부르는 절대 호재 발굴비법 (3)
재벌그룹사(대기업) 인수

기업이 대기업 특히 재벌 회사에 인수되는 경우 급등하는 경우가 많습니다. 그 이유는 재무 상태가 호전되고, 모기업의 지원을 받아 실적이 호전되는 경우가 많기 때문입니다. 가구 업체인 리바트의 경우 현대백화점 그룹의 계열사인 현대그린푸드에 인수된 후 그룹의 대규모 지원과 브랜드 이미지 제고 속에 실적 호조는 물론 큰 폭의 주가상승이 이루어졌습니다. 한때는 생존이 의심될 정도로 기업 체력이 약했던 하이닉스의 경우도, SK로 인수된 후 신용등급 상향과 함께 자금 사정이 호전되고 대규모 투자 여력이 생김에 따라 불황을 견뎌낼 수 있었고, 업황 호조에 따른 대규모 실적 호조와 이에 따른 주가 급등이 이루어졌습니다.

끝장마스터 🔍 재벌그룹에 인수되는 기업에 주목 → 특히, 재벌그룹의 규모가 클수록 추후 급등 가능성 높음.(실전에서는 뉴스정보창에서 인수 또는 그룹, 재벌로 검색하면 해당하는 종목 효과적으로 찾아낼 수 있음)

■ 진정 가치투자 실전 사례 : 「재벌 회사 인수」

[그림] 현대리바트 일봉차트(560% 상승)

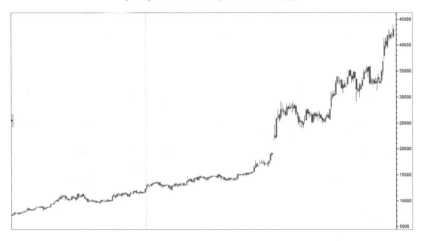

(자세한 발굴 및 매매방법은 본 책의 발굴비법과 매매비법 부분 설명 참고)

■ 진정 가치투자 실전 사례 : 「재벌 회사 인수」

[그림] SK하이닉스 일봉차트(215% 상승)

(자세한 발굴 및 매매방법은 본 책의 발굴비법과 매매비법 부분 설명 참고)

주가 급등을 부르는 절대 호재 발굴비법 (4)
PEF 인수

PEF(사모투자펀드)가 인수하는 회사에 주목해야 합니다. PEF가 인수했던 쌍용양회나 락액락의 경우처럼, 대체로 PEF가 인수하는 회사는 큰 상승을 하는 경우가 많기 때문입니다. 왜냐하면 PEF는 돈이 될만한 회사를 사서, 기업가치를 높인 후 주가를 올려 매각해 이익을 얻는 것을 목적으로 하기 때문입니다. 주의할 점은, 간혹 다른 호재 발굴 종목들과 달리 PEF가 인수한 기업은 기업 체질을 개선시키는 작업이 소요되기 때문에 주가 상승을 위해 비교적 장기적인 호흡으로 가져갈 수도 있다는 점을 고려해야 합니다. 대신, 상승 폭과 기대수익률은 최소 2배 이상으로 크게 보고 가야 합니다.

끝장마스터 🔍 다른 호재 발굴 방법과 달리, 「재벌 회사 인수」에서처럼, 다음 장에서 설명하는 진정 가치투자 「최종 종목 선정조건」을 만족하지 않아도 된다는 점에 주의. 왜냐하면, PEF 인수로 이후 벌어질 구조조정과 체질 개선을 통해 최종 선정조건에 부합되는 조건으로 거듭나면서, 주가가 상승할 확률이 높기 때문임.(실전에서는 뉴스정보창에서 인수 또는 PEF, 사모펀드 등을 검색하면 해당하는 종목을 효과적으로 찾아낼 수 있음)

■ 진정 가치투자 실전 사례 : 「PEF 인수」

[그림] 쌍용양회 일봉차트(295% 상승)

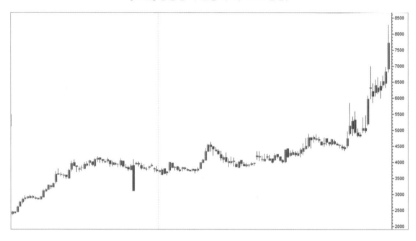

(자세한 발굴 및 매매방법은 본 책의 발굴비법과 매매비법 부분 설명 참고)

■ 진정 가치투자 실전 사례 : 「PEF 인수」

[그림] 락앤락 일봉차트(200% 상승)

(자세한 발굴 및 매매방법은 본 책의 발굴비법과 매매비법 부분 설명 참고)

주가 급등을 부르는 절대 호재 발굴비법 (5)
알짜 자회사 보유

알짜 자회사를 보유한 회사들의 경우, 시장에서 보유한 회사의 지분가치를 인정받으며 급등하는 경우가 많습니다. 보유한 자회사들의 지분가치 만으로도 시가총액을 훨씬 상회하는 말도 안 되는 경우가 가끔 있습니다.

이러한 회사들의 주가는 자회사의 주가가 상승하여 곧이어 뒤따라 지분가치를 반영하며 함께 상승하는 경우가 많습니다. 키움증권의 지분가치가 시가총액의 70%에 육박했었던 다우기술이나, 자회사인 아세아시멘트와 아세아제지의 지분 가치만으로도 시가총액을 넘어섰던 아세아의 경우 자회사들의 주가 급등에 따른 지분가치 증가를 반영하며 뒤이어 급등하였습니다.

끝장마스터 🔍 참고로, 우량 자회사를 보유한 경우라도 2세로의 증여가 완료되지 않은 경우 주가 상승까지 상당히 오랜 시간이 걸릴 수도 있다는 점에 주의.(실전에서는 뉴스정보창에서 「자회사」 등을 검색하면 해당하는 종목 효과적으로 찾아낼 수 있음)

■ 진정 가치투자 실전 사례 : 「알짜 자회사 보유+최종 선정조건」
[그림] 다우기술 일봉차트(315% 상승)

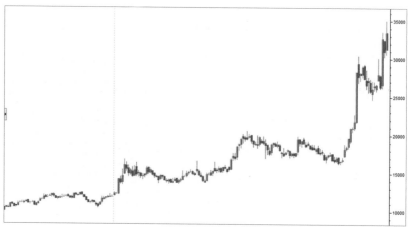

(자세한 발굴 및 매매방법은 본 책의 발굴비법과 매매비법 부분 설명 참고)

■ 진정 가치투자 실전 사례 : 「알짜 자회사 보유+최종 선정조건」
[그림] 아세아 일봉차트(190% 상승)

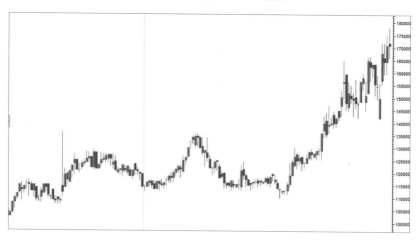

(자세한 발굴 및 매매방법은 본 책의 발굴비법과 매매비법 부분 설명 참고)

대폭적인 실적 호조, 특히 흑자전환 종목의 경우는 추가 급등이 이루어지는 경우가 많습니다. 증권사의 실적 개선 보고서가 나온 종목의 경우도 투자 대상에 넣어야 합니다. 여기서 주의할 점은 실적 호조의 경우 이전의 영업이익이나 순이익보다 최소 50% 이상 개선되어야 한다는 점입니다. 그리고 개선폭은 크면 클수록 좋습니다. 증권사의 실적 개선 레포트가 지속적으로 나온 F&F와 신대양제지 등의 경우 큰 폭의 주가 상승으로 이루어졌습니다. 또한, 주의할 점은 실적 호조로 주가가 상승 기조로 올라간 경우는 한 동안 추세가 이어지는 경우가 많으므로 분기별로 나오는 실적을 확인하며 장기적으로 가져가 이익을 크게 가져가는 것이 효과적입니다.

보통 이러한 종목은 기관과 외국인 등이 지분을 꾸준히 늘려가는 경우가 많은데, 이들 기관과 외국인들이 지분을 줄이기 전까지는 최대한 함께 보유를 이어가 수익을 극대화하는 것이 바람직합니다.

끝장마스터 🔍 본 책의 「최종 종목 선정조건」 부분에 나온 조건을 반드시 함께 만족해야 함. 단, 최종 종목 선정조건 중 3년 흑자 조건과 PER 조건은 만족하지 않아도 됨. 실적 호조로 인해 이전에 만족하지 못했던 조건을 만족시키며 주가 상승이 이루어질 것이기 때문임.(실전에서는 뉴스정보창에서 실적 호조, 흑자전환 등을 검색하면 해당하는 종목 효과적으로 찾아낼 수 있음)

■ 진정 가치투자 실전 사례 : 「실적 호조+최종 선정조건」
[그림] 신대양제지 일봉차트(275% 상승)

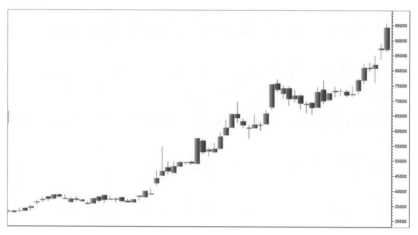

(자세한 발굴 및 매매방법은 본 책의 발굴비법과 매매비법 부분 설명 참고)

■ 진정 가치투자 실전 사례 : 「실적 호조+최종 선정조건」
[그림] F&F 일봉차트(750% 상승)

(자세한 발굴 및 매매방법은 본 책의 발굴비법과 매매비법 부분 설명 참고)

주가 급등을 부르는 절대 호재 발굴비법 (7)
고배당

저성장/저금리 시대가 고착화됨에 따라, 고배당을 주는 회사 역시 주가 급동으로 이루어지는 경우가 많습니다. 여기서 주의할 점은 고배당과 함께 초우량 회사이어야 한다는 점입니다. 즉, 꾸준히 흑자를 기록하고 유보율도 최소한 1,000퍼센트 이상의 조건을 만족해야 합니다. 만약, 고배당을 주더라도 매출액이 감소하거나 또는 영업이익이 감소하거나 순이익이 감소한다면 그 종목은 제외하여야 합니다.

실전에서 보면 가장 중요한 것은 고배당 정도를 계산할 때 단순히 배당수익률을 그대로 사용하면 안 되고 「배당수익률/은행이자율」로 나누어 배당수익률이 유지되거나 높더라도 은행이자율이 높아져 「배당수익률/은행이자율」이 이전보다 낮아진다면 그 종목은 매수하지 않아야 하고, 보유하고 있다면 매도를 고려하여야 한다는 점입니다.

끝장마스터 🔍 실전에서는 HTS에서 제공하는 해당 종목의 시황정보 화면에 있는 검색창에 고배당, 배당 우수 등을 입력하면 쉽게 확인 가능. 호재 종목발굴 특성상, 실전에서의 급등을 위해서는 단순히 실적 호조(흑자전환)만으로는 안 되고, 본 책의 최종 종목 선정비법 부분에 나온 조건을 반드시 함께 만족해야 함.(실전에서는 뉴스정보창에서 고배당, 배당 우수 등을 검색하면 해당하는 종목 효과적으로 찾아낼 수 있음)

■ 진정 가치투자 실전 사례 : 「배당 우수+최종 선정조건」

[그림] 동서 일봉차트(425% 상승)

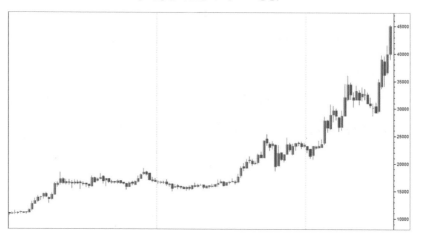

(자세한 발굴 및 매매방법은 본 책의 발굴비법과 매매비법 부분 설명 참고)

■ 진정 가치투자 실전 사례 : 「배당 우수+최종 선정조건」

[그림] 메리츠종금증권 일봉차트(295% 상승)

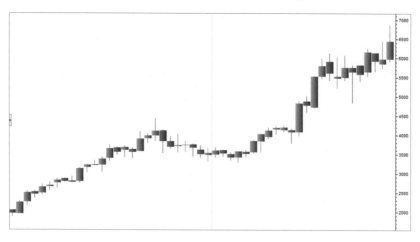

(자세한 발굴 및 매매방법은 본 책의 발굴비법과 매매비법 부분 설명 참고)

독점

해당 기업의 독점력이 강할수록 투자가치가 높습니다. 왜냐하면, 시장을 독점한 기업일수록 가격을 자기에게 유리하게 조정할 수 있기 때문입니다. 가치투자에서 가장 매력도 높게 보는 종목의 특성 중 하나가 바로 이러한 시장지배력(시장독점도)입니다. 독점은 특허 등 우월한 기술력 등에 의해 생기기도 하고, 방대한 투입 자본(가스회사 등)에 의해 생기기도 하고, 제도나 법령의 규제에(철도 사업 등) 의해 생기기도 하며, 경쟁회사의 몰락에 의해 생기기도 합니다.

경쟁 격화에 따른 경쟁회사의 몰락은 살아남은 업체에게 독점력을 높여주는데 대표적인 회사가 바로 경쟁업체의 부도와 합병 속에 살아남은 롯데제과와 현대차입니다. 삼성전자와 SK하이닉스의 경우도 글로벌 반도체 업체의 치킨게임 속에서 살아남으며 삼성전자와 함께 독과점의 수혜를 본 대표적인 종목입니다.

[그림] 기업정보 화면의 시장점유율 화면

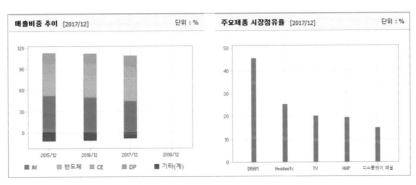

가치주에서는 공항내 운수관련 업무를 독점하는 한국공항 등이 이에 해당합니다. 한국공항은 독점 가치주의 대표적 사례 종목으로, 공항내 운수관련 업무를 거의 독점적으로 영위하는 대표적인 독점 기업이었습니다. 이러한 점을 간과하고 매수했던 가치투자자들에게 한국공항은 250% 가까운 수익을 안겨주었습니다. 저평가 가치주였던 삼화콘덴서 역시 MLCC물량을 독과점하고 있다는 점이 부각되며 1,300%가 넘는 상승으로 투자자들에게 큰 수익을 안겨 주었습니다.

끝장마스터 🔍 실전에서 특정 기업의 독점도를 빠르게 판단하는 방법은 HTS에서 제공하는 해당 종목의 기업정보 화면에서 제공하고 있는 시장점유율 순위를 이용하는 것이 바람직함. 보통 해당 기업이 판매하는 상품시장에서의 시장점유율 1, 2위 업체 중에서 투자하는 것이 바람직함.(실전에서는 뉴스정보창에서 점유율, 시장지배, 1등 기업, 독점, 독과점으로 검색하면 해당하는 종목 효과적으로 찾아낼 수 있음)

■ 진정 가치투자 실전 사례 : 「독점+최종 선정조건」
[그림] 한국공항 일봉차트(195% 상승)

(자세한 발굴 및 매매방법은 본 책의 발굴비법과 매매비법 부분 설명 참고)

■ 진정 가치투자 실전 사례 : 「독점+최종 선정조건」
[그림] 삼화콘덴서 일봉차트(1,345% 상승)

(자세한 발굴 및 매매방법은 본 책의 발굴비법과 매매비법 부분 설명 참고)

알짜 부동산

가치주 중에서 특히 PBR이 낮은 기업들의 경우 막대한 부동산을 보유하고 있음에도 불구하고, 최근 시점의 가격으로 평가하지 않는 경우가 있습니다. 이러한 기업들이 재평가를 하거나, 또는 해당 기업들이 보유하고 있는 부동산 주변에 호재가 있거나 자산 재평가를 실시하는 경우 주가가 급등하게 됩니다. 예를 들어 천억짜리 땅을 가진 기업의 시가총액이 500억도 안 되는 경우도 있습니다. 전국에 토지를 많이 했던 대한화섬의 경우 급등 전 당시 보유했던 부동산의 가치가 대한화섬 시가총액의 14배가 넘기도 하였습니다. 또한, 용산에 본사가 위치한 한국석유의 경우도 당시 800억 대로 평가하던 땅을 용산에 소유하고 있었음에도 불구하고 시가총액은 200억이 안 되기도 하였습니다. 용산 개발로 땅의 가치가 부각되며 당시 한국석유의 주가는 2만 원에서 36만 원으로 18배 가량 급등하기도 하였습니다. 막대한 부동산을 보유했던 대한방적의 경우도 자산 재평가 공시 이후 부동산 가치가 부각되며 7개월 만에 5배 넘게 상승했습니다.

끝장마스터 🔍 자산 재평가를 하게 되면, 보유하고 있던 부동산의 가치가 제대로 주가에 반영되는 경우가 많기 때문임. 하지만, 주의할 점은 자산 재평가를 하는 기업 모두가 상승하는 것이 아니라는 점에 주의. → 본 책의 「최종 종목 선정비법」 부분 참고.(실전에서는 뉴스정보창에서 부동산, 지가 상승 등을 검색하면 해당하는 종목 효과적으로 찾아낼 수 있음)

■ 진정 가치투자 실전 사례 : 「부동산+최종 선정조건」
[그림] 한국석유 주봉차트(1,810% 상승)

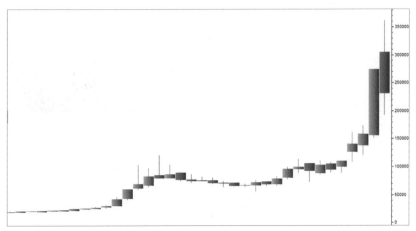

(자세한 발굴 및 매매방법은 본 책의 발굴비법과 매매비법 부분 설명 참고)

■ 진정 가치투자 실전 사례 : 「부동산+최종 선정조건」
[그림] 대한화섬 일봉차트(955% 상승)

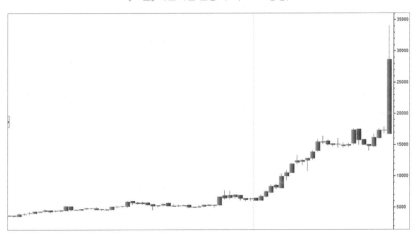

(자세한 발굴 및 매매방법은 본 책의 발굴비법과 매매비법 부분 설명 참고)

급등 예상 종목 최종 선정을 위한 10가지 절대 제외 비법

최종 검증비법(가짜 가치주 걸러내기)

자동 종목검색과 호재 종목발굴 과정을 통해 찾아진 종목 중에서 최종적으로 투자할 종목을 고르기 위해서는 지금부터 설명할 「최종 종목 선정조건(절대 제외조건)」을 사용합니다. 다음에 해당하는 항목 중 단 하나라도 부합되면 더 이상 고민하지 말고 그 순간 바로 그 종목을 투자 대상에서 제외합니다. 이 과정을 반복하다 보면, 최선의 종목이 자동으로 선택됩니다. 좋은 종목을 선택하는 가장 좋은 방법은 나쁜 종목을 하나씩 제거하는 방법이기 때문입니다. 만약, 모든 종목이 제외되더라도 전혀 걱정할 필요 없습니다. 좋은 종목이 나올 때까지 기다리면 되기 때문입니다.

끝장마스터 🔍 종목선택을 위한 가장 좋은 방법은 나쁜 종목을 먼저 걸러내는 것임

주식 끝장 마스터

관리종목/불성실공시/투자위험종목/정리매매종목

투자하고자 하는 종목이 거래소에서 정한 「관리종목/불성실공시/투자위험종목/정리매매종목」 중 어느 하나라도 해당되는 경우는 무조건 배제하여야 합니다. (증권사에서 제공하는 HTS의 현재가 화면 등에서 쉽게 확인이 가능합니다.)

[그림] 시황정보 화면의 관리종목 관련 뉴스들

(주)신한 관리종목지정
(주)디지탈옵틱 관리종목지정사유일부해제(파산 신청 사유 해소)
이베스트투자증권(주) 관리종목지정(주식분산기준미달)
(주)한국가구 관리종목지정(주식분산기준미달   )
대동기어(주) 관리종목지정(주식분산기준미달   )
(주)비츠로시스 관리종목지정(회생절차 개시신청)
(주)스킨앤스킨 관리종목 해제(최근 3사업연도중 2사업연도 자기자본 50%
(주)엘앤케이바이오메드 관리종목지정(상장적격성 실질심사 대상 결정)
(주)라이트론 관리종목지정사유추가(회생절차 개시신청)

끝장마스터 Q 「관리종목/불성실공시/투자위험종목/정리매매종목」은 심한 경우 상장폐지 되는 등 매우 위험한 종목이기 때문에 절대 투자해서는 안 되는 종목임.(초단타 매매를 하기에도 위험한 종목들임) 실전에서는 뉴스정보창에서 관리종목 등으로 선정된 이유까지 확인 가능함.

급등 예상 종목 최종 선정을 위한 절대 제외 비법 (2)
유상증자/전환사채/신주인수권부사채

「유상증자 또는 전환사채(CB), 신주인수권부사채(BW)」 경우 이름은 어려워 보이지만, 공통점은 해당 기업의 주식수를 증가시킨다는 데 있습니다. 따라서 「유상증자 또는 전환사채(CB), 신주인수권부사채(BW)의 발행이 잦거나 대규모로 이루어진다는 것은, 결국 해당 종목의 주식수가 늘어다는 것을 의미하고 이것은 그만큼 주식의 가격이 낮아진다는 것을 의미합니다. (물건이던 주식이던 간에 공급이 많아지면 가격은 하락하게 되어 있습니다.) 물론, 증자와 전환 등의 과정에서 돈이 일부 유입되기는 하지만 통상적으로 시장가격보다 낮게 이루어진다는 점을 고려하면 여전히 주당 가치는 낮아지는 것이 일반적입니다. 시중에, 돈이 많아지면 돈 가치가 떨어지고, 특정 제품이 시장에 많이 풀리면 해당 제품의 가격이 떨어지듯이 주식수가 늘어나면 해당 주식의 가격은 하락하게 됩니다. 예를 들어, 1,000억짜리 회사의 주식수가 100주라면, 1주당 가치는 10억이지만, 1,000억짜리의 회사의 주식수가 1,000주라면 1주당 가치는 1억밖에 되지 않습니다.

끝장마스터 🔍 최근 3년이내의 기간 중 유상증자/전환사채/신주인수권부사채」가 있는 종목은 무조건 제외. 실전에서는 해당 종목의 시황정보 화면에 있는 검색창에 증자, 전환사채, 신주인수권부사채를 입력하면 쉽게 확인 가능함.

급등 예상 종목 최종 선정을 위한 절대 제외 비법 (3)
최근 2년 이내에 대규모 투자

설비투자형 기업들의 경우(대형 IT회사나 대규모 장치회사) 일정주기로 (3~10년) 대규모 설비투자를 단행하는 경우가 많습니다. 이런 기업들의 경우는 투자대상에서 일단 제외하여야 합니다. 왜냐하면, 설비투자가 대규모로 이루어지게 되면 단기적으로 현금 흐름이 나빠지게 되고 설비투자가 완료되어도 투자액에 대한 감가상각비와 불확실성으로 인해 설비투자 후 2년 이내의 기간에는 실적이 악화되거나 정체되는 경우가 많기 때문입니다.

예를 들어, LG디스플레이 같은 기업의 경우에도 세계적인 디스플레이 업체임에도 불구하고, 경쟁사(중국 디스플레이제조업체 등)에 대응하기 위해 대규모로 차세대 설비 투자를 하면서 막대한 투자금액으로 지지부진한 주가 흐름을 보이는 경우가 많았습니다.

끝장마스터 🔍 대규모 설비투자를 단행한 회사의 경우에는 투자에 대한 결과가 보이기 시작하는 3년 후부터 투자를 고려해야 하는 것이 바람직함. 실전에서는 해당 종목의 시황정보 화면에 있는 검색창에 투자, 대규모 투자 등을 입력하면 쉽게 확인 가능함.

급등 예상 종목 최종 선정을 위한 절대 제외 비법 (4)
매출 대부분이 단일 첨단제품에서 발생

특정 기업의 매출이나 수익의 대부분이 단일 첨단(IT) 제품에서 얻어지는 경우, 일단 그 종목은 투자대상에서 제외합니다. 그 이유는 한순간에 다른 회사에서 더욱 진보된 신제품이 출시되면 아예 시장에서 사라지게 될 가능성이 크기 때문입니다. 수많은 MP3 전문 제조업체와 디지털카메라 전문 제조업체들이, 스마트폰이 시장에 나오자 실적이 급격하게 악화되었고, 상당수는 순식간에 몰락하며 시장에서 잊혀져 버린 사례가 대표적입니다.

[그림] 기업정보 화면의 매출비중 정보 차트

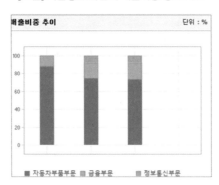

끝장마스터 🔍 단일 제품에 의존도가 큰 기업의 경우는 가급적 투자 우선순위에서 미루어 두는 것이 바람직함. 해당 제품의 경쟁력이 약화되거나, 경쟁회사의 제품이 치고 올라오는 경우 한순간에 회사가 몰락할 수 있기 때문임. 실전에서는 해당 종목의 기업정보 관련 화면의 매출비중 관련 부분을 보면 쉽게 확인 가능함.

제출 지연/부적정의견/회계기준 변경

회계기준을 자주 변경하는 회사의 경우, 해당 회사에 발표하는 재무정보 (재무제표 등)에 대한 신뢰도가 떨어지고, 회사의 재무적 문제점을 감추기 위한 시도일 가능성이 높습니다.(재고자산 평가법 변경을 통해 재고자산을 부풀리는 등) 최근의 감사제도 강화로 인해 감사보고서를 늑장 제출하는 경우도 잦은데, 이 경우 분식회계 등 회계 처리에 문제가 있을 가능성이 높습니다.

감사의견에서 적정의견을 받지 않은 경우 투자대상에서 무조건 제외합니다. 분식회계(재무제표 등 회계수치를 조작해 기업의 부실함을 감추는 일)를 해 상장폐지 당한 상당수 기업들이 그 전에 회계기준을 변경하거나 감사보고서를 지연 제출하거나, 감사의견을 부적정/제한 등 적정의견을 받지 못한 경우였습니다.

끝장마스터 🔍 실전에서는 해당 종목의 시황정보 화면에 있는 검색창에 기준 변경, 감사보고서, 감사, 회계기준 변경 등을 입력하면 쉽게 확인 가능함. 감사의견 중에서 적정의견을 받은 종목이 투자에 적정하다는 것이 아니라는 점에 주의.(적정의견은 기업이 작성한 재무제표가 정직하게 작성되었을 때 부여됨. 망할만한 기업이 망할 것 같다는 내용으로 정직하게 재무제표에 반영하면, 해당 기업의 재무제표는 적정의견을 받음)

최근 3년 영업이익/순이익 흑자 여부

최근 3년 동안 분기별로 연도별로 영업이익과 순이익 모두 흑자가 아닌 경우 투자대상에서 제외합니다. 왜냐하면, 기업의 목표는 돈을 버는 것이고 (이익을 내는 것이고), 좋은 회사일수록 지속적으로 이익을 내기 때문입니다.

[그림] 기업정보 화면의 최근 4개년/최근 4분기 재무정보

매출액	2,018,667	2,395,754	2,437,714	2,233,940	584,827	654,600	592,651	520,000
영업이익	292,407	536,450	588,867	304,906	148,690	175,749	108,006	62,000
당기순이익	227,261	421,867	443,449	240,090	110,434	131,507	84,622	
지배주주순이익	224,157	413,446	438,909	236,785	109,815	129,674	83,301	
비지배주주이익	3,104	8,422	4,540		619	1,833	1,321	

끝장마스터 🔍 3년 모두 연간 기준으로는 흑자이지만 중간에 분기 기준으로 1~2번 적자인 종목까지는 투자 대상에 포함. 이 경우에도 최근 분기의 영업이이과 순이익은 반드시 흑자인 종목에서만 투자해야함.

감사의견의 종류 및 감사의견에 따른 가치투자 대상

공인회계사가 기업의 재무제표를 감사하여 그 내용이 회계정보로서 적절한 가치를 지니는지에 대한 의견 중 「① 적정의견」을 받은 종목만 투자해야 합니다.

① 적정의견 (감사결과 적정-정직-하게 작성되어 신뢰할 수 있음)

② 한정의견 (감사결과 부분적으로 문제가 있음)

③ 부적정의견 (감사결과 중대한 문제가 있음)

④ 의견거절 (감사업무가 불가능할 정도로 심각한 문제가 있음)

급등 예상 종목 최종 선정을 위한 절대 제외 비법 (7)
대주주/경영자의 모럴 헤저드

[그림] 기업정보 화면의 주주 지분정보

항목	주권의 수	지분율
이건희(외 11인) ▶	1,266,349,...	21.21
국민연금공단	596,846,325	10.00
BlackRock Fund Advisor	300,391,061	5.03
방인배	579,900	0.01
이원성	423,650	0.01

　　대주주나 경영자가 문제가 있는 기업에는 투자하지 않습니다. 현실적으로 대주주나 경영자가 문제가 있는지 파악하는 가장 효과적인 방법은 ① 대주주 지분 20% 미만 여부 ② 대주주와 잦은 거래 ③ 대주주나 경영자가 횡령/배임 등의 안 좋은 문제로 소송이 걸려 있는지를 확인하는 것입니다. 지분이 20% 미만인 대주주는 회사가 자기 것이라는 인식이 부족해, 회사와의 악의적 거래를(자신의 부실 자산을 비싸게 회사에 넘기거나, 회사의 알짜 자산을 헐값에 자신의 다른 개인회사에 매수하거나 자신이 매수하는 방법 등을 이용) 통해 회사를 계속 부실하게 만들 가능성이 크기 때문입니다.

　　대주주와의 잦은 거래도 같은 맥락에서 이해할 수 있습니다.(회사의 알짜 자산을 대주주 개인 재산으로 하거나, 대주주의 부실 자산을 비싸게 회사에 파는 거래 등). 또한, 대표 또는 대주주가 횡령이나 배임으로 수사 또는 재판을 받고 있는 경우라면 이 역시 무조건 제외하여야 합니다. 참고로, 대주주 지분은 HTS의 기업정보 관련 화면에서 쉽게 확인이 가능합니다.

[그림] 시황정보 화면의 배임 검색

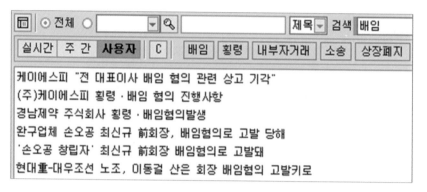

끌장마스터 🔍 실전에서 보면, 대주주 지분은 해당 종목의 기업정보 관련 화면에서 쉽게 확인 가능하며, 특수 관계자와의 거래 또는 횡령, 배임 등을 해당 종목의 시황정보 화면에 있는 검색창에 입력하면 효과적으로 확인 가능함.

급등 예상 종목 최종 선정을 위한 절대 제외 비법 (8)
공매도/신용융자

공매도는 주식을 빌려서 싸게 파는 것으로, 세력들이 주로 주식가격이 하락할 때 이용하는 방법입니다. 이러한 종목들은 주식가격 하락 압력이 강해 가급적 건드리지 않는 것이 좋습니다.

[그림] 공매도정보 화면

종가	대비	등락율	거래량	누적공매도량	매매비중%	공매도거래대금	공매도평균가
44,850 ▲ 200		+0.45	9,739,982	27,592,544	3.17	13,765,145	44,544
44,650 ▼ 100		-0.22	10,868,965	27,283,522	2.55	12,385,414	44,719
44,750 ▼ 450		-1.00	13,299,267	27,006,563	4.41	26,061,975	44,431
45,200 ▼ 150		-0.33	6,920,566	26,419,989	8.35	26,153,016	45,261
45,350 ▲ 50		+0.11	6,006,957	25,842,161	1.57	4,274,866	45,416
45,300 ▼ 300		-0.66	8,479,710	25,748,034	3.66	14,147,398	45,556
45,600 ▼ 1,450		-3.08	12,808,747	25,437,486	1.04	6,189,922	46,335
47,050 ▼ 200		-0.42	5,513,658	25,303,894	2.75	7,139,658	47,159
47,250 ▲ 200		+0.43	7,730,881	25,152,500	0.87	3,166,755	47,201
47,050 ▲ 200		+0.43	8,733,019	25,085,409	2.44	10,063,924	47,254

[그림] 신용정보 화면

신규	상환	잔고	금액(백만)	대비	공여율	잔고율
102,516	60,534	3,176,370	126,742	41,982	1.47	0.04
98,458	85,844	3,134,388	124,889	12,614	1.62	0.04
282,803	101,716	3,122,224	124,216	181,087	3.33	0.04
291,458	99,116	2,941,256	117,856	192,342	2.27	0.04
91,356	72,937	2,748,942	110,212	18,419	1.64	0.04
50,746	73,263	2,730,523	109,403	-22,517	0.65	0.04
110,296	232,407	2,753,050	110,410	-122,111	1.26	0.04
80,287	126,133	2,875,161	115,454	-45,846	1.04	0.04
138,821	74,175	2,921,008	117,311	64,646	1.01	0.04

신용융자는 주식을 사기 위해 돈을 빌린 것을 말합니다. 보통 신용융자 만기일까지 주식을 갚지 않거나 주식가격이 담보가치(빌린 금액의 1.4배 정도) 보다 하락하게 되면 증권사가 돈을 회수하기 위해 무차별적으로 반대매매에 나서는 경우가 많습니다. 따라서 공매도 증가 종목은 물론, 신용융자 잔고가 증가하는 종목의 경우는 일단 매수를 보류하는 것이 좋습니다.

끝장마스터 🔍 간혹 공매도 세력의 예측과 달리 주식이 계속 상승하는 경우 공매도 세력들이 숏커버(빌린 주식을 갚기 위해 주식을 사는 행위를 말함)로 더욱 상승하는 경우도 종종 발생하는데, 전체적으로 보면 숏커버로 상승하는 경우보다는 약세 내지 급락하는 경우가 많으므로 피하는 것이 좋음. 공매도 정보는 해당 종목의 종목정보 화면이나 현재가 화면에서 확인 가능함. 일반적으로 신용융자 잔고 급등 후 에는 반대매매로 인한 대폭락이 오는 경우가 많음. 이때가 1년에 한두 번 올까 말까하는 바겐세일 구간임. 평소 사고자 했던 종목을 잘 눈여겨 보았다가 이때 사면 짧은 시간에 큰 수익을 올릴 가능성이 매우 높음. 실전에서는 증권사에서 제공하는 종목별 신용정보 화면이나 공매도정보 화면을 이용하면 쉽게 파악 가능함.

절대 재무 제외조건

절대 재무 제외조건은 주가가 충분히 가치를 반영했는지 판단하기 위한 핵심 3대 절대 재무조건을 말합니다. 이러한 종목들은 아무리 좋은 호재를 가지고 있더라도 투자대상에서 일단 제외하여야 합니다. 왜냐하면, 이러한 종목은 앞서 설명한 것처럼 주가가 충분히 올라 해당 기업의 가치 이상으로 올랐을 가능성이 높기 때문에 향후 추가 상승의 가능성보다는 하락 내지 급락의 가능성이 훨씬 높기 때문입니다. 관심권에는 올려두고 추후 주가가 충분히 하락해 PBR이 1이하가 되면 다시 투자 여부를 판단합니다.

① PBR 〉 4 (PBR이 4보다 큰 경우는 상승보다는 추가 급락 가능성이 높다. - 단, PBR의 영향이 상대적으로 적은 게임/바이오/인터넷 업종과 지주회사의 경우는 적용하지 않는다.)

② PSR 〉 2 (PSR이 2보다 큰 경우는 상승보다는 추가 급락 가능성이 높다. - 단, PSR의 영향이 상대적으로 적은 게임/바이오/인터넷 업종은 적용하지 않는다.)

③ PER 〉 20 (PER가 20보다 큰 경우는 상승보다는 추가 급락 가능성이 높다. - 단, PER의 영향이 상대적으로 적은 게임/바이오/인터넷 업종은 적용하지 않는다.)

참고로, 게임/바이오/인터넷 업종은 위와 관계없이 투자해도 된다는 의미가 아니라, 위의 것을 적용하지 않아도 될 만큼 자신이 그 종목에 대해 확실히 알 수 있을 때만 투자하라는 의미입니다.

[그림] 기업정보 화면

PER ❓ ➕	10.78	35.26	6.48
PCR ❓ ➕	3.15	4.10	2.66
PSR ❓ ➕	0.22	0.21	0.21

끝장마스터 🔍 아래와 같은 3대 절대 재무 제외조건에 해당하는 경우 무조건 투자 대상에서 제외해야 함. "① PBR〉4 ② PSR〉2 ③ PER〉20 여기서 주의할 점 첫 번째는 ①, ②, ③ 모두를 만족할 때 제외하는 것이 아니라 ①, ②, ③ 중 어느 하나라도 만족하면 그 즉시 투자대상에서 제외해야 함. 이때 주의할 점 두 번째는 가능한 최신 자료의 PBR, PER, PSR을 기준으로 해야 함.(가장 최신 분기 또는 최신 결산 기준으로) 지주회사의 경우는 매출 기준을 만족하기 어려운 특성으로 인해 PSR 조건을 적용하지 않음.

급등 예상 종목 최종 선정을 위한 절대 제외 비법 (10)
상식적으로 이해하기 어려운 종목

TV 하나를 살 때도 여러 날 고심해 구입하면서도, 의외로 큰 돈을 들이며 주식투자를 할 때는 해당 기업이 무엇을 하는지 잘 이해도 못하면서 투자하는 경우가 있습니다. 예를 들어, 바이오 종목 투자의 경우 해당 바이오 산업의 일반적 특성, 해당 바이오 의약품의 경쟁력과 위험성 등에 대해 제대로 알지도 이해도 못하면서 단지, 더 오를 것 같다는 이유와 장래 희망이 많다는 매스컴이나 주위의 의견을 듣고 그야말로 묻지마 투자하는 경우가 있습니다. 그런 경우 절대 이익을 낼 수 없습니다. 내가 모르는 종목에 투자해서는 결코 이익을 낼 수 없습니다. 설사 사고 나서 오른다고 해도 언제 팔아야 될지 몰라 결국 다 잡은 이익도 토해내고 몇 배로 손해를 보고 나오는 경우가 많기 때문입니다. 자신의 지식과 상식으로 사업구조가 타당할 때 투자하는 것이 좋습니다. 어떤 코스닥의 종목의 경우 5년 동안 계속 적자임에도 불구하고, 미래에 대한 희망으로 1년에 100배 넘게 오른 바이오 종목들도 있습니다.

물론, 그런 종목의 미래에 대해 아무도 정확히 알 수는 없지만, 본 책을 읽는 투자자들은 그런 종목보다는 사업구조가 단순하면서도 수익구조가 확실하고 매년 이익을 내고 있는 저평가된 기업에 투자하기를 권합니다. 우리는 투기가 아니라 투자를 하고 있다는 점을 잊어서는 안됩니다. 절대로 단순히 오를 것 같다는 이유만으로 자신이 잘 모르는 종목에 투자해서는 안됩니다.

끝장마스터 🔍 마지막으로 투자자 본인이 해당 기업에 대한 사업내용에 대해 이해할 수 있는지 스스로에게 진지하게 물어보아야 함. 적어도. 해당 기업의 사업내용과 언제 실적이 좋아지고, 언제 실적이 나빠지는지 정도는 다른 사람에게 설명할 수 있는 종목에만 투자해야 함.

최종선택 4원칙

최종적으로 남겨진 종목에 대해서 추가로 더 골라내야 한다면, 다음에서 설명하는 아래의 3원칙을 적용하면 됩니다.

제1원칙 : 보유하고 있어도 안심할 수 있는 종목을 선택한다

→ 종목 선정시, 변동성이 높은 종목보다는 안정적인 종목을 우선 선택합니다. 즉, 어느 해는 수익이 급등했다가 또 다른 해는 수익이 급락하는 기업보다는, 수익 규모는 작더라도 수익의 변동폭이 적은 기업을 먼저 선택합니다. 왜냐하면, 가치투자는 시간과의 싸움인데, 보유하고 있는 종목의 변동성이 크다면, 심리적 불안감 때문에 주가 급등이 오기 전에 미리 매도하게 될 가능성이 크기 때문입니다.

제2원칙 : 불확실한 고수익 종목보다는 보다 확실한 저수익 종목에 투자한다

→ 만약, 종목 선정을 잘못해 투자한다면 본인의 인생과 가족이 완전히 망가진다는 생각을 가지고 선정해야 합니다. (그래야 몰빵이나 미수같은 위험한 투자의 유혹을 이겨낼 수 있습니다.) 따라서 종목 선정시 다소 수익이 적더라도 보다 덜 위험한 종목을 먼저 선택해야 합니다.

제3원칙 : 좋은 종목을 선택하기 어렵다면, 나쁜 종목을 먼저 제외하는 방법을 이용한다

→ 어느 종목이 더 투자하기 좋은지 우선 순위를 결정하기 어렵다면, 어느 종목이 안 좋은지(위험한지)를 생각하여 제외한다는 관점으로 접근하면 자연스레 투자하기 좋은 종목이 걸러집니다. 이 원칙은 진정 가치투자 내내 적용됩니다. 최종적으로 투자할 2종목을 선택시 더 좋은 종목을 선택하기 보다는 더 안 좋은 종목을 버리는 방법을 먼저 이용합니다.

제4원칙 : 그래도 고르기 어렵다면, 기다린다

→ 그래도 고르기 어렵다면, 확신을 가지고 쉽게 선택할 수 있는 좋은 종목이 나올 때까지 기다리면 됩니다! 주식투자가 좋은 가장 큰 이유 중 하나는 자본주의하의 다른 어떤 사업보다도 훨씬 더 많은 기회를 준다는 데 있습니다. 확신이 가지 않는 종목을 사는 대신 과감하게 매수를 보류합니다. 지금

대신 나중에 더 좋은 종목을 살 기회가 되면 사는 것입니다.

종목압축을 위한「진정 가치투자 성공투자 분석툴」

실전에서는 다음과 같은 성공가치투자 종목비교 투자분석툴을 이용하면 보다 효과적으로 종목을 골라낼 수 있습니다. 특히, 진정 가치투자 성공투자 분석툴을 이용하면 불과 1~3시간안에 3~5개로 종목을 압축할 수 있게 됩니다. 참고로, 성공 가치투자 종목비교 투자분석툴과 사용안내 파일을 본 책을 구입한 분들은 주식투자베스트비법(www.jusiktuja.com)에서 무료로 다운받을 수 있습니다.

[그림] 진정 가치투자 성공투자분석툴(일부 모습)

(본 책 구입자께는 누구나 쉽게 사용 가능「진정 가치투자 성공투자분석툴」제공)

「사업보고서」 실전 핵심분석 노하우

투자할 기업을 심층분석 평가하기 위한 가장 중요한 자료이자 정보가 바로 사업보고서입니다. 왜냐하면, 사업보고서는 법에 의해 기업이 스스로 작성 공개하는 보고서로, 이 안에는 해당 기업의 개요, 사업의 내용, 재무정보, 기업이 벌어들인 성과와 과실, 기업의 전망과 현황, 공인회계사의 감사의견 등에 해당 기업에 대한 상세한 내용이 담겨 있어 사업보고서를 기업에 대한 종합건강진단서라고 불리기도 합니다. 그만큼, 가치투자자에게 있어 사업보고서는 매우 중요합니다.

일반적으로 분기보고서는 분기결산일(3월말, 9월말)로부터 45일 이내에, 반기보고서는 반기결산일(6월말)로부터 60일 이내에, 해당 사업연도 결산보고서(사업보고서)는 사업연도 결산일(12월말)로부터 90일 이내에 제출해야 하고, 제출된 보고서는 금감원의 전자공시시스템인 「다트(DART)」에서 공개됩니다. 다트(DART)에는 기업의 사업보고서뿐 아니라 공시정보(공시-공신력을 갖는 증권거래소가 주가에 영향을 줄 만한 기업 내용이 발생하면 신속하게 투자자가 알 수 있도록 하는 제도)도 제공하고 있습니다. 따라서 다트(DART)야 말로, 「기업정보의 모든 것」이자 「가치투자의 노다지」라고 할 수 있습니다.

금감원에서 운영 중인 전자공시사이트인 다트(DART)의 홈페이지(dart.fss.or.kr)에 접속하여 해당 종목명을 입력하면 해당 종목에 대한 다양한 사업보고서 및 공시 내용을 확인할 수 있습니다. 증권사에서 제공되는 각종 기업정보 등도 바로 이 다트(DART)에 공개된 자료를 바탕으로 작성됩니다. 기업별로 다소간의 차이는 있을 수 있으나, 사업보고서는 대체로 다음에서 설명하는 형태로 구성되어 있습니다.

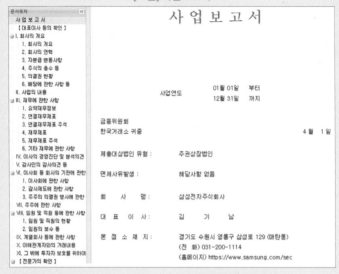

[그림] 사업보고서

수익을 얻기 위해서는 많은 내용을 오랜 시간 분석하는 것이 중요한 것이 아니라, 주가에 영향을 주는 핵심포인트가 무엇인지 그 핵심포인트를 어떻게 분석(해석)해야 하는지 분석 노하우를 아는 것입니다. 사업보고서의 내용은 매우 방대합니다. 따라서 무작정 볼 경우, 시간과 노력만 소비될 뿐 실제 투자수익에 도움을 얻지 못하게 됩니다. 지금부터 사업보고서에서 투자에 영향을 주는 핵심 부분과 주의 깊게 봐야 할 분석 포인트에 대해 설명하고자 합니다.

「회사의 개요」부분 - 핵심 분석 노하우

「회사의 개요」 부분에서는 가장 먼저 본사 주소를 확인해야 합니다. 왜냐하면, 본사의 경우는 도심지 등 지가가 비싼 곳에 위치하는 곳이 많기 때문입니다.(한국석유 종목의 경우 용산 땅값 급등으로 본사의 부동산 가격이 급등해 본사 부동산 가격만으로도 주식 전체 시가총액의 6배를 기록한 적이 있고, 실제로 이는 주가가 20배 폭등하는 계기가 됨) 그리고, 자본금 변동 상황을 확인해야 합니다. 잦은 유상증자, 전환사채 발행, 신주인수권부사채 발행은 주가의 하락을 가져오는 경우가 많기 때문입니다.

「재무에 관한 사항」부분 – 핵심 분석 노하우

「재무에 관한 사항 및 재무제표, 부속명세서 등」의 핵심 부분은 앞에서 상세히 설명하고 있으니 해당 내용을 참고 바랍니다.

「경영진단 및 분석의견」부분 – 핵심 분석 노하우

「경영진단 및 분석의견」 부분에서 관심 있게 보아야 할 부분은 「신규사업」 부분입니다. 향후 시장 테마 변동시 단지 신사업 추진 내용에 대한 언급만으로도 그동안 적정가치를 찾아가지 못했던 주가가 이를 기폭제로 하여 급등하는 경우가 자주 발생하기 때문입니다.

「감사인의 감사의견」부분 – 핵심 분석 노하우

「감사인의 감사의견」은 공인회계사가 기업의 재무제표를 감사하여 그 내용이 회계정보로서 적절한 가치를 지니는지에 대한 의견으로, 아래 4가지가 있는데, 가치투자에서는 당연히 「① 적정의견」을 받은 종목 중에서만 투자해야 합니다.

① 적정의견 ┃ 감사인이 감사범위에 제한을 받지 않고 회계감사 기준에 의거해 감사를 한 결과 해당 기업이 재무제표가 기업회계 기준에 따라 적정하게 작성되어 신뢰할 수 있음. → 실제 보고서에서는 감사보고서에 「~중요성의 관점에서 적정하게 표시되어 있습니다」라고 서술됨.

② 한정의견 ┃ 감사인이 수행할 수 있는 감사범위가 부분적으로 제한되거나 또는 감사를 실시한 결과 기업회계준칙에 따르지 않은 몇 가지 사항이 있음. → 실제 보고서에서는 한정인 사유를 먼저 언급하고 「~위의 문단에서 설명하」고 있는 사항이 재무제표에 미치는 영향을 제외하고는… 중요성의 관점에서 적정하게 표시하고 있습니다.」라고 서술됨.

③ 부적정의견 | 기업회계 기준에 위배되는 사항이 재무제표에 중대한 영향을 미쳐 기업 경영상태가 전체적으로 왜곡되었음. → 실제 보고서에서는 위배 사유를 먼저 언급하고, 「~적정하게 표시하고 있지 아니합니다.」라고 서술됨.

④ 의견거절 | 감사인이 감사보고서를 만드는데 필요한 증거를 얻지 못해 재무제표 전체에 대한 의견 표명이 불가능한 경우나 기업의 존립에 의문을 제기할 만한 객관적인 중대한 경우나 감사인이 독립적으로 감사업무를 수행할 수 없음. → 실제 보고서에서는 「~의견을 표명하지 아니합니다.」라고 서술됨.

「주주에 관한 사항」 핵심 분석 노하우

「주주에 관한 사항」 부분에서는 최대주주와 지분율에 주목해야 하는데, 최대주주의 지분율은 30% 이상인 경우가 바람직합니다. 그리고 내부자의 주식 거래 증감 역시 확인하여야 합니다. 내부자의 매수가 증가하는 경우 대부분 주가 상승으로 이루어지는 경우가 많기 때문입니다. 다트(DART)에는 사업보고서 외에 「임원 및 주요 주주 등의 소유현황 보고서」 등이 수시로 올라오므로 이를 확인하면 됩니다.

「임원 및 직원 등에 관한 사항」 핵심 분석 노하우

「임원 및 직원 등에 관한 사항」 부분에서는 최고 경영자 및 주요 경영진의 평판을 확인해야 합니다. 해당 경영진의 경영능력이 부족하거나, 경영진이 도덕적으로 문제가 있는 경우는 투자 대상 기업에서 제외해야 합니다. 실전에서, 최고 경영자나 주요 경영진의 평판을 확인하는 가장 쉽고 현실적인 방법은 최근 기사 검색이나 뉴스 검색을 이용하는 것입니다. (해당 경영진 이름으로 소송/횡령/배임이 있는지 등을 확인) 그리고 임직원들에게 부여된 스탁옵션 수량과 행사가격을 미리 확인해 두어야 합니다. 왜냐하면, 이들 물량이 나올 경우 주식수를 증가시켜 주가에 부정적으로 작용할 가능성이 높기 때문입니다.

「계열회사 등에 관한 사항」핵심분석 노하우

「계열회사 등에 관한 사항」 부분에서는 주요 보유하고 있는 자회사의 지분에 관심을 가지고 보아야 합니다. 자회사의 이익이 지분비율에 따라 지배주주순이익과 비지배주주 순이익으로 구분되어 반영되므로, 자회사의 실적이 주가에 영향을 줄 수 있기 때문입니다.

「이해관계자와의 거래」핵심 분석 노하우

「이해관계자와의 거래」 부분에서 핵심은 이해관계자와의 거래(특히, 대주주와 거래)가 많은 기업의 경우는 가급적 투자하지 않는 것이 바람직합니다. 왜냐하면, 실전에서 보면 이러한 회사의 경우 주요 이해관계자와의 거래를 통해 회사의 알짜 자산이 빼돌려 질 가능성이 크기 때문입니다.

「그 밖에 투자자 보호를 위하여 필요한 사항」핵심 분석 노하우

「그 밖에 투자자 보호를 위하여 필요한 사항」 부분에서의 핵심은 「소송」과 「채무보증」 부분입니다. 왜냐하면, 소송의 결과나 채무보증의 추이에 따라 갑작스럽게 부채가 증가하게 될 수 있기 때문이다. 따라서 소송 사건과 채무보증의 경우에는 회사의 자산(특히 유동자산) 대비 과도할 경우 투자대상에서 제외하는 것이 바람직합니다.

PART 7

주식 끝장 마스터
진정 가치투자
실전 단계

진정 가치투자
실전 매매비법

실전 매매마인드 확립

실전 매매에 성공하기 위해서 가장 중요한 것은 투자마인드를 확립하는 것입니다. 이를 위해 다음의 3가지를 철저히 반복 숙지해야 합니다.

① 나는 신이 아니다 (오직 신만이 최저가에 사고, 최고가에 팔 수 있다)

오직 신만이 최저가에 사고, 최고가에 팔 수 있습니다. 가치투자를 비롯해 대부분의 주식투자 실패는, 최저가에 사고 최고가에 팔겠다는 너무나 비상식적인 믿음과 욕심 때문에 발생하기 때문입니다. 그것은 오로지 신만이 가능합니다. 일부 작전세력 등 일부 세력들의 경우 자신이 시세를 관리하는 종목에서는 가능한 것입니다. 하지만, 일반 투자자들의 경우 그것은 완벽한 욕심일 뿐입니다. 오히려, 그런 욕심에 집착할수록 작전세력의 농간에 휘둘려 큰 돈을 잃게 되는 경우가 실전 주식투자에서는 너무나 많기 때문입니다.

따라서 가치투자에서 성공하고자 한다면 과감하게 불가능한 욕심을(최저가에 사겠다, 최고가에 팔겠다, 기업의 미래 실적을 예측하겠다 등) 버리는 것이 매우 중요하며, 그러한 욕심을 버릴 때 보다 객관적이고 합리적으로 대처할 수 있어 수익을 얻게 될 가능성이 더욱 높아집니다.

② 좋은 종목은 기다리면, 언제든 다시 나타난다
(두 배 이상 수익을 줄 가능성이 있는 종목이 보이지 않으면 사지 않는다)

주식투자의 가장 큰 장점은 너무나 자주 기회를 준다는 점입니다. 특히, 가치투자는 주식시장이 활황이나 횡보를 보일 때 뿐 아니라, 급락하는 장세에도 큰 수익을 안겨줄 기회를 줍니다. 왜냐하면 매우 우량하고 저평가된 종목도 주식시장이 급락하는 경우, 어리석은 투자자들이 시장 분위기에 휩쓸려 투매하는 물량으로 인해 함께 급락하는 경우가 많은데, 이때야 말로 더 싼 가격으로 저평가 우량 종목을 매수할 수 있기 때문입니다. (가치투자자들은 이러한 주식시장 급락 시기를 바겐세일 기간이라고 합니다!)

지금 검색이나 압축과정을 통해서도 2배 이상 수익을 줄 가능성이 있는 종목이 보이지 않는다면 안 사면 됩니다. 기다리면 더 좋은 종목이 더 좋은 조건으로 나오기 때문입니다. 주식시장은 가치투자자들에게 적어도 1년에 평균 5번 이상 많게는 수십 번까지 2배 이상 상승할 종목을 아주 저렴하게 살 기회를 줍니다.

③ 투자마인드가 투자기법보다 중요하다
(성패는 매매기법이 아닌 투자마인드가 결정한다)

우리는 기업의 미래 실적을 완벽하게 예측할 수도, 시세를 통제할 수도 없지만, 우리는 우리의 심리를 통제할 수 있습니다. 다행히, 가치투자에서 가장 중요한 성공요소는 우리가 통제할 수 있는「심리적 안정」이며, 이는 앞서 설명한 대로 불가능한 욕심(미래 시세 예측, 최저가 매수, 최고가 매도, 미래 실적 예측 등)을 버리고, 자신이 매수 전에 미리 정한 매매원칙을 철저히 준수하면 확보할 수 있습니다.

실제로, 가치투자에서 가장 중요한 성공요소는 매매기법보다는「심리적 안정과 마인드」가 결정합니다. 주식투자를 하다 보면, 악질 작전세력에 의한 거짓 정보, 각종 매스컴에서 쏟아져 나오는 온갖 정보와 뉴스로 뇌동매매에 쉽게 빠지게 됩니다. 이로 인해 쓰레기 같은 주식을 터무니없는 가격에 사기도 하고, 폭락의 공포로 급등 직전 팔기도 하고, 추가 급등의 미련 때문에 매입한 가격보다 몇 배로 오른 주식을 오히려 손해보고 팔기도 합니다. 이러한, 감정의 변덕으로 인한 실패를 막기 위한 가장 좋은 방법은 바로 매매원칙을 매일 반복해 숙지하는 것입니다.

진정 가치투자
실전 매수비법

매매전 매매원칙의 작성과 준수

초보 투자자들이 시세 급등에도 불구하고, 매도 타이밍을 놓쳐 이익을 챙기기는커녕 오히려 커다란 손실까지 입는 대부분의 이유는 매매원칙을 제대로 지키지 않기 때문입니다. (상당수 초보 투자자들은 매수 전 매매원칙을 정하지도 않고 매매부터 먼저 시작합니다. 이러한 경우 필연적으로 손실로 귀결됩니다.) 따라서 매수 전에, 반드시 매매원칙을 작성하고 칼같이 준수하여야 합니다. 그렇지 않을 경우, 현재의 이익은 미래의 더 큰 손실로 찾아오고, 현재의 조그만 손실은 돌이킬 수 없는 실패로 귀결되기 때문입니다.

따라서 매수 전 반드시 매매원칙을 작성해야 하는데, 작성시 가장 중요한 것은 다음의 2가지 내용이 반드시 들어가야 한다는 점입니다.

주식 끝장 마스터

① 매수 전 왜 매수하는지를 적어야 한다

실제로, 초보 투자자들의 경우 시간이 흐름에 따라 해당 종목의 매수 근거가 사라졌음에도 불구하고 무작정 보유하는 경우가 발생합니다. 예를 들어 어느 종목의 보유한 부동산이 시세에 비해 저평가 되어서 매수한 후 그 부동산이 다시 폭락했음에도 불구하고 그냥 아무 생각 없이 보유하는 경우가 종종 있습니다. 이처럼 매수의 근거가 사라졌음에도 불구하고 보유하는 경우, 대부분 투자 손실로 이어질 수밖에 없습니다. 따라서 매수의 근거가 사라졌을 때는 반드시 해당 종목을 재분석하여 매매전략을 다시 수립해야 합니다.

② 언제 매도할 것인가에 대해 기록해야 한다

실전 매도 방법은 다음의 매도 부분에서 설명되니 해당 부분을 참고하기 바랍니다. 여기서 중요한 것은, 일반적인 매도 방법 외에 종목별로 매도원칙을 추가하여야 한다는 점입니다. 앞서 든 예처럼, 해당 기업이 보유한 부동산 가치가 아주 돋보여서 매수를 결정하였다면 부동산 가치 하락 시에는 매도한다 등의 종목 특성에 맞는 매도원칙을 추가로 적어 기록한 후, 매수 후 해당 조건에 부합될 경우 반드시 매도하여야 합니다. 이러한 매도원칙을 미리 작성해 두어야 충동 매매를 최대한 억제할 수 있기 때문입니다.

진정 가치투자 실전 매수비법

최저가에 산다는 불가능한 욕심을 버리는 순간
투자는 쉬워지고 수익률은 대폭 올라간다.

신이 아닌 이상, 또는 해당 종목의 시세를 좌지우지 할 수 있는 세력(작전 세력 등)이 아닌 이상 최저가에 산다는 것은 절대 불가능합니다. 그런 욕심을 부리면 부릴수록 세력들의 농간에 놀아날 가능성만 커집니다. 매수를 하자마자 시세가 급락한다면 추가 급락할 것같은 공포로 인해 재급등하기도 전에 쉽게 매도하거나, 오히려 본전 생각에 매도할 시기를 놓쳐 큰 손해를 입게 됩니다. 이를 방지하기 위해 가치투자자들이 대응할 수 있는 가장 좋은 방법이 바로 분할 매수인 것입니다. 한 종목을 사더라도 한 번에 몰빵으로 사지 말고, 매수할 수량을 나누어서 여러 번에 걸쳐 산다면 이러한 시세 급변으로 인한 심리적 동요를 최대한 막을 수 있고, 이는 심리적 안정으로 이어져 보다 더 큰 투자수익으로 이어지기 때문입니다.

가격 분할 매수는 특정 종목 매수 시 한 번에 모두 매수하는 것이 아니라, 가격대별로 물량을 나누어 분할 매수하는 것입니다. 종목이나 주문수량의 크기에 따라 각 비율은 달라질 수 있지만, 일반적으로 가치투자자의 경우 아래 1)~3)의 3분할 방식으로 분할 매수하면 크게 무리가 없습니다.

1) 매수 결정 시 – 전체 매수 물량의 40% 매수

2) 주가 매수 시보다 10% 이상 상승 시 – 전체 매수 물량의 30% 매수

3) 주가 매수 시보다 20% 이상 상승 시 – 전체 매수 물량의 30% 매수

예를 들어, 삼성전자 매수 결정 시 가격이 100만 원이었고, 100주를 매수하기로 하였다면, 매수 결정 시 100만 원에 40주, 삼성전자가 110만 원이 되면 추가로 30주, 120만 원이 되면 추가로 30주를 매수하면 됩니다. 참고로, 가치투자는 몇십 퍼센트의 이익을 얻기 위해 하는 매매가 아닙니다. 기본적으로 2배 이상의 상승이 가능한 절대 저평가 종목을 찾아 매수하고 제 가치를 찾아 상승하면(2배 이상) 그때 매도하여 큰 이익을 얻는 매매이기 때문에, 설령 10%~20% 정도 비싸게 매수한다고 하더라도 감내할 수 있는 상승폭이기 때문입니다.

끝장마스터 🔍 가격 분할 매수에서 중요한 점은, 가격이 하락할 때가 아닌, 가격이 상승할 때를 기다려 매수한다는 것임. 가격이 하락할 때는 가격이 상승할 때까지 기다렸다가 매수하면 됨.(기관투자자들처럼 대규모 자금을 투입할 수 있는 경우라면, 속칭 물타기의 방법을 고려해 볼 수도 있으나, 자금이 한정된 개인투자자의 경우는 물타기로 단가를 낮추어서 얻는 이익보다는 오히려 다른 종목에 대한 투자 기회를 놓쳐 잃게 되는 이익이 더 많기 때문임)

참고로, 분할 매수에는 기간 분할 매수 방법도 있습니다. 기간 분할 매수는 매주 100주씩 또는 매월 1,000주씩 사는 방법으로 일정 기간 경과 시마다 매수하는 방법을 말합니다. 주의할 점은 기간 분할 매수는 가격 분할 매수의 보충적인 방법이라는 점을 잊어서는 안됩니다. 가격 움직임이 매우 적은 종목을 꼭 매수하고 싶은 경우 가격 분할 매수로는 가격 변동시까지 무작정 오랜 시간을 기다려야 해서, 기간 분할 매수원칙을 적용해 매수하는 도중이라도, 그 사이에 가격 상승이 이루어져 가격 분할 매수원칙에 부합되면 가격 분할 매수원칙을 적용 매수하는 것이 실전에서 효과적입니다. 즉, 매주 30주씩 매수하기로 했다고 할지라도 한 주가 지나기도 전에 매수하고자 하는 종목의 가격이 상승하였다면 시기가 도래하지 않았어도 미리 정한 가격 분할 매수원칙에 따라 추가 매수하여야 합니다.

끝장마스터 🔍 기간 분할 매수는 일정 시기별로(매주 또는 매달 등) 나누어서 매수하는 것을 말함.(예 : 매주 100주씩 산다든지) 기간 분할 매수는 가격 움직임이 매우 적은 종목을 꼭 매수하고 싶은 경우, 가격 분할 매수로는 가격 변동시까지 무작정 너무 오랜 시간을 기다려야 하는 경우 보충적으로 사용하는 방법임.

진정 가치투자
이익실현과 위험관리 비법

초보 투자자들의 대표적 2가지 실수

일반적으로, 매수 후 주가가 하락할 때보다 상승할 때 매도하기가 더욱 어렵습니다. 왜냐하면, 초보 투자자의 경우 주가가 상승하기 시작하면 다음의 2가지로 대응하기 때문입니다.

① 주가가 급등하기 시작하면 더 급등할 것 같은 기대로 인해 쉽게 팔지 못하고, 주가 급등 후 하락이 시작되면 이전의 급등 가격에 대한 미련으로 역시 쉽게 매도하지 못합니다, 결국 하락할 때까지 매도하지 못하고 추가 급락이 이어질 때 매도하여 손해를 봅니다.

② 주가가 오랜 기간 횡보 또는 하락하다 상승하기 시작하면, 조그만 상승에도(30% 이내의 상승) 급한 마음에 이익을 실현하기 위해 매도합니

다. 이 경우, 팔고 나면 그때부터 본격적으로 급등을 시작해 몇 배로 상승하는 모습을 보며 후회하게 되고, 결국 이를 만회하기 위해 무리한 투자를 하다 결국 큰 손해를 보게 됩니다.

초보자들이 위와 같은 실수를 하는 가장 큰 이유는 바로, 가치투자 종목 보유 시의 위험관리 방법 및 적절한 보유전략과 효과적인 매도 노하우를 알지 못하기 때문입니다. 목표 가격에 도달하기까지는 보유를 원칙으로 하되, 보유 기간 동안 아래와 같은 체크 과정을 통해, 수익을 극대화하고 혹시 발생할 지도 모를 위험에 적극적으로 대처하여야 합니다.

진정 가치투자 종목 보유 실전 핵심 관리비법

주간 체크 및 수시 체크 노하우 : 종목시황, 수익률, 주가 흐름 체크

수시로, 적어도 매주 해당 종목의 뉴스시황 화면을 이용해 종목의 뉴스 및 공시 등의 내용을 확인하고, 보유 종목의 수익률을 체크합니다.

월간 체크 : 보유 종목의 분석보고서 업데이트
(뉴스, 주가, 수익률, 주가 흐름 등의 특기사항 정리)

매월 1회 보유하고 있는 종목의 뉴스시황 화면과 기업정보 화면을 이용해 주요 뉴스, 주가, 수익률, 주가 흐름 등의 내용을 체크합니다.

분기 체크 : **분기실적 발표 확인 목표가 재산정, 수익률, 주가 흐름 체크**

매분기(3개월 단위)마다 실적이 발표되면 뉴스시황 화면과 기업정보 화면 (필요한 경우 앞에서 설명한 「사업보고서」 핵심 분석 내용을 이용) 실적을 검토 확인 하고 해당 내용과 매매전략 수정 등을 체크합니다.

 끝장마스터 종목을 보유하고 있을 경우 해당 종목에 대한 뉴스나 속보 등을 HTS의 뉴스시황 화면을 통해 점검해야 하며, 악재나 호재가 나왔을 경우 즉시 매도 결정을 하지 말고, 실적에 어떤 영향을 미치는지 검토 확인하고 결정하여야 함.(단, 실적에 대한 부정적인 뉴스가 나왔을 경우와 맨 처음 매수하게 되었던 이유와 반대되 는 사실이 발생하면 다른 경우보다 더 신속하게 매도 결정을 하여야 함)

진정 가치투자 실전 이익실현비법

> 최고가에 팔겠다는 불가능한 욕심을 버리는 순간
> 투자는 쉬워지고 수익률은 대폭 올라간다.

최고가에 파는 것은 불가능합니다. 그러한 매도는 신 또는 주가를 조작 하는 작전세력만이 가능합니다. 최고가에 팔겠다는 불가능한 욕심을 버리 는 순간, 투자마인드가 안정되고 매매원칙을 잡기가 편해져, 투자는 쉬워지 고 수익률은 대폭 올라가게 됩니다. 매수 후 시세의 등락에 따라 손절매를 한 다면 그것은 이미 가치투자라고 할 수 없습니다. 이익실현을 위한 매도에서 는 적어도 지금부터 설명하는 내용을 고려해야 합니다. 단, 다음 전제조건과 관계없이 매수 당시 설정했던 목표가액을 돌파하면 보유물량의 40%는 일단 이익실현을 합니다. 장기투자 종목의 경우, 일단 상승에 탄력이 붙으면 무섭게 상승하는 것이 일반적입니다. 따라서 목표가액을 넘더라도 더 높게 상승할 것 같아 쉽게 매도하지 못하는 경우가 많습니다. 하지만, 일단 목표가에 도달하면 적어도 40%는 이익을 실현하는 것이 급등이 이어질 경우의 추가 이익 확보를 위해서라도 더 유리합니다. 왜냐하면, 일정 부분 이익을 실현하였기에 추가 상승 과정 시 등락에서 여유 있게 대응할 수 있기 때문입니다.

끝장마스터 🔍 매매원칙은 단순할수록 효과적임. 복잡하면 원칙을 기억하기 힘들고, 기억한다 하더라고 실행하기 어려움. 원칙이 단순해야 지키기 쉽고, 매매원칙을 지킬 수 있어야, 잦은 시세 등락과 확인되지 않은 각종 뉴스에 휩쓸려 충동매매 할 가능성이 적어짐.

간단히 매도원칙을 요약하여 정리하면 다음과 같습니다.(매매원칙은 단순할수록 지키기 쉽고, 그만큼 투자수익을 내기에 유리합니다.)

1. 목표가액이 미달 시
   → 목표가 도달 시까지 보유합니다.(시세의 등락에 연연하지 않습니다. 단, 시세 하락이 기업 가치의 심각한 훼손이 있거나(갑자기 실적이 크게 악화 등…), 원래 매수했던 이유를 충족시키지 못할 때는 매도합니다.
2. 목표가액에 도달 시
   → 보유분의 40%를 매도합니다. 목표가액 도달 시 일정 부분 이익실현하지 않을 경우, 평정심을 잃어 이익마저 잃어버리고 손해를 보는 경우가 많기 때문입니다.

3. 목표가액 돌파 시

→목표가 돌파이후의 최고가에서 10% 이상 하락 시 30%를 매도합니다. 매수 이후의 최고가에서 20% 이상 하락 시 전량 매도합니다. 앞서 설명한 것처럼, 진정 가치주의 경우 한번 급등을 시작하면 큰 폭의 상승을 이어가는 것이 일반적이기 때문에 가능한 시세 급등을 따라가며 이익을 향유하는 것이 바람직합니다. 하지만, 실전에서는 언제까지 얼마나 상승할 수 없기 때문에 최고가에서 일정비율 이상 하락 시에 매도한다는 원칙을 세워 대응하는 것이 가장 효과적입니다.

일봉차트보다 주봉차트를 볼 것

가치투자에서 차트를 볼 때는 일봉차트보다는 주봉차트를 봐야 합니다. 왜냐하면, 가치투자에서 차트를 보는 목적은 매매에 직접 사용하기 위한 것이 아니라, 시세흐름을 파악하기 위해 참고로 보는 것이기 때문입니다. 또한, 가치투자는 어설프게 몇십 퍼센트의 작은 이익을 목표로 하는 투자가 아니라, 수백 퍼센트에서 수천 퍼센트까지 큰 수익을 목표로 하는 매매이기 때문에, 일봉차트를 보게 되면 잔 등락에 휩쓸려 큰 상승폭을 놓치는 잘못된 판단을 하게 될 가능성이 높고, 월봉차트의 경우는 시세에 대한 민감도가 너무 더뎌 시세흐름 파악이 너무 늦어지기 때문입니다. 따라서 가치투자시 시세흐름 등 차트를 봐야 한다면, 주봉차트를 이용하는 것이 가장 바람직합니다.

PART 8

주식 끝장 마스터

상위 1% 고수 파워매매 비법 단계

파워주도주 실전 매매비법

파워주도주 매매란 무엇인가

실전 매매 전 반드시 반복해 숙지할 사항

지금부터 설명할 내용은 실전 고수 매매법인 파워주매매법입니다. 여러 번 앞에서 강조한 것처럼 최고의 주식투자법은 지금까지 설명 드린 진정 가치투자법입니다. 하지만, 진정 가치투자법은 그 투자 성격상 경우에 따라서 투자수익을 보게 될 때까지 다소 시간이 필요하게 될 수도 있습니다.

이 경우 지나치게 단조롭고 지루할 수도 있는 단점이 있는데, 이를 보완하고 시장의 실시간 흐름을 동시에 파악할 수 있는 매매법이 지금부터 설명할 파워주도주 매매법입니다. 전체 투자금액의 80% 이상은 진정 가치투자에 배분하고 20% 이내의 금액에서 본 파워주도주 매매를 하는 것이 바람직합니다. 본 파워주도주 역시 진정 가치투자의 경우와 마찬가지로 직장인도 회사를 다니면서도 충분히 수익을 낼 수 있는 매매법입니다.

끝장마스터 🔍 파워주도주 매매는 시장에서 가장 상승의 힘이 좋은 종목(주도주)을 매매하는 방법으로 전체 투자금액의 20% 이내에서 투자하는 것이 바람직함.

파워주도주 매매의 특징

앞서 설명한 것처럼 파워주매매법은 가장 힘이 좋은 종목을 골라 매매를 하는 방법입니다. 파워주도주란 말 그대로 주식시장에서 가장 힘이 있는 종목을 의미합니다.

파워주매매법의 특징은 다음과 같습니다.

① 매매법이 단순합니다. (좋은 매매법은 복잡하지 않습니다.)

② 매매원칙이 명확합니다. (원칙은 단순할수록 지키기 좋습니다.)

③ 직장인들도 충분히 가능합니다. (퇴근 시간이나 주말을 이용합니다.)

④ 잦은 매매를 하지 않아도 됩니다. (그렇더라도 1년에 평균 10번 이상의 기회는 줍니다.)

⑤ 매매법의 특성상 투자수익률이 높습니다. (주도주 매매이기 때문입니다.)

끝장마스터 🔍 파워주도주 매매는 잦은 매매는 하지 않지만 주도주 매매를 통해 높은 수익을 주며, 직장인도 직장생활과 병행해 수익을 낼 수 있는 투자법임.

파워주도주 실전매매를 위한 준비

파워주도주 전용 계좌 개설

파워주도주 매매를 위해서는 별도의 파워주도주 매매를 위한 증권계좌를 추가 개설하는 것이 좋습니다. 참고로, 한 은행에 여러 개의 은행 계좌를 만들 수 있듯이, 한 증권사에도 여러 개의 거래 계좌를 만들 수 있습니다. 또는 다른 증권사에서 계좌를 추가로 개설하여 거래하여도 됩니다. 파워주도주 매매를 위해 별도의 계좌 개설이 필요한 이유는 주력 투자법인 진정 가치 투자법 등 다른 투자법과 계좌 구분을 통한 위험관리(착오 주문 방지, 보유 종목 관리 등)가 필수이기 때문입니다.

끝장마스터 🔍 (주문 오류나 주식관리 등을 위해) 파워주도주 매매를 위한 별도의 계좌를 개설하여 이용하는 것이 효과적임.

파워주도주 매매를 위한 화면세팅 방법

파워주도주 매매를 위해서는 주도주 검색 화면 등 아래 화면들을 함께 띄워 놓으면 효과적입니다.(주도주 검색화면은 이어서 설명합니다.)

① 차트 (시세흐름 파악을 이해 필요)

② 뉴스시황 (해당 종목에 대한 최근 시황과 뉴스 검색)

③ 기업정보 (해당 종목에 대한 기본적 기업 내용 확인)

④ 주도주 검색 (주도주 종목을 찾기 위한 검색화면 – 신고가, 거래급증 화면)

아래 그림과 같이 주도주에 대한 차트 확인 후 시황을 살피고, 투자정보 화면에서 기본적인 기업정보를 확인하는 방법으로 이용하는 것이 효과적입니다.

[그림] 파워주도주 화면배치 화면

▶ ① 차트 ② 뉴스시황 ③ 기업정보 ④ 주도주 검색 화면

끝장마스터 🔍 파워주도주 투자시 화면 배치는 「차트, 뉴스시황, 기업정보, 검색 화면」으로 화면을 배치하면 효과적임.

파워주도주 종목발굴

주도주 검색을 위해서는 다음에서 설명하는 방법을 이용합니다.

첫 번째, 아래의 「신고가 화면」을 이용해 20일 신고가 종목중에서 상위 20개 종목을 차례대로 클릭하여 상승갭 종목이 있는지 확인합니다. (상승갭은 본 책의 상승갭 부분에서 상세히 설명되어 있으니 해당 부분 참고)

신고가 종목

신고가는 새롭게 기록한 가장 높은 가격을 의미합니다. 예를 들어 20일 신고가 종목이라고 하면, 최근 20일 동안 오늘 가격이 가장 높은 가격을 기록한 종목을 의미합니다. 마찬가지로 60일 신고가 종목이라고 하면 오늘 가격이 최근 60일 동안의 가격 중에서 가장 높은 가격을 기록한 종목을 의미합니다.

[그림] 파워주도주 신고가 종목 조회 화면

순위	종목명	현재가	전일대비	전일대비율	거래량	거래대금(만원)	20일신고가	신고가대비	신고대비율
1	중앙에너비스	6,500 ▲	280	4.50%	10,435	6,555	6,500		0.00%
2	부국증권우	18,950 ▲	50	0.26%	165	310	18,950		0.00%
3	아세아	119,000 ▲	1,000	0.85%	278	3,292	119,000		0.00%
4	아모레G	65,400 ▲	2,400	3.81%	152,744	989,784	65,400		0.00%
5	대신증권우	9,360 ▲	40	0.43%	41,437	38,722	9,360		0.00%
6	대신증권2우B	8,680 ▲	50	0.58%	35,437	30,650	8,680		0.00%
7	한국석유	109,500 ▲	2,000	1.86%	5,624	60,378	109,500		0.00%
8	신세계	258,000 ▲	11,000	4.45%	73,656	1,891,796	258,000		0.00%
9	세방전지	40,950 ▲	850	2.12%	35,080	141,679	40,950		0.00%
10	현대그린푸드	11,850 ▲	150	1.28%	189,431	223,711	11,850		0.00%
11	POSCO	236,000 ▲	13,500	6.07%	638,317	14,814,556	236,000		0.00%
12	NH투자증권우	9,070 ▲	80	0.89%	97,249	87,845	9,070		0.00%
13	대한유화	134,000 ▲	5,500	4.28%	55,332	732,788	134,000		0.00%
14	미래에셋대우	7,520 ▲	130	1.76%	2,169,988	1,623,972	7,520		0.00%
15	일양약품	21,200 ▲	550	2.66%	51,299	107,865	21,200		0.00%
16	일진홀딩스	4,270 ▲	310	7.83%	619,340	255,242	4,270		0.00%
17	DB금융투자	4,665 ▲	225	5.07%	137,865	63,032	4,665		0.00%
18	인터엠	2,460 ▲	85	3.58%	87,938	21,143	2,460		0.00%
19	세마특수강	13,750 ▲	100	0.73%	8,110	11,094	13,750		0.00%
20	에이티넘인베스트	1,830 ▲	75	4.27%	165,740	29,878	1,830		0.00%
21	기업은행	13,300 ▲	300	2.31%	1,687,772	2,224,460	13,300		0.00%
22	대원화성	1,495 ▲	25	1.70%	77,805	11,497	1,495		0.00%
23	삼성엔지니어링	16,450 ▲	300	1.86%	933,154	1,529,220	16,450		0.00%
24	LG디스플레이	14,800 ▲	550	3.86%	3,411,323	4,990,589	14,800		0.00%

두 번째, 다음의 「거래급증 화면」을 이용해 거래급증률 상위 20개 종목을 차례대로 클릭하면서 상승갭 종목이 있는지 확인합니다. (상승갭은 본 책의 상승갭 부분에서 상세히 설명되어 있으니 해당 부분 참고)

거래급증 종목

거래급증 종목이란 전일에 비해 오늘의 거래량이 급격하게 늘어난 종목을 의미합니다. 예를 들어 전일 거래량이 100주이고, 오늘 거래량이 1,000주라면 전일 대비 거래량이 10배 급증한 것이 됩니다.

[그림] 파워주도주 거래급증 종목 조회 화면

순위	종목명	현재가	대비	대비율	이동평균	급등률	매도호가	매수호가	거래대금(만원)
1	엑시콘	6,790 ↑	1,560	29.83%	9,160	49,754.0%		6,790	2,909,348
2	KBSTAR 헬스케어	8,400 ▲	175	2.13%	1,304	12,680.8%	8,425	8,400	139,220
3	메이슨캐피탈	337 ▲	52	18.25%	119,341	12,567.3%	345	337	526,390
4	수산중공업	1,510 ▲	80	5.59%	134,093	12,460.8%	1,515	1,510	2,732,132
5	한라	3,495 ▲	410	13.29%	70,813	8,663.6%	3,500	3,495	2,285,085
6	보락	2,070 ▲	175	9.23%	183,606	6,419.2%	2,075	2,070	2,574,543
7	아이크래프트	2,975 ▲	250	9.17%	63,580	5,689.1%	2,980	2,975	1,163,329
8	ARIRANG 코스피	20,765 ▲	115	0.56%	1,952	4,968.3%	20,855	20,800	205,395
9	KODEX 자동차	15,185 ▲	215	1.44%	2,650	4,269.9%	15,185	15,125	174,134
10	이엑스티	3,625 ▲	55	1.54%	165,807	4,246.8%	3,625	3,620	2,921,691
11	유에스티	4,550 ▲	50	1.11%	86,628	3,843.5%	4,595	4,550	1,704,106
12	깨끗한나라	2,385 ▲	25	1.06%	168,865	2,849.1%	2,390	2,385	1,307,225
13	세우글로벌	1,995 ▲	165	9.02%	504,113	2,493.7%	1,995	1,990	2,626,142
14	기산텔레콤	2,605 ▲	295	12.77%	103,121	2,315.9%	2,615	2,605	661,023
15	TIGER 200TR	13,810 ▲	85	0.62%	1,338	2,063.5%	13,840	13,810	39,977
16	대성홀딩스	7,620 ▲	120	1.60%	9,286	1,820.2%	7,620	7,610	144,433
17	대동공업	6,200 ▲	610	10.91%	127,289	1,670.8%	6,200	6,190	1,385,017
18	삼양옵틱스	13,200 ▲	200	1.54%	9,825	1,352.4%	13,200	13,150	192,168
19	서암기계공업	8,160 ▲	1,410	20.89%	990,053	1,313.5%	8,170	8,160	11,185,451
20	한신기계	1,755 ▲	15	0.86%	368,051	1,298.8%	1,755	1,750	935,391

> **끝장마스터** 🔍 주도주는 신고가 종목/거래급증 종목에서 상승갭을 기록한 종목임.

신고가 종목은 전에 없던 최고가를 기록한 종목이고, 거래급증 종목은 말 그대로 거래가 급격하게 늘어난 종목을 의미합니다. 이는 무엇인가 강력한 매수세가 들어왔거나 시장의 관심을 끌기 시작했다는 것을 의미합니다. 특히, 이러한 신고가 종목과 거래급증 종목 중에서 상승갭을 기록한 종목이 있다면 그 종목이야말로 강력한 매수세가 들어와 가격을 급격하게 끌어올렸음을 의미합니다. 즉, 시장의 에너지가 해당 종목으로 집중되었음을 의미합니다. 이러한 종목은 자주 나오지는 않지만(그래도 1년에 10번 이상은 나옴) 이러한 종목들은 한번 상승하기 시작하면 최소 50%에서 1,000% 이상까지 지속적인 상승세를 보여주는 경우가 많습니다. (참고로, 갭 종목으로 직접 찾지 않고, 신고가 종목과 거래급증 종목에서 찾는 이유는 제대로 된 파워주도주를 찾는데 더 효과적이기 때문입니다.) 이러한 신고가/거래급증 종목 중 상승갭을 기록한 종목중에서의 우선순위는 다음과 같이 정합니다.

① 1순위 종목 : 갭 상승의 정도가 클 것 (갭 상승을 큰 폭으로 한 종목일수록 상승 에너지가 큼)

② 2순위 종목 : 상승 전 오랫동안 횡보한 종목일 것 (오랫동안 시세가 일정하게 유지될수록 그 동안의 상승 에너지가 응축해 폭발적인 상승세를 이어가는 경우가 많음)

③ 3순위 종목 : 호재와 함께 상승한 종목일 것 (호재가 지속되는 동안 지속 상승이 이루어지는 경우가 많음)

④ 4순위 종목 : 거래급증률이 높은 종목 (거래급증률이 높은 종목이 유리하나 경우에 따라서는 거래 증감이 거의 없이 갭 상승하는 종목도 괜찮음 → 그 동안 충분히 세력들이 저가에 매집해 놓은 상태라 약간의 매수세만으로도 가격 급등)

위의 1~4의 기준으로 선정된 종목에 대해 다음에 설명하는 방법과 같이 실제 매수/매도에 들어갑니다.

파워주 실전매매

매수 노하우

파워주도주 매매는 상승 가능성이 높은 만큼 하락할 가능성도 있습니다. 따라서 다음과 같은 매수와 매도를 통한 철저한 위험관리가 필수적입니다. 매수는 익일 시가에(다음날 시작 시의 가격) 매수하고자 했던 총 수량의 50%를 삽니다.

[그림] 파워주도주 - 신고가와 거래급증 갭 상승을 모두 만족한 종목

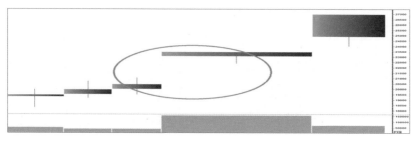

▶ 위 차트는 가격과 거래량을 한번에 파악 가능한 캔들볼륨차트임.(차트 부분 참고)

보유 시 위험관리 노하우

매수 후 갭 상승 시점의 가격까지 다시 하락하면, 나머지 50%를 추가 매수합니다. 매수 후 매수평균가 대비 대비 10% 이상 하락하면 위험관리를 위해 전부 손절매합니다.

끝장마스터 Q 파워 주도주 매매 시에서 중요한 것은, 진정 가치투자와는 달리 손절원칙 등 위험관리 기준을 확실히 지키는 것임.

■ 파워주 실전 사례: 한미사이언스(파워주 발굴매매 후 678% 상승)

[그림] 갭 상승 && 20일신고가 && 신고가 전후 대량 거래

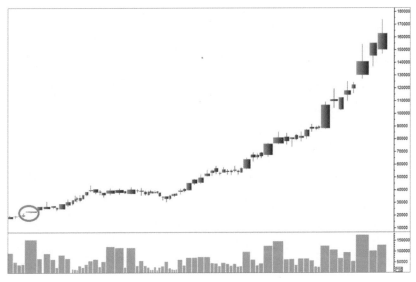

▶ 위 차트는 가격과 거래량을 한번에 파악 가능한 캔들볼륨차트임. (차트 부분 참고)

매도 노하우

매수 후 상승 시 (전체 100주를 주당 평균 1만 원에 매수한다고 가정 시)

① 매수가격대비 30% 상승 시 전체 매수 수량의 1/4을 매도합니다.

(13,000원이 되면 25주 매도)

② 매수가격대비 50% 상승 시 전체 매수 수량의 1/4을 추가 매도합니다.

(15,000원이 되면 25주 추가 매도)

③ 매수가격대비 50% 이상 상승 이후에는 매수 후 기록했던 최고가에서

10% 이상 하락 시 보유 수량의 절반을 매도합니다. 최고가에서 20%

이상 하락 시 나머지 전량을 매도합니다.

파워주도주의 경우 한번 급등을 시작하면 큰 폭의 상승을 이어가는 것이 일반적이기 때문에 가능한 시세 급등을 따라가며 위의 방법대로 초기에 일정 부분 이익을 실현하는 것이 투자심리를 안정시켜 향후 이어지는 시세 급등 시 작은 가격 변동에 흔들리지 않고 이익을 향유할 수 있는데 도움이 됩니다. 즉, 실전에서는 언제까지 얼마나 상승할 수 없기 때문에 초기 상승 시 일정 부분 매도를 통한 일부 이익실현과, 최고가에서 일정 부분에 하락 시에만 매도한다는 원칙을 세워 대응하는 것이 가장 효과적입니다.

끝장마스터🔍 파워주도주 매매에서 초기 상승 시 일정 부분 이익실현을 통한 심리적 안정을 취할 것.(초기 일정 부분 이익실현을 하지 않을 경우, 추후 작은 시세 등락에도 평정심을 잃어 이익마저 잃어버리고 손해를 보는 경우가 많기 때문임)

다음은 파워주도주의 실전 매매 사례입니다. 다음의 실전 사례 종목을 보면 발굴비법과 매매원칙은 간단하지만 그 수익률은 엄청나다는 것을 확인할 수 있습니다.

■ 파워주 실전 사례 : 삼성전자(파워주 발굴매매 후 2,110% 상승)

[그림] 삼성전자(갭 상승 && 20일신고가 && 신고가 전후 대량 거래)

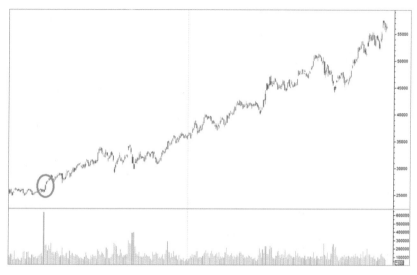

▶ 위 차트는 가격과 거래량을 한번에 파악 가능한 캔들볼륨차트임.(차트 부분 참고)

[그림] 위 그림의 동그라미 부분 확대 – 갭 상승 확인 가능

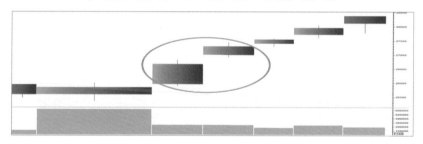

▶ 위 차트는 가격과 거래량을 한번에 파악 가능한 캔들볼륨차트임.(차트 부분 참고)

■ 파워주 실전 사례 : 휠라코리아(파워주 발굴매매 후 460% 상승)

[그림] 휠라코리아 (갭 상승 && 20일신고가 && 신고가 전후 대량 거래)

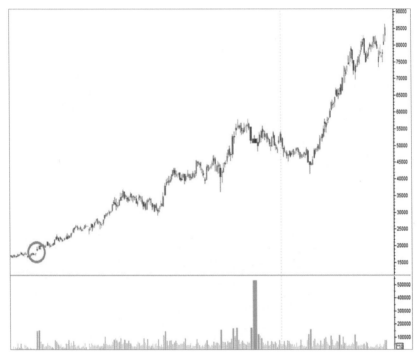

▶ 위 차트는 가격과 거래량을 한번에 파악 가능한 캔들볼륨차트임. (차트 부분 참고)

[그림] 위 그림의 동그라미 부분 확대 그림 – 갭 상승 확인 가능

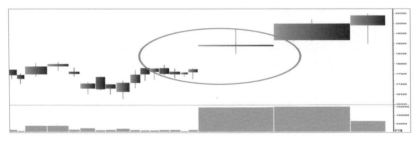

▶ 위 차트는 가격과 거래량을 한번에 파악 가능한 캔들볼륨차트임. (차트 부분 참고)

주식 끝장 마스터

■ 파워주 실전 사례 : 신대양제지(파워주 발굴매매 후 253% 상승)

[그림] 신대양제지 (갭 상승 && 20일신고가 && 신고가 전후 대량 거래)

▶ 위 차트는 가격과 거래량을 한번에 파악 가능한 캔들볼륨차트임. (차트 부분 참고)

[그림] 위 그림의 동그라미 부분 확대 그림 – 갭 상승 확인 가능

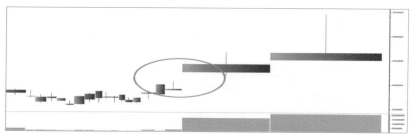

▶ 위 차트는 가격과 거래량을 한번에 파악 가능한 캔들볼륨차트임. (차트 부분 참고)

■ 파워주 실전 사례 : 셀트리온(파워주 발굴매매 후 295% 상승)

[그림] 셀트리온(갭 상승 && 20일신고가 && 신고가 전후 대량 거래)

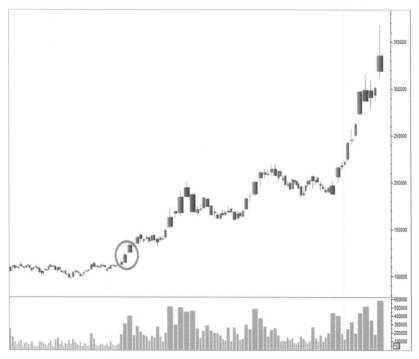

▶ 위 차트는 가격과 거래량을 한번에 파악 가능한 캔들볼륨차트임.(차트 부분 참고)

[그림] 위 그림의 동그라미 부분 확대 그림 – 갭 상승 확인 가능

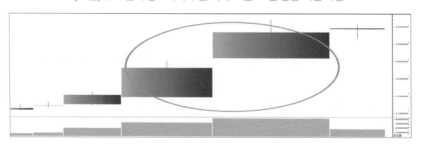

▶ 위 차트는 가격과 거래량을 한번에 파악 가능한 캔들볼륨차트임.(차트 부분 참고)

■ 파워주 실전 사례 : 락앤락(파워주 발굴매매 후 201% 상승)

[그림] 락앤락(갭 상승 && 20일신고가 && 신고가 전후 대량 거래)

▶ 위 차트는 가격과 거래량을 한번에 파악 가능한 캔들볼륨차트임.(차트 부분 참고)

[그림] 위 그림의 동그라미 부분 확대 그림 - 갭 상승 확인 가능

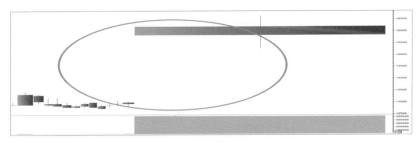

▶ 위 차트는 가격과 거래량을 한번에 파악 가능한 캔들볼륨차트임.(차트 부분 참고)

■ 파워주 실전 사례 : KB금융지주(파워주 발굴매매 후 208% 상승)

[그림]KB금융지주(갭 상승 && 20일신고가 && 신고가 전후 대량 거래)

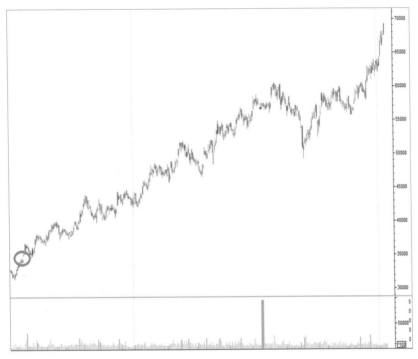

▶ 위 차트는 가격과 거래량을 한번에 파악 가능한 캔들볼륨차트임.(차트 부분 참고)

[그림] 위 그림의 동그라미 부분 확대 그림 – 갭 상승 확인 가능

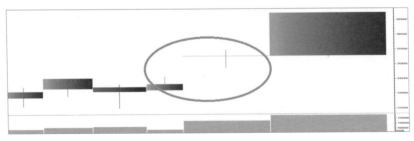

▶ 위 차트는 가격과 거래량을 한번에 파악 가능한 캔들볼륨차트임.(차트 부분 참고)

주식 끝장 마스터

■ 파워주 실전 사례 : 메가스터디교육(파워주 발굴매매 후 427% 상승)

[그림] 메가스터디교육(갭 상승 && 20일신고가 && 신고가 전후 대량 거래)

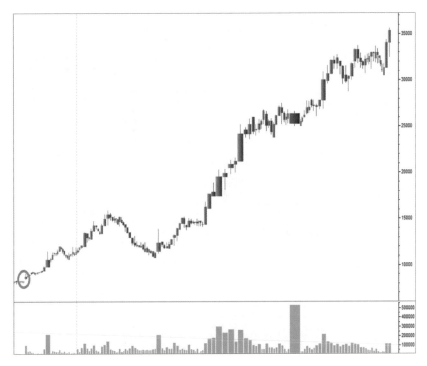

▶ 위 차트는 가격과 거래량을 한번에 파악 가능한 캔들볼륨차트임.(차트 부분 참고)

[그림] 위 그림의 동그라미 부분 확대 그림 - 갭 상승 확인 가능

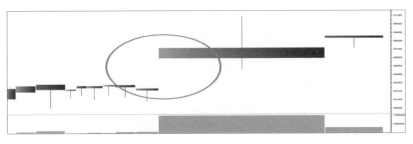

▶ 위 차트는 가격과 거래량을 한번에 파악 가능한 캔들볼륨차트임.(차트 부분 참고)

■ 파워주 실전 사례 : 아난티(파워주 발굴매매 후 246% 상승)

[그림] 아난티(갭 상승 && 20일신고가 && 신고가 전후 대량 거래)

▶ 위 차트는 가격과 거래량을 한번에 파악 가능한 캔들볼륨차트임.(차트 부분 참고)

[그림] 위 그림의 동그라미 부분 확대 그림 – 갭 상승 확인 가능

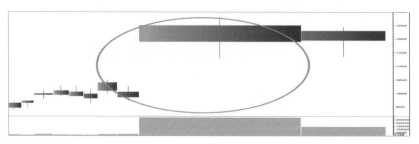

▶ 위 차트는 가격과 거래량을 한번에 파악 가능한 캔들볼륨차트임.(차트 부분 참고)

■ 파워주 실전 사례 : 이마트(파워주 발굴매매 후 198% 상승)

[그림] 이마트(갭 상승 && 20일신고가 && 신고가 전후 대량 거래)

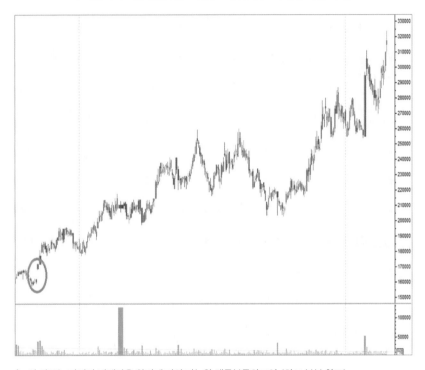

▶ 위 차트는 가격과 거래량을 한번에 파악 가능한 캔들볼륨차트임.(차트 부분 참고)

[그림] 위 그림의 동그라미 부분 확대 그림 – 갭 상승 확인 가능

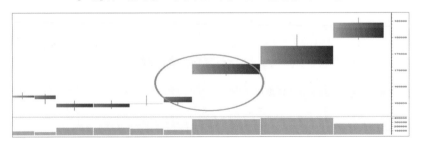

▶ 위 차트는 가격과 거래량을 한번에 파악 가능한 캔들볼륨차트임.(차트 부분 참고)

■ 파워주 실전 사례 : 한세실업(파워주 발굴매매 후 267% 상승)

[그림] 한세실업(갭 상승 && 20일신고가 && 신고가 전후 대량 거래)

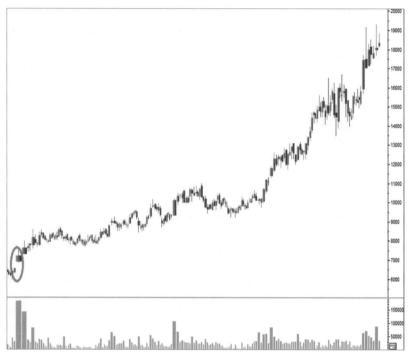

▶ 위 차트는 가격과 거래량을 한번에 파악 가능한 캔들볼륨차트임.(차트 부분 참고)

[그림]위 그림의 동그라미 부분 확대 그림 - 갭 상승 확인 가능

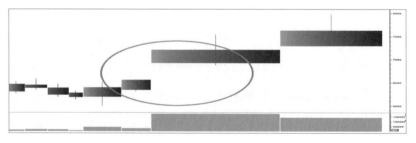

▶ 위 차트는 가격과 거래량을 한번에 파악 가능한 캔들볼륨차트임.(차트 부분 참고)

■ 파워주 실전 사례 : 한일현대시멘트(파워주 발굴매매 후 3,317% 상승)

[그림] 한일현대시멘트(갭 상승 && 20일신고가 && 신고가 전후 대량 거래)

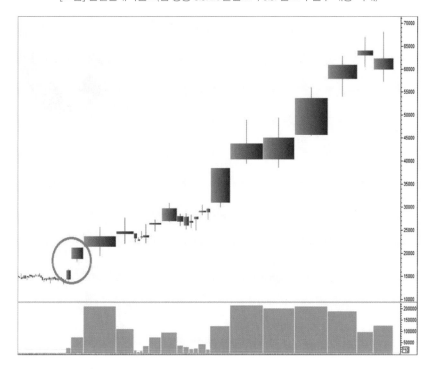

▶ 위 차트는 가격과 거래량을 한번에 파악 가능한 캔들볼륨차트임.(차트 부분 참고)

[그림] 위 그림의 동그라미 부분 확대 그림 – 갭 상승 확인 가능

▶ 위 차트는 가격과 거래량을 한번에 파악 가능한 캔들볼륨차트임.(차트 부분 참고)

파워단타
실전 매매비법

파워단타주 개요와 특징

파워단타주 매매의 개요

지금부터 설명할 내용은 실전 고수 단타매매법인 파워단타주 매매법입니다. 참고로, 데이트레이딩이란 말 그대로 매수한 주식을 반드시 매수한 당일에 매도하는 매매를 말합니다. 특히, 데이트레이딩 중에서 분초 단위의 주가 변동을 이용해 아주 작은 이익을 노리며 하루에도 여러 번(최대 수백 번씩) 하는 초단기 매매를 스캘핑 매매라고 합니다. 데이트레이딩 매매는 절대 하지 말아야 할 매매입니다. 데이트레이딩은 하루에도 여러 번 거래를 하면서 수익을 얻고자 하는 매매로, 장 종료 전 모든 주식을 처분해 현금화하는 매매를 말합니다. 데이트레이딩을 옹호하는 사람들은 장 하락기에도 매매할 수 있고, 당일에 보유 주식을 모두 처분하기 때문에 주식 보유로 인한 위험성(새

벽에 마감되는 미국시장의 급락, 장마감 후 발표되는 악재 등의 영향으로 인한 주가의 급락)을 피할 수 있다는 장점을 내세우기도 합니다. 하지만, 데이트레이딩을 반대하는 사람들은 데이트레이딩을 「어른들의 전자오락」이라고 하기도 하고, 심신을 피폐하게 하고 매매 중독에 빠지게 한다고 하여 「21세기 신종 마약」이라고도 합니다.

그 이유는 다음과 같습니다. 초단기 매매를 하는 데이트레이딩 매매의 특성상 30대 초반만 되어도 체력이 따라가지 못해 쉽게 경쟁력을 잃어 실전에서 낙오하는 것이 일반적입니다. 실제로 스캘핑 매매를 가장 많이 하는 외환 딜러들의 경우 대부분 30대 중반에 현업에서 물러나 은퇴합니다. 「분, 초」를 다투는 매매의 특성상 장중 내내 거의 점심도 제대로 못하고, 화장실도 맘 편히 다녀오지 못한 채 긴장된 상태로 모니터를 응시하고 있어야 하고, 심지어는 단순히 얼마나 마우스 클릭을 빨리 하느냐의 순발력이 매매 성공의 가장 큰 조건 중 하나이기 때문입니다. 또한, 보유기간이 하루를 넘지 않는 매매의 특성상 매매당 목표 이익이 불과 몇 퍼센트에 지나지 않습니다.(스캘핑의 경우는 매매당 목표수익률이 1~2% 정도에 불과) 많은 횟수의 매매를 하기 때문에 매매 실패 횟수도 그만큼 커지게 되며, 변동성이 큰 종목 위주로 매매하기 때문에 잠깐의 실수로도 손해는 목표이익의 몇 배가 되기도 합니다.

따라서 노동 강도가 다른 어떤 일보다 강하고, 성공을 위해서는 경험과 연륜보다는 순발력과 체력이 더 필요하기 때문에 나이가 들수록 데이트레이딩으로 수익을 내기 어려워집니다. 이 점이 경험과 지식이 많아질수록 경쟁력이 늘어나는 다른 진정 가치투자법과는 확연히 다른 점입니다.(필자가 아는 절대 다수의 유명한 데이트레이더들도 결국 그 끝은 좋지 않았습니다.)

필자는, 일반 투자자들의 데이트레이딩을 강력히 반대합니다. 그런데, 지금부터 설명한 파워단타주 매매는 가장 수익성 높은 데이트레이딩 중 하나입니다. 본 매매법을 설명하는 이유는 전업투자자(또는 전업투자를 준비하는 분들)를 위한 것이며, 전업투자자의 경우에도 절대 전체 투자금액의 10%를 넘기면 안됩니다. 누누이 강조하지만, 가장 중요한 매매법은 진정 가치투자법입니다. 지금부터 설명할 파워단타주는 전일 상한가를 기록한 종목을 대상으로 한 매매법입니다. 전일 상한가를 기록한 종목은 전일 가장 강력한 매수세를 기록했던 종목입니다.(매수세가 강해 상한가까지 가격이 올랐음에도 팔려고 하는 사람이 없어 상한가에서 가격이 끝난 종목이므로) 따라서 당일 오를 가능성도 높은 종목이기 때문입니다.

상한가 종목과 상한가매매

우리나라는 하루 동안의 주식가격이 움직일 수 있는 상승폭을 전일 가격의 30%로 제한하고 있습니다. 주가가 전일 1만 원이었다면, 오늘 그 주식의 최고가는 30% 상승(상한가라고 함)한 13,000원을 넘을 수 없습니다. 만약, 어떤 종목이 상한가를 기록했다면, 그 종목은 사고자 하는 사람은 많은데, 더 이상 파는 사람이 없는 상태로 당일 장이 마감된 종목입니다. 그만큼 강한 매수세가 붙은 종목입니다. 따라서 다음날에도 상승 가능성이 높은 종목입니다. 물론, 급락할 수도 있습니다. 따라서 다른 어떤 매매법보다도 손절 등 위험관리가 중요합니다. 상한가 종목만을 매매하는 최고의 고수 단타매매법인 「상한가매매법」이 있습니다. 상한가는 하루 30% 수익률을 주는데, 20일이면 (복리)수익률이 190배가 넘습니다. 이처럼 수익률이 높은 반면, 제대로 된 매매법을 모르고 매매를 할 경우는 하루만에 원금의 절반이 날아갈 정도로 위험해 실전 노하우가 반드시 필요합니다. 상한가매매에 대해 궁금한 분은 필자가 함께 하는 주식투자베스트비법 (www.jusiktuja.com)에서 상세법을 제공하고 있으니 참고하기 바랍니다.

본 매매법은 전업투자자 중에서 단타를 하고자 하는 독자들을 위해 특별히 공개하는 매매법입니다. 데이트레이딩임에도 불구하고, 본 책에서 설명하는 매매원칙과 위험관리 방법을 숙지하고 지킨다면, 매우 짧은 시간에도 상당한 수익을 올릴 수 있는 매매법입니다.

파워단타주 매매의 특징

파워단타주 매매는 앞에서 설명한 것처럼 전일 상한가를 기록한 철저히 손실대비 이익을 3.5배로 이상으로 하여 철저한 확률적 관점에서 접근하여 고수익 저위험을 추구합니다. 자세한 매매법은 지금부터 설명합니다.

끝장마스터 Q **파워단타주 매매의 특징**

① 종목은 미리 선정(단타매매의 핵심은 스피드와 확률, 이중 종목선정 시간을 줄이는 것이 핵심)
② 철저히 확률적 관점에서 접근해 위험관리(손실목표율 대비 수익목표율은 최소 3.5배 이상)

파워단타주 실전매매를 위한 준비

파워단타주 전용 계좌 개설

파워단타주 매매를 위해서는 별도의 파워단타주 매매를 위한 증권계좌를 추가 개설하여야 합니다. 다른 투자법과 계좌 구분을 통한 위험관리(착오주문 방지, 보유 종목 관리 등)가 필수이기 때문입니다. (별도의 추가 계좌 개설 관련 자세한 내용은 파워주도주 매매 부분에서 설명하고 있으니 해당 부분 참고)

끝장마스터 🔍 (주문 오류나 주식관리 등을 위해) 파워단타주 투자를 위한 별도의
계좌를 개설하여 이용하는 것이 효과적임.

파워단타주 매매를 위한 화면 배치 및 준비 방법

파워단타주 매매를 위해서는 주식호가주문 화면 등 아래처럼 화면을 함
께 띄워 놓으면 효과적입니다. (주식호가주문 화면은 이어서 설명합니다)

① 주식호가주문(빠른 주문과 스탑로스 주문을 위해 필요 – 뒤에서 설명)

② 상한가 종목 조회(전일 상한가 종목 조회)

③ 미니지수비교차트(당일 지수 흐름을 파악하기 위한 창)

[그림] 파워단타주 화면배치화면

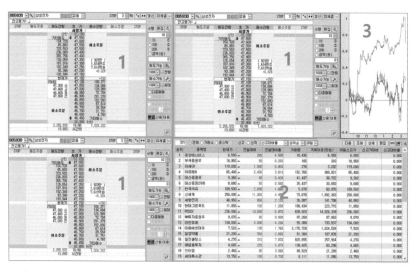

▶ ① 주식호가주문 3개 ② 상한가 종목 조회 ③ 미니지수비교차트

주식 끝장 마스터

다음의 그림은 주식호가주문으로 마우스 클릭만으로 한 번에 매수, 매도 주문을 낼 수 있을 뿐 아니라 스탑로스 주문까지 가능한 주문 화면입니다.

[그림] 주식호가 주문창

STOP	매도주문	매도잔량	호 가	매수잔량	매수주문	STOP
			시장가			
		상한	61,100			
		기타매도 ⬍	47,550			
		154,728	47,600			
		85,883	47,550	취소주문		
		729,553	47,500			
		236,003	47,450			
		365,756	47,400			
		126,054	47,350	(923만)		
		167,916	47,300	1,614만주		
		102,349	47,250	7,613억원		
		93,386	47,200	+0.32%		
		193,944	47,150			
		현재가	47,150	+150		
			47,100	100,371		
			47,050	134,084		
			47,000	129,989		
			46,950	72,704		
		_	46,900	291,379		
			46,850	152,093		
			46,800	67,614		
			46,750	39,554		
		취소주문	46,700	31,751		
			46,650	4,783		
		⬍	46,450	기타매수		
			32,900 하한			
		2,255,572	16:00	1,024,322		

▶ 주식호가주문은 단타를 위한 빠른 주문을 위해 만들어진 특수 주문창으로, 마우스 클릭만으로 매수/매도 주문과 스탑로스 주문이 가능함.

끝장마스터 🔍 주식호가주문창의 경우 처음 사용하는 경우 사용법이 익숙하지 않기 때문에 10만 원 이내의 돈으로 수십 번 이상 실전 매수/매도 주문을 통한 실전 연습을 통해 익힌 후, 본격적인 매매에 적용할 것.

스탑로스 주문

스탑로스(stop-loss)주문은 원래는 손해를 줄이는 주문의 뜻입니다. 하지만, 실전에서는 특정 가격이 되면 자동으로 매도 주문 또는 매수 주문이 나가게 하는 주문을 의미합니다. 현재 주가가 1만 원일 때 주가가 1만 1천 원이 되면 매수 주문 또는 매도 주문이 자동으로 나가거나, 반대로 9천 원일 때 매수 주문 또는 매도 주문이 자동으로 나가게 할 수도 있습니다. 현재 주가가 1만 원 일때 1만 원보다 낮은 9천 원으로 일반적인 매도 주문을 내면, 매도 주문 즉시 현재 가격인 1만 원에 즉시 체결이 되지만, 9천 원에 스탑로스 주문을 내면 가격이 하락해 9천 원이 되면 매도 주문이 실행됩니다. 마찬가지로 주가가 1만 원일 때 1만 원보다 높은 1만1천 원으로 일반적인 매수 주문을 내면 현재 주가인 1만 원에 즉시 매수 주문이 체결되지만, 1만 1천원으로 스탑로스 매수 주문을 내면 주가가 올라 1만 1천 원이 될 때 매수 주문이 실행되어 1만1천 원에 매수 주문이 체결됩니다.(각 가격대에 충분한 매도 잔량과 매수 잔량이 없을 경우는 체결이 안 될 수도 있습니다.)

다음의 그림은 당일 장중의 주가 흐름을 실시간으로 보여주는 미니지수 화면입니다. (마우스 클릭으로 자유롭게 화면 크기 조정이 가능) 장시작 시 가격을 0으로 하여 장중에 어떤 흐름을 보이는지 보여주는 화면입니다. 단타매매 시 장중에 미니지수 화면을 봐야 하는 이유는 장이 급락하는 경우 아무리 좋은 종목이라도 함께 급락하는 경우가 많고, 장이 좋은 경우는 급등세 지속이 더 길어지는 경우가 많기 때문입니다.

따라서 파워단타매매 시 장중에 미니지수 화면을 함께 띄워 지수 흐름이 강세일 경우는 목표이익폭을 좀 더 크게 하고, 장이 하락하거나 급락 시에는 목표이익폭을 작게 하거나 급락장에서는 매매를 중지하는 것이 바람직합니다. 참고로, 코스피 종목을 거래할 경우는 코스피지수를, 코스닥 종목을 거래할 경우는 코스닥지수의 흐름을 좀 더 주의 깊게 봐야 합니다.

[그림] 미니지수창

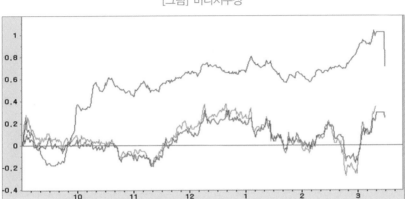

▶ 장시작 가격을 0으로 하여 코스피, 코스닥, 코스피200지수의 당일 흐름을 실시간으로 보여주는 화면으로, 위 그림에서 코스피는 빨간색, 코스닥은 파란색, 코스피200은 녹색임.

파워단타주 종목선정

파워단타주 종목선정 방법은 매우 심플합니다. 다음과 같은 「상한가종목」 조회창을 이용하여 상한가종목을 조회하면 됩니다.(아침 8시 전에) 다음 화면을 통해 「전일 상한가 종목」을 조회하면 됩니다. 보통 하루에 보통 2~4개 종목이 나옵니다.(시장 상황에 따라 아주 간혹 10종목 넘게 나오기도 하고, 한 종목도 안 나오기도 합니다.)

[그림] 상한가 종목 조회

순위	종목명	현재가	전일대비	대비율	거래량	거래대금(만원)	매도호가	매수호가	전일잔량	연속일수
1	부산산업	160,000 ▲	20,500	14.70%	583,549	9,340,774		139,500	13,210	1
2	유신	24,900 ▲	550	2.26%	701,863	1,777,925		24,350	23,326	1
3	에코마이스터	6,410 ▲	750	13.25%	6,290,528	3,985,780		5,660	67,042	1

종목수 3 연속일수 상위순 기준일 전일 실시간 상한가

　　장마감 후에 위의 화면에서 당일 상한가 종목 조회를 통해 내일 공략할 상한가종목을 미리 선택해도 됩니다. 상한가 종목이 3종목 이상일 경우는 전일 거래량에 비해 매수잔량이 많은 순서대로 압축하는 것이 좋습니다. 왜냐하면, 전일 상한가 매수잔량이 많은 종목일수록, 사고 싶어도 사지 못한 사람이 많다는 것을 의미하고 그만큼 다음날에도 상승 가능성이 높기 때문입니다.

끝장마스터 🔍 파워단타주는 전일 상한가 종목을 대상으로 함.(단, 전일 상한가 종목이 3종목보다 많은 경우는 전일거래량에 비해 전일 상한가매수 잔량(상한가에 사고 싶어도 체결되지 않고 남은 매수 주문량)이 많은 종목순으로 고르는 것이 효과적임.

　　종목선택을 위와 같이 하는 경우 전일 상한가를 기록한 종목은 다음의 그림처럼 다음날에도 급등하는 경우가 많지만, 여러 가지 시장상황 등에 따라

서 오히려 시가(장시작 시 기록한 가격)대비 급락하는 경우도 있어 본 책에서 설명하는 내용을 확실히 숙지하여야 합니다.

남영비비안(전일 상한가 기록 && 다음날 시가대비 급등)

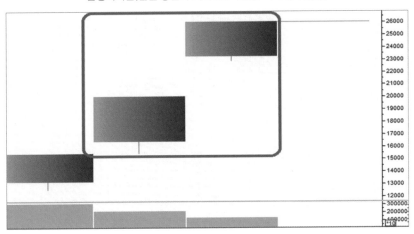

▶ 상한가를 기록한 이후 시가대비 상승 – 차트 관련 내용은 본 책의 차트 부분 참고

파워주 실전매매

장전

앞에서 설명한 종목선정 방법에 따라 공략할 종목을 선정하고(3종목 이내로), 각 종목을 미리 배치한 3개의 주식호가주문 화면에 설정합니다. (앞에서 설명한 파워단타주 화면세팅 설명 참고). 이때 주식호가주문창에서 종목을 미리 설정하고, (호가 클릭시 자동으로 미리 지정한 수량으로 주문이 나갈 수 있게) 매매할 수량 단위를 화면 오른쪽의 수량 부분에서 미리 선택합니다.

STOP	매도주문	매도잔량	호 가	매수잔량	매수주문	STOP
			시장가			
		상한	61,100			
		기타매도 ◆	47,550			
		154,728	47,600			
		85,883	47,550	취소주문		
		729,553	47,500			
		236,003	47,450			
		365,756	47,400			
		126,054	47,350	(923만)		
		167,916	47,300	1,614만주		
		102,349	47,250	7,613억원		
		93,386	47,200	+0.32%		
		193,944	47,150			
		현재가	47,150	+150		
			47,100	100,371		
			47,050	134,084		
			47,000	129,989		
			46,950	72,704		
			46,900	291,379		
			46,850	152,093		
			46,800	67,614		
		취소주문	46,750	39,554		
			46,700	31,751		
			46,650	4,783		
		◆	46,450	기타매수		
			32,900	하한		
		2,255,572	16:00	1,024,322		

▶ 주식호가주문은 단타를 위한 주문창으로, 마우스 클릭만으로 매수/매도 주문과 스탑로스주문이 가능함.

장시작 후

미리 선정한 종목이 하락하여 시가보다(장시작할 때 기록한 가격보다) 하락하게 되면, 즉시 「주식호가주문」창의 해당 시가 가격 옆의 매수 STOP가격을 클릭해 매수 STOP주문을 냅니다.

STOP	매도주문	매도잔량	호 가	매수잔량	매수주문	STOP
			시장가			
		상한	61,100			
		기타매도 ⇕	47,550			
		154,728	47,600			
		85,883	47,550	취소주문		
		729,553	47,500			
		236,003	47,450			
		365,756	47,400			
		126,054	47,350	(923만)		
		167,916	47,300	1,614만주		
		102,349	47,250	7,613억원		
		93,386	47,200	+0.32%		
		193,944	47,150			
		현재가	47,150	+150		
			47,100	100,371		
			47,050	134,084		
			47,000	129,989		
			46,950	72,704		
			46,900	291,379		
			46,850	152,093		
			46,800	67,614		
			46,750	39,554		
		취소주문	46,700	31,751		
			46,650	4,783		
		⇕	46,450	기타매수		
			32,900	하한		
		2,255,572	16:00	1,024,322		

▶ 현재가는 47,150원이고, 매수 STOP 주문은 47,400원에 설정.(그림의 네모 부분)

　　예를 들어, 위의 화면에서 보면 47,400원으로 시작한 종목이 상승하다 하락 후 (또는 곧장 하락 후) 시가보다 내려가게 되는 순간, 당일 시가인(장시작시의 가격) 47,400원 옆의 STOP 부분(그림의 네모 부분)을 클릭하면 47,400원에 STOP 주문이 설정되고, 주가가 다시 상승해 47,400원까지 되는 순간 해당 가격으로 매수 주문이 나가게 되면서 매수체결이 이루어지게 됩니다. 위와 같이 주가가 하락 후 다시 상승하며 시가를 돌파하는 순간 매수하는 이유는 전일 상한가를 기록했던 종목이 다음날 전일 상승하여 이익을 본 투자자들의 매도 주문으로 일시적으로 밀렸다가 다시 상승하는 경우가 많기 때문입니다.

　　바로 이러한 포인트를 공략하는 것이 파워단타주 매매법의 핵심입니다.

만약, 너무나 상한가가 강해 시가 아래로 가격이 내려가지 않는다면 그 종목은 매수하지 않으면 됩니다.(그런 종목까지 매수하여 이익을 내려면 훨씬 상세한 매매 노하우가 필요하고 그 부분은 본 저자가 함께하는 www.jusiktuja.com의 상한가매매법 참고)

끝장마스터 🔍 파워단타주 매매는 전일 상한가를 기록했던 종목이 전일 상승으로 인해 이익을 본 투자자들의 매도 물량으로 일시적으로 하락했다가 다시 상승하는 순간 매수하여 이익을 내는 것이 핵심임.

메수체결 즉시

위의 주문으로 매수체결이 되면,

1. 최우선적으로 매도스탑로스 주문하기

매수체결 즉시 주식호가주문창의 STOP 주문창을 이용해 매수체결 가격 대비 2% 낮은 가격에 전량 매도 주문 설정해 하락 시 위험을 빠른 손절매를 할 수 있도록 합니다. 이 경우, 매수가격대비 2% 하락 시 자동으로 매도 주문이 나가면서 손절매를 할 수 있게 됩니다. 단타매매에서 가장 중요한 것은 손절매를 확실하게 지키는 것이라는 점을 잊어서는 안됩니다.

[그림] 주식호가주문창

STOP	매도주문	매도잔량	호 가	매수잔량	매수주문	STOP
			시장가			
		상한	61,100			
		기타매도 ⬍	47,550	취소주문		
		154,728	47,600			
		85,883	47,550			
		729,553	47,500			
		236,003	47,450			
		365,756	47,400			
		126,054	47,350	(923만)		
		167,916	47,300	1,614만주		
		102,349	47,250	7,613억원		
		93,386	47,200	+0.32%		
		193,944	47,150			
		현재가	47,150	+150		
			47,100	100,371		
			47,050	134,084		
			47,000	129,989		
			46,950	72,704		
		ㅡ	46,900	291,379		
			46,850	152,093		
			46,800	67,614		
			46,750	39,554		
		취소주문	46,700	31,751		
			46,650	4,783		
		⬍	46,450	기타매수		
			32,900	하한		
		2,255,572	16:00	1,024,322		

▶ 47,000원에 스탑로스 매도 주문이(위 그림 네모 부분) 설정됨. 가격이 47,000원으로 하락하게 되면 자동으로 매도 주문이 나감.

끝장마스터 Q 매수체결 즉시, 호가주문체결창의 STOP주문기능창을 클릭하여 (매수가격대비 2% 낮은 가격의 STOP매도 부분 클릭) 스탑로스 주문을 낼 것.(떨어질 경우 즉시 매도해 손실을 최소화하는 것이 단타매매의 핵심임)

2. 이익실현 주문하기

스탑로스 주문을 낸 후 곧장, 매수체결 가격에서 5% 상승한 가격에 보유 수량의 1/4을 매도 주문, 10% 상승 가격에 보유 수량의 1/4, 15% 상승 가격 에 보유 수량의 1/4을 20% 상승한 가격에 나머지 1/4을 매도 주문을 냅니다.

STOP	매도주문	직전대비	매도잔량	호 가	등락	매수잔량	직전대비	매수주문	STOP
				시장가					
			상한	17,600	29.89				
			기타매도 ⬍	14,100	4.06				
			24,285	13,800	1.85	취소주문			
			10,058	13,750	1.48				
			16,153	13,700	1.11				
			10,055	13,650	0.74				
			10,067	13,600	0.37				
			5,282	13,550	0.00	(101만)			
			14,479	13,500	0.37	169만주			
			11,335	13,450	0.74	213억원			
			10,807	13,400	1.11	-1.48%			
			8,890	13,350	1.48				
			현재가	13,350	1.48	-200			
				13,300	1.85	17,074			
		13,150 시		13,250	2.21	5,481			
		13,350 고		13,200	2.58	14,796			
		12,700 저		13,150	2.95	4,725			
		13,550 전		13,100	3.32	6,014			
				13,050	3.69	18,061			
				13,000	4.06	31,213			
				12,950	4.43	29,740			
		취소주문		12,900	4.80	23,829			
				12,850	5.17	15,166			
			⬍	13,000	4.06	기타매수			
				9,500	29.89	하한			
			121,411	13:20		166,099			
				시간외					

위와 같은 작업을 하면, 추가로 매수/매도 주문을 내지 않아도 매수한 가격에서 2% 하락하게 되면 자동으로 매도 주문이 나가면서 손실을 최소화하고, 가격이 상승할 때마다 매도 주문이 나가면서 이익을 실현하게 됩니다. 단, 시장 상황이 나쁘거나 (지수 급락 등) 10% 이상 상승했다가 재하락하는 경우 매수 후 기록한 최고가 대비 5% 이상 하락하면 모두 전량 매도하여 이익을 실현하도록 합니다.

지금까지 파워단타매매법에 대해 설명하였습니다. 거듭 말하지만, 단타매매는 전체 투자금액의 10% 이내에서 그것도 전업투자자만 가능한 매매라는 점을 잊어서는 안됩니다. 하루 종일 매매하는 데이트레이딩은 인생을 피폐하게 하는 지름길입니다.

단타매매 성공의 핵심은 시세가 강한 종목을 골라야 하고, 철저한 손절매와 원칙 준수가 성공과 실패를 결정하는 매매입니다. 파워단타주 매매는 이 점에서 1시간 이내, 아니 수분 사이에도 단기 급등 가능성 높은 종목선정과 스탑로스 등의 자동손절 주문과 이익실현, 평균 목표 손절대비 평균 목표이익이 3.5배에서 10배 이상 설정으로 되어 시간과 노력의 낭비가 적고 성공확률이 높으며, 손실대비 이익목표비율이 높은 고수들의 고급 단타매매법입니다. 물론, 세상의 어떤 매매법도 100% 항상 수익을 내는 방법은 없습니다. 단타매매는 더욱 그렇습니다.

하지만, 앞서 설명한 방법을 잘 숙지하고, 원칙에 의해 매매한다면 본 파워단타주 매매법은 다른 어떤 데이트레이딩보다 노력대비 좋은 결과를 가질수 있을 것입니다. 끝으로, 처음 파워단타주 매매를 할 때는 투자원금은 100만 원 이하로 시작하고, 수익이 나면 점차로 금액을 늘리는 방법으로 진행하고, 어떠한 경우에도 투자 원금의 10%를 넘겨서 투자해서는 안됩니다. 단타매매는 어디까지나 보조적인 매매에 불과하고, 주식투자로 부를 이룰 수 있는 죽는 날까지 영위할 수 있는 진정한 매매방법은 앞서 설명한 진정 가치투자이기 때문입니다.

참고로, 다음은 파워단타주 매매의 실전 사례로 전일 상한가를 기록한 종목이 다음날 시가대비 얼마나 상승하며 높은 수익을 주는지 직접 확인할 수 있습니다. 반면에, 급락하는 경우도 있으므로 본 책에서 설명한 매매방법을 철저히 숙지해야 합니다.

[그림] 이글벳(전일 상한가 기록 && 다음날 시가대비 급등)

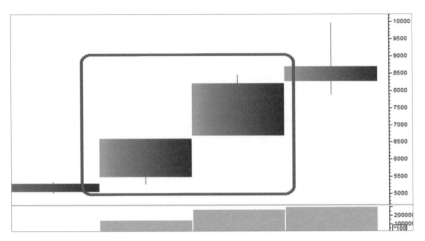

▶ 위 차트는 가격과 거래량을 한번에 파악 가능한 캔들볼륨차트임.(차트 부분 참고)

■ 파워단타주 실전 사례 : 팍스넷

[그림] 팍스넷(전일 상한가 기록 && 다음날 시가대비 급등)

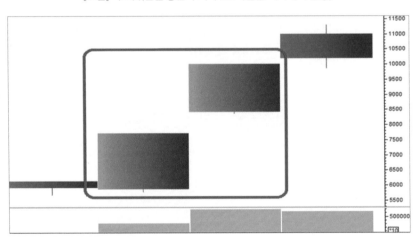

▶ 위 차트는 가격과 거래량을 한번에 파악 가능한 캔들볼륨차트임.(차트 부분 참고)

주식 끝장 마스터

■ 파워단타주 실전 사례 : UCI

[그림] UCI(전일 상한가 기록 && 다음날 시가대비 급등)

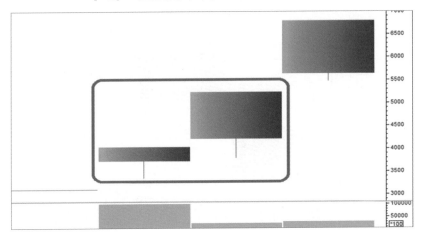

▶ 위 차트는 가격과 거래량을 한번에 파악 가능한 캔들볼륨차트임.(차트 부분 참고)

■ 파워단타주 실전 사례 : 인스코비

[그림] 인스코비(전일 상한가 기록 && 다음날 시가대비 급등)

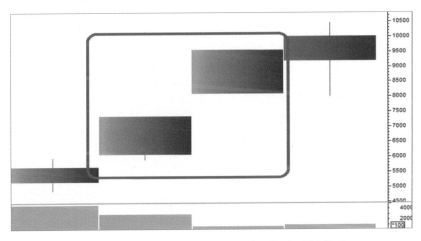

▶ 위 차트는 가격과 거래량을 한번에 파악 가능한 캔들볼륨차트임.(차트 부분 참고)

■ 파워단타주 실전 사례 : 용평리조트

[그림] 용평리조트(전일 상한가 기록 && 다음날 시가대비 급등)

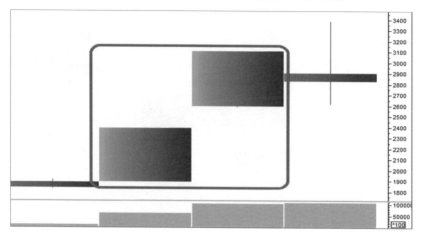

▶ 위 차트는 가격과 거래량을 한번에 파악 가능한 캔들볼륨차트임.(차트 부분 참고)

■ 파워단타주 실전 사례 : 두산솔루스

[그림] 두산솔루스(전일 상한가 기록 && 다음날 시가대비 급등)

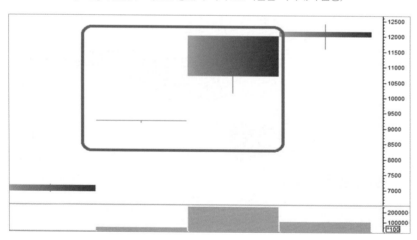

▶ 위 차트는 가격과 거래량을 한번에 파악 가능한 캔들볼륨차트임.(차트 부분 참고)

■ 파워단타주 실전 사례 : 필룩스

[그림] 필룩스(전일 상한가 기록 && 다음날 시가대비 급등)

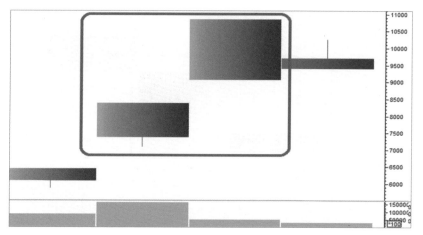

▶ 위 차트는 가격과 거래량을 한번에 파악 가능한 캔들볼륨차트임.(차트 부분 참고)

■ 파워단타주 실전 사례 : 남영비비안

[그림] 남영비비안(전일 상한가 기록 && 다음날 시가대비 급등)

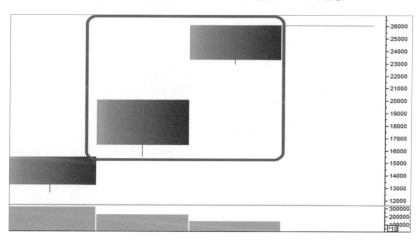

▶ 위 차트는 가격과 거래량을 한번에 파악 가능한 캔들볼륨차트임.(차트 부분 참고)

■ 파워단타주 실전 사례 : 신성통상

[그림] 신성통상(전일 상한가 기록 && 다음날 시가대비 급등)

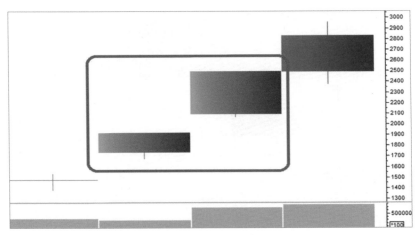

▶ 위 차트는 가격과 거래량을 한번에 파악 가능한 캔들볼륨차트임.(차트 부분 참고)

■ 파워단타주 실전 사례 : 엘비세미콘

[그림] 엘비세미콘(전일 상한가 기록 && 다음날 시가대비 급등)

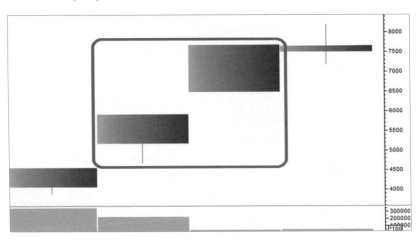

▶ 위 차트는 가격과 거래량을 한번에 파악 가능한 캔들볼륨차트임.(차트 부분 참고)

주식 끝장 마스터

당부의 말

　본격적인 고령화 시대와 4차 산업혁명이 시작되는 지금, 평생 직장이 붕괴되고 자영업의 몰락이 일상화되고 있는 지금, 엎친 데 덮친 격으로 본격적인 고령화 시대로의 진입은 퇴직 이후의 긴 기간을 수입 없이 살아야하는 장수 리스크를 (장수에 따른 위험) 고조시키고 있고, 4차 산업혁명 시대로의 진입은 기성세대의 급속한 신기술 발달과 이에 따른 사회 문화상 변화(공유사회 가속 및 양극화 가속)를 따라가기 힘들게 하고 있습니다. 이에 대한 가장 좋은 해결책은 자본주의 최고의 고부가가치 사업이라고 해도 손색이 없는 주식투자입니다. 본 책의 앞 부분에서 자세히 설명한 대로, 주식투자(특히, 본 책에서 설명한 진정 가치투자와 파워매매)는 여러분의 퇴직 및 노후를 대비하는 최선책이자, 퇴직 이후와 노후의 여유로운 삶을 위한 경제적 자립을 위한 해결책이 될 것입니다. 또한, 단순히 경제적 이유뿐만 아니라, 100세 시대에 대비해 남은 인생을 보람 있게 시간을 보낼 수 있는 평생 영위 가능한 최고의 잡(JOB-일)을 제공할 것입니다. 주식투자에서 성공하고자 한다면, 본 책에 나와 있는 내용을 반드시 숙지하길 바랍니다. 본 책에는 뜬 구름 잡는 막연한 이야기가 아닌, 직장인이(뿐만 아니라 이미 퇴직한 분들까지도) 실전 주식투자에서 성공하기 위해 반드시 알아야 하는 기업분석 핵심 노하우와 실전 상세 매매비법 등이 담겨 있기 때문입니다.

　이 책을 읽는 독자 여러분의 성공을 진심으로 확신하며 글을 마칩니다. 감사합니다.

부록
(본 책 구입한 분들께 드리는 무료 특전 안내)

본 책을 구입한 분들은, 아래 세 가지 파일을 저자가 함께 하는 주식투자베스트비법(www.jusiktuja.com)에서 무료로 제공(다운)받을 수 있습니다.

1 주식투자 성공을 위해 필수적인
[주식투자 사업계획서] 제공

2 진정 가치투자 성공을 위해 필수적인
[진정 가치성공투자 분석툴] 제공

3 매일 아침 5분, 최신 증시흐름을 파악하는
[모닝증시 핵심정보] 매일 무료 제공
(흐름의 기회를 놓치지 않습니다.)

저자가 함께 하는 주식투자베스트비법(ww.JUSIKTUJA.com)에서는 위의 1~3을 무료로 다운받을 수 있으며, 지면의 한계로 담지 못한 내용을 포함, 가치투자 관련 다양한 정보 및 초보 가치투자자 질의응답 코너 등을 두어 제공하고 있으니, 참고하면 도움이 될 것입니다.

검색창에서 [주식투자베스트비법]을 검색하시거나 옆의 QR코드를 촬영하면 쉽게 위의 1-3을 제공받을 수 있습니다.